Anita Sirgo

Instinto de clase

Anita Sirgo
INSTINTO DE CLASE

Rubén Vega García

Héctor González Pérez

EDICIONES TREA
FUNDACIÓN JUAN MUÑIZ ZAPICO

Primera edición: diciembre de 2024
Segunda edición: mayo de 2025

© Rubén Vega García y Héctor González Pérez, 2024, 2025

Motivo de cubierta: © Pablo Batalla Cueto

© de esta edición: Ediciones Trea, S. L. y Fundación Juan Muñiz Zapico
Ediciones Trea, S. L.
Polígono de Somonte / María González la Pondala, 98, nave D
33393 Somonte-Cenero. Gijón (Asturias)
Tel.: 985 303 801 / Fax: 985 303 712
trea@trea.es / www.trea.es

Dirección editorial: Álvaro Díaz Huici
Producción: Patricia Laxague Jordán

D. L.: AS 00337-2025
ISBN: 979-13-87790-17-2

Impreso en España. Printed in Spain

Interpretar la historia de las mujeres como una historia de victimización no mitigada, como si todo lo anterior a 1970 fuera prehistoria femenina, puede ser útil para entablar buenas polémicas. Pero no puede decirse que sea elogioso para las mujeres. Esa idea me la quitaron de la cabeza en los comienzos de mi carrera de tutor de adultos, cuando estaba hablando con una clase de la Asociación Educativa Obrera en una ciudad con mercado del norte de Lincolnshire y con elocuencia condescendiente me puse a hablar de la opresión de las mujeres. Una lugareña de edad avanzada, autodidacta, de expresión penetrante y rostro curtido por la intemperie se puso tensa y finalmente me espetó: «Nosotras, las mujeres, conocíamos nuestros derechos, ¿sabe usted? Sabíamos lo que nos correspondía». Y, lleno de turbación, me di cuenta de que mi énfasis de inexperto en la mujer como víctima había sentado como un insulto a aquella señora y a otras que me estaban escuchando. Me hicieron saber que las mujeres trabajadoras habían creado sus propios espacios culturales, disponían de medios para hacer que se cumpliesen sus normas y se encargaban de que se les diera lo que «les correspondía». Puede que lo que les correspondía no fuesen los «derechos» de hoy, pero las mujeres no eran sujetos pasivos de la historia.

E. P. Thompson: *Costumbres en común. Estudios sobre la cultura popular,*
Madrid: Capitán Swing, 2019, p. 596

Agradecimientos

Los autores quieren expresar su más sincero agradecimiento a todas las personas que han hecho posible que el presente libro vea la luz. A toda la familia de Anita por haberse prestado de tan buena gana a colaborar. A Carlos Gordon, Irene Díaz, Daniel Sierra y Luke Bowe, compañeros que no figuran como autores, pero que han contribuido a que pudiéramos llevar a término el proyecto. A Rosa Calvo por arrojar luz sobre algunos pasajes confusos de la infancia de Anita. A Daniel Hernández y Laura Llamas por facilitar las visitas a los archivos madrileños. A Erundina Gutiérrez, Asunción Naves, Pedro Alberto Marcos, Alberto Vázquez, Alex Zapico, Eduardo Blanco y Xose Ambás por sus fotografías. A Benigno Delmiro y Fernando Bello por sus aportaciones y pesquisas. A todas las personas que dedicaron su tiempo a compartir sus experiencias y recuerdos y se prestaron a ser entrevistadas. A Ediciones Trea, CC. OO. y la Fundación Juan Muñiz Zapico por aguantar estoicamente los sucesivos retrasos que ha sufrido esta biografía y cuya única responsabilidad recae en los autores de estas líneas.

Índice

Justa y luminosa

Vicepresidenta segunda del Gobierno y ministra de Trabajo y Economía Social

La pérdida de una luchadora irremplazable como Anita Sirgo nos sumía en enero de 2024 en la tristeza. Una sensación causada por la ausencia de alguien que, desde sus inicios, a través de una generosidad y lealtad exhibidas con autenticidad y valor, aparece como una combatiente radiante caracterizada por el compromiso, el vínculo comunitario o la comprensión de los grandes conflictos de la sociedad.

Por eso, la lectura del agudo y documentado relato que de su vida hacen los historiadores Rubén Vega y Héctor González nos devuelve en todo su esplendor ese activismo infatigable. Una ilusión y lucha perennes que, de modo admirable, contribuyen a alejarnos de esa tristeza para conducirnos a la construcción de un retrato histórico ejemplar.

El antifascismo de Anita Sirgo, su contribución a las conquistas laborales, su espíritu de solidaridad vecinal, su lucha en favor de las causas indispensables, de la memoria democrática al aborto o el feminismo, revive con brillantez, cariño, coraje y determinación, en las páginas de este libro.

En sus *Meditaciones*, Marco Aurelio afirmaba con clarividencia, «elimina la opinión y eliminarás la posibilidad de sufrir daño». Si Anita conmueve y moviliza es porque su opinión, la de las personas justas y luminosas que actúan siempre en defensa de derechos y libertades, permanece contra viento y marea. Fascina observar cómo todos los períodos de su trayectoria, de enlace de la guerrilla a huelguista que sufre torturas, cárcel, exilio y persecución o sindicalista de Comisiones Obreras, resultan tan coherentes.

Somos muy afortunados al disfrutar de este análisis de la figura de Anita Sirgo, una obra definitiva marcada por su aproximación a lo substancial de su vida, sin descuidar los diversos contextos —la guerra, la dictadura, la militancia comunista y la esperanza democrática, las conquistas de derechos— en los que aconteció.

Persona fiel a sus convicciones, Anita ocupa un lugar eminente en la historia de nuestro país, una historia elaborada a partir del recuerdo, de la dignidad y del ejemplo de personas como ella. Aparece muy bien definida. Mediante la prolongación de su defensa de ideales y la difusión de sus acciones, ha de surgir el necesario conocimiento para las generaciones presentes y venideras. Su mejor enseñanza pues se convierte en el emblema de nuestra responsabilidad.

Una luchadora firme que nunca desfallecía

Unai Sordo Calvo
Secretario General de CC. OO.

El 17 de septiembre de 2022 tuve el privilegio de participar en un acto en Mieres en homenaje a los protagonistas de la Huelgona del 62. Tras un acto sindical en el Parque Jovellanos nos dirigimos en manifestación hasta el Monumento al Minero. Allí y apenas resguardados por la lona de una minúscula carpa, se sentaban los y las protagonistas de aquel hecho singular histórico en el que el pueblo trabajador, desde las minas asturianas, desafiaba al régimen que veinticinco años antes había pretendido extirparlo de la faz de España. Un grupo de hombres y mujeres que entre todos sumaban incontables años de cárcel, historias de lucha, de heroísmo, de represión, de orgullo y de dignidad. Fue uno de esos actos en los que uno siente el enorme peso de la historia, encuentra sentido en aquella frase atribuida a Newton: «Si he visto más, es poniéndome sobre hombros de gigantes». Porque fueron, somos.

Entre aquellas personas estaba, en primera fila, Anita Sirgo. Junto a Vicente Gutiérrez Solís, otro luchador con apellido idéntico al del ministro franquista que tuvo que avenirse a negociar con los mineros en huelga sesenta años antes.

Anita Sirgo es una de esas mujeres que durante toda su vida han sido pilar de las luchas de los trabajadores y las trabajadoras. Ella siempre pensó que los derechos, la igualdad, la democracia se lograban con las luchas colectivas.

Ahora que ya han pasado cincuenta años desde la muerte de Franco no se pueden olvidar alguna de sus contundentes frases que ponen de manifiesto que en España fuimos nosotros, los trabajadores y las trabajadoras, los que nos liberamos del fascismo. Anita decía: «Si se consiguió la democracia fue por salir a la calle, a la movilización llevando palos, represión…». En nuestro país no hubo ningún desembarco de tropas aliadas para incorporarnos a las democracias liberales europeas, hubo luchas obreras, hubo personas como Anita. En nuestro país no se nos concedió graciosamente nada, hubo que pelearlo todo.

Y ella vivió esas luchas en primera persona. Desde pequeña había perdido el miedo a las fuerzas de ocupación de los valles mineros —así consideraban a la Guardia Civil— desde que los falangistas les robaron todo lo que tenían en su casa. Se llevaron hasta su muñeca de trapo.

Cuando era una rapacina jugaba al escondite en las brañas de la montaña con los guardias civiles para evitar sus controles y poder llevar comida a los guerrilleros antifranquistas que pervivieron en los montes asturianos hasta mediados de los años cincuenta gracias al apoyo de su gente.

Con poco más de treinta años cumplidos fue una de las mujeres que lideraron las Huelgas del 62; los piquetes que ella y decenas de compañeras, como Tina y Morita, montaron a la entrada del pozo Fondón fueron un ejemplo de lucha. Y también de imaginación, les lanzaban granos de maíz a los esquiroles para llamarles gallinas.

Se enfrentó a la salvaje represión de la dictadura franquista y sufrió duras represalias por ello: la raparon y los golpes que recibió al ser torturada le dejaron sorda de un oído de por vida. Tuvo que exiliarse en un tren nocturno a Francia con su pequeña hija para no ser detenida de nuevo, tras enfrentarse a la policía pidiendo la readmisión de los mineros despedidos y «sindicatos libres», con un zapato de tacón en mano. Cualquier cosa valía si la fuerza de la resistencia y la rebeldía se tenía en las venas.

Cuando volvió a España fue encarcelada durante varios meses, pero eso no minó su voluntad de lucha. Siguió militando clandestinamente en las Comisiones Obreras y en el Partido Comunista. Con la llegada de la democracia y la legalización del sindicato y del partido, siguió en activamente en ambas organizaciones, así como en Izquierda Unida.

Fue una luchadora firme que nunca desfallecía. Como le gustaba decir en muchos de los encuentros y jornadas promovidos por el sindicato, «los tiempos cambian, pero los problemas son los mismos». Los años pasaban y ella seguía asistiendo a las movilizaciones, siempre se la podía ver en las protestas por el empleo en las cuencas mineras, pancarta en mano. En 2017, con ochenta y muchos años fue a la manifestación de Madrid que puso fin a la marcha que reivindicaba pensiones dignas.

Aquel 17 de septiembre, con el cielo encapotado como mandan los cánones en las cuencas asturianas, orbayando a ratos, al pie del Monumento del Minero, se levantó, me saludó, con voz alta, firme, alegre, incluso entusiasmada. Estas mujeres, estos hombres que siempre dieron todo, ya en su ocaso vital nunca les ves en la nostalgia, ni en el cinismo, ni en la desidia. Qué enorme lección de vida desde el principio hasta el final.

Ella siempre contó a quien la quisiera escuchar las luchas y la represión que habían vivido. Nosotros tenemos la obligación de contar que hubo muchas mujeres y hombres como Anita Sirgo que nos hacen mejores, que nos conectan con la historia, que nos dan sentido y trascendencia.

Gracias por este magnífico libro.

Abreviaturas y siglas

AFA	Asociación Feminista de Asturias
AP	Alianza Popular
CC. OO.	Comisiones Obreras
CDS	Centro Democrático y Social
CNT	Confederación Nacional del Trabajo
JOC	Juventud Obrera Cristiana
FAMYR	Federación Asturiana de Memoria y República
FSA	Federación Socialista Asturiana
HOAC	Hermandad Obrera de Acción Católica
HUNOSA	Hulleras del Norte Sociedad Anónima
IU	Izquierda Unida
MDM	Movimiento Democrático de Mujeres
NMU	National Miners Union
ORT	Organización Revolucionaria de Trabajadores
PCA	Partido Comunista de Asturias
PCE	Partido Comunista de España
PCF	Partido Comunista de Francia
PP	Partido Popular
PSOE	Partido Socialista Obrero Español
PTE	Partido del Trabajo de España
RDA	República Democrática de Alemania
SMRA	San Martín del Rey Aurelio
SOMA	Sindicato de los Obreros Mineros de Asturias
SUM	Sindicato Único Minero
TOP	Tribunal de Orden Público
UCD	Unión de Centro Democrático
UMWA	United Mine Workers of América
UGT	Unión General de Trabajadores
URSS	Unión de Repúblicas Socialistas Soviéticas
USO	Unión Sindical Obrera

El nombre es suficiente

El capitán de la Guardia Civil que le reventó el oído de una hostia nunca valoró que el tacón con el que Anita golpeaba las paredes de su celda y el maíz que tiraba a los pies de los 'esquiroles' pasarían a la eternidad con mayor dignidad que él.[1]

Hasta hace muy poco, ser parte del proletariado era sinónimo universal de nacer, crecer, reproducirse, envejecer y fallecer en un territorio muy concreto y muy pequeño. No había leyes que lo sancionaran, pero la clase estaba ligada a la tierra. Uno siempre tenía la opción de emigrar y ver mundo, de «hacer las américas» o «las europas», pero el resultado era —y es— muy parecido: el final del viaje llevaba a un lugar en el que la vida, principalmente el trabajo, volvía a anclarte a un espacio geográfico más bien pequeño.

Si se formaba parte de una comunidad obrera firmemente constituida y cerrada, salir de ella se volvía todavía más difícil. Uno podía cambiar de barriada o de pueblo por trabajo o matrimonio, pero no se iba muy lejos. En el caso de las comunidades mineras valles, ríos, montañas y, por supuesto, carbón delimitaban perfectamente el espacio geográfico en el que iba a desarrollarse la vida. Un espacio concreto y exiguo porque tampoco hacía falta conocer toda la comarca, con moverse del trabajo a casa y de casa al trabajo era suficiente.

La vida era tan sencilla como dura. Se basaba en trabajar muchas horas al día, todos los días de la semana, sin apenas tiempo ni alternativas de ocio. Trabajar en la mina o en la metalurgia, ocuparse de la huerta y el ganado, ir a la hierba, construir o arreglar un hogar. Si además eras mujer, carecías de tiempo libre: cuidar hijos —y padres y suegros—, limpiar, cocinar, atender la huerta y el ganado, coser, bajar al mercado…

Lo normal era —aún hoy lo sigue siendo en grandes capas de la clase trabajadora— no moverse apenas del lugar de nacimiento hasta la defunción. Ir desde Mieres o Langreo a sitios tan cercanos como Gijón u Oviedo era un acontecimiento que no ocurría todas las décadas. Quizá en la luna de miel.

---

[1] Aitana Castaño, [@sairutsa]: «El capitán de la Guardia Civil que le reventó un oído de una hostia», 16/01/2024. Disponible en <https://twitter.com/Sairutsa/status/1747236556253827470?t=dYDaolh5oOwc5tpYcdJcbw&s=08> [consulta 6/10/2024].

Pero surgieron, aún cuando era harto improbable que sucediera, en una comunidad muy cerrada de una región periférica de un país pequeño, aislado y que importaba más bien poco, personas que conocieron mundo y que, a pesar de no estar precisamente «destinadas» a ello, adquirieron fama y reconocimiento internacional. No fueron las primeras ni serían las últimas de estos valles, pero sí las más peculiares. Obreras y, además, mujeres. Lo que nadie podía esperar. Ni siquiera ellas mismas.

Lo hicieron en contra de su voluntad —y de la del régimen franquista— y de manera muy diferente a como lo suelen reflejar el cine o la literatura. Su espíritu era indómito y sus ganas de actuar, de no resignarse y de cambiar las cosas, más que evidentes, pero su acción y su determinación no eran individualistas sino que arraigaban en proyectos colectivos de profundas raíces y larga trayectoria. Nunca fueron «yo», siempre fueron «nosotros». Y es que las películas y las novelas suelen presentarnos a personajes que se rebelan contra un destino impuesto, rompen sus cadenas y toman las riendas de su vida para realizarse individualmente, triunfar y descubrir, al final del trayecto, la felicidad y la prosperidad. Sin embargo, la vida real transcurre por otros derroteros. En realidad, quienes han adoptado este tipo de comportamientos, quienes han tenido vidas de película, han sido personas que pensaban en colectivo: hombres y mujeres de clase obrera que perseguían la utopía de un mundo mejor, sin explotadores y explotados, y que conforme a sus ideales y su militancia se veían envueltos en situaciones que les obligaban a adquirir una notoriedad y un reconocimiento que no buscaban como consecuencia de persecuciones y represión y, muchas veces, exilio.

La militancia, el compromiso y las ideas, aparte de inspirar acciones que transformaron la realidad, dotan de un significado diferente las biografías de quienes hacen de la lucha su forma de vida. Las elevan a otro nivel. Personas reconocidas como luchadoras, comprometidas, que hacen de su palabra ley. Personas íntegras en quien uno puede confiar porque no traicionarán su causa ni la de sus compañeros y siempre estarán dispuestas a ayudar en lo mucho y en lo poco. En los grandes ideales y las pequeñas acciones cotidianas.

Algunas llevaban el compromiso tan dentro que todo el mundo sabía que las podían apalear y vejar, que podían romperles el tímpano o raparles el pelo para humillarlas, que podrían obligarlas a exiliarse —y darles por tanto la oportunidad de conocer un mundo que nunca esperaron ver—, pero que ni aun así sobrevendría la flaqueza y jamás delatarían a un compañero, abandonarían una lucha o renunciarían a sus ideales. Llevaban el compromiso tan dentro que toda su comunidad podía referirse a ellas solo por sus nombres de pila, por muy comunes que estos fueran.

Hay personas que han tenido que llevar una vida tal que tan solo es necesario pronunciar su nombre para que se las reconozca. En la cuenca del Nalón hace ya muchas décadas que solo hace falta decir Anita para saber de quién y de qué se está hablando. No son precisas más señas. Y eso es mucho.

2

La rapacina que era enlace

A mí privaron-me de todo: de padre, de madre, de hermanos, porque si mi padre vive seguro, seguro que nun soy sola, sobrinos... Hasta por nietos, porque tengo un fiu solu porque nun pude tener más porque no se podía mantener, que a lo mejor si tuviéramos más guajes tendríamos hasta nietos. Privaron-me de todo porque sí, tuve madre, pero nun me pudo ni criar» [...] «miento hasta en el DNI porque diz que Liseo ye mi padre, pero yo nunca pude deci-y 'papa'.[2]

El 20 febrero de 1936, cuando Anita Sirgo apenas cuenta con siete años de edad y vive ajena a los avatares políticos, Dolores Ibárruri, más conocida como *Pasionaria*, se entrevista con el director de la cárcel de Oviedo para exigir la excarcelación de todos los presos políticos del penal, la mayoría de ellos cautivos tras la revolución de Octubre de 1934. Cuatro días antes el Frente Popular, en el que se integra el Partido Comunista de España (PCE), se ha impuesto en las Elecciones Generales y *Pasionaria*, se convierte en Diputada en Cortes por Oviedo. Haciendo honor a su apodo, la dirigente comunista pretende cumplir la principal promesa de la coalición —libertad para los presos políticos— por la vía rápida y sin esperar formalismos burocráticos. Y la cumple.[3]

No sería, desde luego, la última vez que Ibárruri protagonizase un acto de tales características. Su biografía está repleta de acciones, discursos e iniciativas que la hicieron erigirse como un mito del movimiento obrero mundial. Sin ir más lejos en el tiempo y en el espacio, semanas después de sus gestiones en Oviedo, en mayo de 1936, se encierra en la mina El Puyu. Esta pequeña explotación, ubicada en el Cadaviu, en la parte baja del valle de Samuño, en la cuenca del Nalón, es propiedad de la todopoderosa Duro Felguera, empresa siderúrgica propietaria de una veintena de explotaciones mineras en Asturias. Decenas de mineros llevan varias semanas en huelga, exigiendo aumento de salarios y mejores condiciones laborales. Ante lo enconado del conflicto, *Pasionaria* se encierra con los trabajadores en el interior de la explotación como muestra de solidaridad y buscando un golpe de efecto para lograr

[2] Entrevista realizada a Marcolina Argüelles Iglesias con ocasión de la biografía de Vicente Gutiérrez Solís.
[3] Mario Amorós: *¡No pasarán! Biografía de Dolores Ibárruri, Pasionaria*, Madrid: Akal, 2021, pp. 133-134.

una salida a la situación. Una mujer y además diputada, encerrada con unos mineros que apenas dos años antes habían protagonizado una insurrección armada que alumbró al proletariado del mundo entero no es un detalle menor. Con acciones como las anteriores, Ibárruri se convierte rápidamente en la madre de todos los camaradas. Una mujer que acompaña siempre al proletariado en huelga —o en armas—. Mujer, madre, viuda de todos aquellos comunistas, antifascistas o simplemente trabajadores que se rebelan contra la injusticia y en pos de un mundo mejor.[4]

Y es que el episodio de la mina El Puyu quedaría grabado en la memoria social de las cuencas mineras durante décadas, de hecho, era muy frecuente que viejos militantes comunistas, de la edad de Anita, lo recordasen con una enorme admiración hacia Dolores en sus conversaciones. Pero en él destaca también otro elemento que será central en toda esta historia: una mujer acudiendo en ayuda de un colectivo de hombres cuyo conflicto se ha enquistado y no parece tener visos de solución.

El de Ibárruri es el caso más conocido y universal de dirigente femenina en España, pero no era, desde luego, la primera. Teresa Claramunt, obrera del textil sabadellense, nacida en 1862, lidera la organización de este importante sector en Cataluña a finales del siglo xix. Ya a principios del siguiente, se implica en el apoyo a huelgas como la del transporte de Barcelona, en 1901, y destaca como oradora a lo largo y ancho de toda España en las giras anarquistas de difusión y extensión de la huelga general como estrategia laboral y revolucionaria. En la segunda década del siglo xx la ascendencia de la *Virgen roja barcelonesa* en el anarcosindicalismo se sitúa en niveles similares a los de sus grandes referentes masculinos, Seguí, Pestaña y Peiró.[5]

La figura de *Pasionaria* tampoco es única en la España republicana. Desde perfiles muy diferentes militantes republicanas como Victoria Kent o Clara Campoamor, socialistas como Margarita Nelken o Virginia González —comunista al final de su vida— y anarquistas como Lola Iturbe, Soledad Gustavo o Federica Montseny, alcanzan puestos e influencia notable en sus diferentes organizaciones, en el movimiento obrero y en la izquierda en general. De hecho, *la Leona* llegará a convertirse en la primera mujer ministra de la historia de España, durante la guerra civil, haciéndose cargo de la cartera de Sanidad.

Tras ellas, miles de mujeres se organizan en sindicatos, en el Socorro Rojo o en organizaciones específicas como Mujeres Libres o Mujeres Antifascistas. Muchas de ellas protagonizan también actos heroicos. Es de sobra conocido el caso de la jovencísima Aida Lafuente, muerta arma en mano durante el 34 en Oviedo, pero lo es menos el de mujeres como Isabel Solís,[6] que tras el fin de la revolución se

---

[4] Para un análisis más detallado ver David Guinard I Ferón: «"La madre de todos los camaradas". Dolores Ibárruri como símbolo movilizador, de la Guerra Civil a la transición posfranquista», *Ayer. Revista de Historia Contemporánea*, n.º 90, 2013, pp. 189-216.

[5] María Amalia Pradas Baena: *Teresa Claramunt, la virgen roja barcelonesa. Biografía y escritos*, Virus Editorial: Barcelona, 2006.

[6] Isabel Solís fue madre del histórico militante comunista y de CC. OO. Gerardo Díaz Solís *Portu*. Entrevista realizada a Gerardo Díaz Solís. AFOHSA, serie: Historias de Vida.

juega la vida para desenterrar a los «Mártires de Carbayín», un grupo de venticua-
tro hombres asesinados, con posterioridad a su detención, en las inmediaciones de
Carbayín Alto —donde yacen en una fosa que es objeto de homenaje cada año— los
días siguientes al fin de la Revolución de Octubre. Según Gil Vico: «Carbayín fue
el escenario del que probablemente pasó a la historia como el hecho más aterrador
vivido en octubre de 1934».[7]

Las españolas no son, desde luego, una excepción en el movimiento obrero. Al
contrario, la presencia femenina cuenta en los años treinta del siglo xx con una
amplia trayectoria dentro del hilo rojo del proletariado mundial. Mujeres como
Mother Jones —Mary Harris— o Emma Goldman, en EE. UU.; Clara Zetkin y
Rosa Luxemburgo, en Alemania; o Alekxandra Kollontai e Inessa Armand, en Rusia;
habían desempeñado importantes papeles como propagandistas y organizadoras
políticas y sindicales. Algunas juegan papeles adyacentes, como dinamizadoras en
movilizaciones laborales protagonizadas por hombres, otras se convierten en líderes
revolucionarias y referentes teóricos de obligada lectura.

Mientras Anita da sus primeros pasos, los mineros del condado de Harlan, en
Kentucky, EE. UU., protagonizan la que sin duda es la más dura de entre su in-
numerable y sangriento registro de huelgas durante casi un siglo. Entre 1931 y
1932, primero el United Mine Workers of América (UMWA) y con posterioridad
la National Miners Union (NMU), de orientación comunista, organizan, dentro
del contexto de la Gran Depresión, a los mineros del condado para hacer frente
a unas condiciones de trabajo rayanas a la servidumbre. El poder de las empresas
mineras es omnipresente, ya que estas se erigían dueñas de la tierra sobre y bajo el
suelo, de casas, campamentos, economatos y carreteras; imponían estrictos códigos
de conducta, individual y colectiva; cuentan con seguridad privada de palo y gatillo
fácil y con un fuerte ascendente en la oficina del sheriff y en las instituciones del
condado. Este universo provoca una permanente represión contra quien desafíe la
autoridad de la empresa, lo que se salda, con frecuencia, con resultado de muerte.

La dificultad inherente a esta situación para organizar sindicalmente a los mineros otorga a las mujeres de la zona durante las huelgas un papel fundamental, tanto
para labores propagandísticas como para la organización de comedores populares.
Mujeres anónimas como Doris Parks, Florence Reece, Sarah Ogan o Aunt Molly
Jackson se juegan la vida organizando el sindicato o difundiendo la lucha en pos de
solidaridad y adquieren renombre en la «sangrienta Harlan». De hecho, el himno
del movimiento obrero *Which side are you on?* —¿De qué lado estás?— fue compuesto por Reece durante aquella huelga.[8]

---

[7] Pablo Gil Vico: *Verdugos de Asturias. La violencia y sus relatos en la revolución de Asturias de 1934*, Oviedo,
Trea: 2019, p. 173.

[8] En el documental de Bárbara Kopple: *Harlan County USA*, Cabin Creek Films, 1976, min. 50:03 puede
verse a Reece cantar esa canción ante un auditorio repleto de mineros durante las huelgas de 1973. Se trata
de su regreso a Harlan al cabo de cuatro décadas de exilio. Tras la derrota de las huelgas de 1931-1932, ella y
su marido se vieron forzados a irse. Las huelgas y la dura existencia, cargada de dignidad, de las mujeres y los

En definitiva, Anita Sirgo, Constantina Pérez, Eufrasia Albes, Celestina Marrón, Carmen Marrón, Amor Gutiérrez, Rosario Pérez, Blanca Bayón y muchas más, protagonistas de esta historia, no son las primeras sino que son parte —y deudoras— de una larga cadena de luchas obreras desarrolladas a lo largo de más de un siglo en el que las mujeres siempre juegan, aunque de manera minoritaria y muchas veces como complemento a la acción masculina, un papel activo que desempeñan con voz propia, haciéndose notar y haciendo valer su presencia y sus saberes.

En unas laderas de Asturias

> Somos fios de esta tierra somos fios la mina, esnalamos el fumu de les barricaes, nacimos a la vera de un pozu de carbón.[9]

Esta historia comienza, como casi todas las de las cuencas mineras, y por lo demás como casi todas las de Asturias, en las laderas de un valle, el del río Nalón, en cuya parte baja se elevan abruptamente las lomas del Santumianu —el cordal que separa Langreo y Mieres—. No en vano, en el concejo de Langreo más del 80 % del territorio se distribuye en desniveles superiores al 20 %.[10] En donde el valle comienza abrirse en dirección a Olloniego y a Oviedo, se ubica El Campurru, una pequeña aldea de apenas unas decenas de casas, adscrita a la parroquia de Lada y en la que transcurren los primeros años de una familia atravesada por los avatares del convulso siglo xx de las cuencas mineras asturianas.

Allí, en la iglesia de San Miguel de Lada tendrá lugar, el 22 de junio de 1929, el matrimonio entre Avelino Sirgo y Ana Suárez.[11] Siete meses después vendrá al mundo Anita, cuya condición de «sietemesina» no la convierte en primogénita, puesto que sus padres han tenido ya antes de casarse otro hijo: su hermano Avelino. Una circunstancia que, pese a la rígida moral religiosa que impregna la sociedad era, y seguiría siendo durante la dictadura franquista, un suceso relativamente común. Minero y mujer trabajadora, la historia de ambos cónyuges refleja a la perfección el panorama de la Asturias de las primeras décadas de siglo. Ana es natural de la misma parroquia en donde se casa y desde su juventud se encarga del hogar y de atender las tierras y la huerta familiar, trabajando ocasionalmente fuera de casa, cocinando y atendiendo en chigres. Avelino, por su parte, es un joven que ha llegado a las cuencas desde su Gozón natal, atraído por las oportunidades de trabajo que ofrece el con-

---

hombres de Harlan ha sido narrada por Alessandro Portelli: *Dicen en el condado de Harlan. Una historia oral*, Oviedo: Universidad de Oviedo, 2023.

[9] Spanta la Xente: «Fíos d'Esta Tierra» en *Fíos d'Esta Tierra*, La mula torda, 2009. Disponible en <https://www.youtube.com/watch?v=8ELPbSVN7pM>.

[10] Aladino Fernández García: «El valle del Samuño: argumentos para su consideración como patrimonio histórico de la minería asturiana», *Ería*, n.º 50 (1999), pp. 279-289.

[11] Archivo Personal de Anita Sirgo Suárez (APAS), Diócesis de Oviedo, Parroquia de San Miguel de Lada, libro III, folio 164.

cejo. No es que en Cardo, la pequeña aldea de la que procede, no pudiera ganarse la vida en el campo. Tampoco es que falten oportunidades laborales en el cercano Puerto de Avilés, del que apenas le separaban siete kilómetros.

Sin embargo, a principios del siglo xx las oportunidades de trabajo que ofrecen la mina y la siderurgia son muy superiores a las de la agricultura, la pesca o la estiba. A pesar de las duras condiciones laborales, el sueldo y las perspectivas económicas de la minería son más interesantes, sobre todo si se tiene en cuenta que a partir de la fundación del Sindicato de los Obreros Mineros de Asturias (SOMA), en 1910, la escalada de huelgas y conflictividad logra un rotundo éxito en la mejora de las condiciones laborales del sector.[12]

La actividad minera ha irrumpido con enorme fuerza desde mediados del siglo anterior como fuente de energía para la siderurgia y el ferrocarril. En el contexto de industrialización española, y aunque la calidad de la hulla nacional no es precisamente la mejor, se impone la necesidad de contar con una actividad minera propia. Aunque el éxito es muy limitado y desde un principio la siderurgia vasca prefiere el carbón inglés, en Asturias arraigan diversas empresas como Sociedad de Minas y Fábricas de Moreda y Gijón —Fábrica de Moreda— , en Gijón; Fábrica de Mieres, en Mieres; o Duro Felguera, en Langreo; que se alimentarán durante más de un siglo del carbón asturiano y que condicionarán el desarrollo de las localidades en las que se ubican hasta el extremo de hacerlas totalmente dependientes ellas mismas, sobre todo en el caso de las cuencas mineras.[13]

En Langreo llegan a contabilizarse nueve pozos mineros, a los que hay sumar pequeñas explotaciones y bocaminas propiedad de diferentes empresas mineras. De entre todas destaca Duro Felguera, quien para su actividad siderúrgica explota quince pozos, de los cuales seis se situaban en el concejo. Entre ellos se encuentra, a la entrada de Sama y apenas a un kilómetro de Lada, el Pozu Fondón, uno de los más grandes del grupo y el primero en ser explorado verticalmente. Allí entrará a trabajar Avelino.

El impacto de la industrialización en las cuencas es tal que apenas unos años después, prácticamente todas las familias combinan el trabajo minero o siderúrgico con la agricultura y se produce una notable migración interior que hace crecer la población de todos los concejos mineros, tanto en el fondo de los valles como en las huerias laterales. En el caso de Langreo, si en 1890 tiene unos 15.000 habitantes, setenta años después, en 1960, el momento de mayor población del municipio, la cifra pasaría de los 66.000. Para hacerse una idea de la importancia de la actividad minera, en 1950, cuando el concejo cuenta con 50.000 vecinos, 9.062 de ellos trabajan en la minería. Es decir, uno de cada cinco habitantes es minero y posiblemente

[12] Jorge Muñiz Sánchez: «Encontrando el norte. Manuel Llaneza y la influencia francesa en el sindicalismo español de principios del siglo xx», en *Hispania. Revista Española de Historia*, n.° 233, 2009, pp. 793-820.

[13] Marta Friera Álvarez: «Crisis del Antiguo Régimen y Liberalismo (1788-1898)», en Adolfo Fernández Pérez y Florencio Friera Suárez (coords): *Historia de Asturias*, Oviedo: KRK Ediciones, 2005, p. 634 y José Manuel Prieto Carril: *Talleres de Moreda. Desfalco al Estado*, Almería: Círculo Rojo, 2020, p. 35.

casi cuatro de cada cinco viven de la minería.[14] Con posterioridad, sobre todo a partir de los años setenta del siglo xx, cuando la siderurgia entre en declive hasta la desaparición literal de Fábrica de Mieres y figurada de Duro Felguera, la minería se convertirá no ya en la actividad principal de las cuencas sino en el motor exclusivo de su economía y en su razón de ser.

Y es que con la mina llegará la clase obrera. Las nuevas industrias exigen abundante mano de obra que, en primer lugar, proviene de las aldeas y localidades cercanas en donde familias enteras, otrora dedicadas a las actividades agropecuarias, convertirán a sus hombres en obreros mixtos, aquellos que trabajan en la industria, pero conservan tierras que les permiten mantener una posición algo más desahogada que sus compañeros sin huertas ni ganado. Este modelo, en el que la mujer juega un papel fundamental en el trabajo agrario, será mayoritario hasta finales de los años sesenta, cuando las mejoras salariales lo hacen prescindible y la emigración de las aldeas hacia las ciudades cercanas —Sama, La Felguera, Mieres— o Gijón dificulta la atención de huertas y ganado. En una segunda etapa, el éxito de la metalurgia precisará de la importación de mano de obra de otros puntos de Asturias y de España, algo que volverá a repetirse de manera muy notable en los años cuarenta y cincuenta del siglo xx.

Las jornadas interminables, sin apenas días descanso; los bajos salarios, insuficientes para la manutención de una familia; la ausencia de medidas de seguridad; trabajo infantil; etc. generan una resistencia que, tras las movilizaciones y huelgas de finales del siglo xix, va cristalizando en sindicatos y partidos.[15] La anarcosindicalista Confederación Nacional de Trabajo (CNT) monopoliza la rama siderúrgica de Duro Felguera, pero será el socialismo el que a través de la Unión General de Trabajadores (UGT) y la Federación Socialista Asturiana (FSA) se erigirá como referente de las cuencas. Pero más que de la UGT y de la FSA, en las cuencas mineras debe hablarse del SOMA, un sindicato minero que ha hegemonizado no solo el subsuelo sino toda la vida social y política de estas comarcas a lo largo de más de un siglo, pasando incluso por encima y dirigiendo a su sindicato matriz y a su brazo político.

El SOMA logrará con extraordinaria rapidez disciplinar la constante pero descoordinada conflictividad en la minería a través de huelgas de pozo o incluso de sector por motivos salariales que, salvo ocasiones excepcionales, se saldarán con rotundas victorias ante la patronal. Los datos de afiliación ponen de manifiesto este éxito, de los 1.800 afiliados acreditados en 1911 pasaría a aglutinar a 28.883 en 1919, en torno al 80 % de la plantilla minera en aquel momento.[16] Tal es el arraigo de la

---

[14] Aladino Fernández García: *Langreo. Industria, población y desarrollo urbano*, Langreo: Ayuntamiento de Langreo, 1982. pp. 114 y 138.

[15] Marta Friera Álvarez: «Crisis del Antiguo Régimen…», p .637.

[16] Jorge Muñiz Sánchez: «La huelga escamoteada: Arnao, 1912-1913. Un accidente en el desarrollo del sindicalismo minero moderno en Asturias», en *Cuadernos de Historia Contemporánea*, n.º 32, 2010, pp. 197-219, Víctor Rodríguez Infiesta: «Asturias en los siglos xx y xxi», en Adolfo Férnández Pérez y Florencio Friera Suárez (coords): *Historia de Asturias*, Oviedo: KRK Ediciones, 2005, p. 714.

organización que su secretario general se convierte, entre 1911 y 1919, en alcalde de Mieres, el municipio minero más grande de Asturias.

Pero al SOMA y la FSA le saldrán competidores que, a la postre, son los que darán sentido a buena parte de esta historia y, sobre todo, a la vida de Anita Sirgo. Con el triunfo de la Revolución de Octubre y la fundación de la Unión de Repúblicas Socialistas Soviéticas (URSS) en las filas del socialismo comienza a abrirse paso en todas partes una corriente que defiende el apoyo a la estrategia bolchevique, abogando por adherirse a la IIIª Internacional, abandonando así la disciplina de las organizaciones socialdemócratas para dar cuerpo a partidos comunistas de nuevo cuño. La negativa de la mayoría del socialismo español a emprender este camino provoca dos pequeñas escisiones que acabarán dando origen, en 1921, al PCE, una organización minoritaria, pero que sin embargo contará desde el principio con arraigo en las cuencas mineras asturianas, convirtiéndose, ya desde su fundación, en la organización política hegemónica, en el caso del Valle de Turón, en Mieres, pero también de algunas aldeas del Valle de Samuño.[17]

Sin embargo, estas experiencias no pueden replicarse en otros pueblos y, aunque la estrategia comunista trató de conseguirlo por todos los medios, desde copar el SOMA hasta impulsar su propio sindicato en colaboración con los anarquistas —Sindicato Único Minero (SUM)—, cuando lo anterior se hizo imposible; el socialismo seguirá siendo hegemónico hasta el final de la guerra civil.[18]

La combinación de la presencia de las diferentes corrientes ideológicas del movimiento obrero, la ingente concentración de masas obreras, la falta de capas intermedias, profesiones liberales y burguesía, y la facilidad de acceso a la dinamita convierten a las cuencas en un disciplinado polvorín que se erige como vanguardia del proletariado español en el primer tercio del siglo xx, en el que la crisis del sistema de la Restauración, la industrialización, la tentativas democratizadoras y las utopías revolucionarias se conjugan para generar un panorama de inestabilidad en el que la «cuestión social» se revela como un elemento absolutamente central.

En contraposición con el permanente estado revuelta que se vive en Barcelona o en el campo andaluz durante este periodo, las cuencas se mostrarán como zonas de menor conflictividad. El SOMA ha hecho seña de identidad la dosificación de las huelgas como último recurso y el control y la disciplina a la hora de plantear el conflicto obrero-patronal. Pero esta aparente menor combatividad política tendrá como correlato una mayor pulsión revolucionaria. Así, en agosto de 1917, cuando la UGT y la CNT declaran de manera conjunta la huelga general revolucionaria contra el gobierno de Eduardo Dato, al que aspiran a sustituir por uno de mayor sensibilidad hacia la causa obrera y que haga frente a la inflación, los problemas de abastecimiento, la crisis de subsistencia y el envío de tropas a la guerra de Marrue-

---

[17] Antonio Rodríguez Zapico: *Narrativas de un asturiano*, Gijón: Grupo Municipal de Izquierda Unida de Xixón, 2008, p. 6.

[18] Francisco Erice: «El PCE en Asturias, de los orígenes a la guerra civil», en Francisco Erice (coord.): *Los comunistas en Asturias. 1920-1982*, Gijón: Trea, 1996, pp. 56 y 57.

cos; Asturias se erigirá como epicentro del conflicto. El SOMA disciplina la huelga, que se desarrolla de manera pacífica, y mientras ésta fracasa en el resto del país, dada su escasa preparación, en las zonas mineras se alarga durante más de una semana, hasta que la represión y la brutalidad militar terminen por derrotarla.[19]

Diecisiete años después las cuencas volverían a sangrar, en uno de los episodios más trascendentes de la historia del movimiento obrero europeo. En esta ocasión la totalidad de las organizaciones obreras UGT, FSA-PSOE, CNT, BOC y, en última instancia, también el PCE emprenden un movimiento revolucionario de carácter violento para enfrentar una deriva política que amenaza con el fascismo y que temen que siga el camino de países como Alemania o Austria. El 5 de Octubre de 1934 Asturias estalla en una huelga general revolucionaria. Mineros y metalúrgicos asaltan los cuarteles de la Guardia Civil armados con dinamita y, tras tomar las cuencas, se dirigen a Oviedo, mientras en Duro Felguera se preparan vehículos para reforzar la posición de los revolucionarios de Gijón.[20] Paralelamente, los revolucionarios se ponen a la labor de organizar una nueva sociedad, aboliendo la propiedad privada y la moneda, organizando la producción y los abastos y tratando de evitar los excesos represivos que podían darse.

La revolución será aplastada en quince días. La falta de movimientos similares en el resto de España permite al Gobierno enviar a 17.000 soldados profesionales al mando del general López Ochoa y bajo la supervisión del general Francisco Franco.[21] La vanguardia de estas tropas estará compuesta por la Legión y los tabores de regulares llegados de África que provocarán el pánico en la población civil con sus asesinatos, vejaciones y violaciones tras los combates. El balance final arroja un número de 282 militares, guardias civiles o de asalto muertos. Por parte de los revolucionarios el número es más difícil de determinar, pero en todo caso es superior al millar de personas. Se detendrá a más 10.000 insurrectos, se procesará a 3.369 y se condenará a 569, 32 de ellos a muerte.[22]

Este es el territorio y el medio social y político en el que hunde sus raíces familiares Anita Sirgo. Un valle de la cuenca minera marcado por las experiencias de lucha y represión, donde el movimiento obrero ha arraigado con fuerza y la supervivencia es dura. No hemos podido acreditar la participación de Avelino Sirgo en la revolución de octubre de 1934, pero resulta bastante verosímil presuponer su militancia comunista, su pertenencia al Sindicato Único de Mineros y su implicación en el movimiento revolucionario, dada su trayectoria posterior.

Cuando todavía no se han extinguido los ecos de Octubre y está reciente la victoria del Frente Popular, el 17 de julio de 1936 se produce un golpe de Estado que deriva en casi tres años de guerra civil. Salvo Oviedo y el corredor de Grado,

---

[19] Víctor Rodríguez Infiesta: «Asturias en los siglos…», p. 718.

[20] Javier Rodríguez Muñoz: *La Revolución de octubre de 1934 en Asturias. Orígenes, desarrollo y consecuencias*, Oviedo: La Nueva España, 2010, pp. 321 y ss. y 353 y ss.

[21] Víctor Rodríguez Infiesta: «Asturias en los siglos…», p. 748.

[22] Pablo Gil Vico: *Verdugos de Asturias…*, pp. 431-435.

en manos de los golpistas, toda Asturias se mantendrá al margen de los combates durante más de un año. Las organizaciones obreras crean primero milicias y comités de guerra y componen luego el grueso del Consejo Interprovincial de Asturias y León, que se hace cargo del gobierno de la Asturias republicana. Pero en septiembre de 1937 la situación cambia. El avance de las brigadas navarras sobre Asturias se acompaña de bombardeos sobre Gijón y diferentes puntos estratégicos de la región. Tras la derrota en la batalla del Mazucu las tropas franquistas avanzan sobre el resto de la región hasta que el 21 de octubre, ocupan todos sus puntos. Comenzará entonces una dictadura que actuará con mano de hierro y que se cebará, entre tantas otras, con la familia Sirgo durante más de cuatro décadas. Y es que la vida y la trayectoria de Anita no pueden entenderse sin la revolución de octubre de 1934 y la guerra civil.

Un ejemplo de clase y género

> Woolf tenía razón al considerar a la servidumbre doméstica como barómetro el cambio social. En 1920 —y en 1923— los trabajadores del servicio doméstico constituían el grupo más grande de trabajadores de Gran Bretaña. Las relaciones de los criados con sus empleadores se veían generalmente como un microcosmos que reflejaba la sociedad británica.[23]

El 20 enero de 1930 viene al mundo en el Campurru de Lada Ana Sirgo Suárez, la segunda de los dos hijos que tendrían Avelino y Ana, más conocida como Anita o Nita *la Perruca*, sobrenombre que identificaba a toda la familia. En esta pequeña aldea, situada a unos tres kilómetros ladera arriba, transcurren sus primeros siete años de vida y también los de su hermano Avelino. A pesar de su cercanía con los núcleos urbanos de Langreo y La Felguera, la falta de vías de comunicación, aun las más elementales, sumadas a las pronunciadas pendientes y la abundante vegetación, provocan un aislamiento prácticamente total, que solo se rompe en caso de bajar a trabajar a las cercanas minas o si alguna mujer acude al mercado semanal. Anita describe aquella aldea de la siguiente manera:

> Para bajar de El Campurru a Sama no había carretera: era todo una llamarga con ranas cantando y se bajaba por un caminín. Cuando nos llevaban el carbón que se les daba a los mineros, el camión lo dejaba en El Pontón de Lada, que era donde terminaba la carretera, y desde allí hasta El Campurru teníamos que subir el carbón a cuestas. Si el que murió de aquella se levantara ahora no conocería nada. La vida era muy dura… No tenías qué comer, no tenías nada. No tenías ni agua en casa, ni por supuesto servicio para hacer tus necesidades.[24]

---

[23] Selina Todd: *El pueblo. Auge y declive de la clase obrera (1910-2010)*, Madrid: Akal, 2018, p. 21.
[24] Declaraciones de Anita Sirgo en Pablo Batalla: «Entrevista Anita Sirgo», *El Cuaderno*, 17/12/2018.

No obstante, su madre Ana también sale del Campurru a trabajar. Aunque su principal actividad es el cuidado de la casa y de la huerta, compartir aldea con su madre le permitía dejar a los pequeños con su abuela para bajar a Langreo a cargar vagones «con el tirriu[25] […] Cargaba los vagones a cuestas […] Ni tuvo niñez, ni tuvo juventud, ni tuvo vejez».[26] Este recuerdo sobre el papel y las responsabilidades femeninas, concretamente de las madres, está muy extendido entre las personas —o al menos la militancia— de su generación. Vicente Gutiérrez Solís considera a la suya directamente «una esclava».[27]

La escasez de medios, la abundancia de obligaciones y la presencia de niños pequeños condicionan enormemente el trabajo y la crianza. En lo que constituye uno de sus primeros recuerdos rememora cómo: «al mi hermanu y a mí dejábennos en el corredor pa dir a sembrar patates y cavar un poco en la huertina que teníamos allí, que era lo podíes comer porque otra cosa no había».[28]

La precariedad de la situación familiar tiene su cara más amarga en la ausencia de escolarización, lo que será, ya desde los primeros tiempos, uno de los grandes pesares de su madre. Anita nunca irá a la escuela, forma parte de ese nutrido grupo de asturianos que, en las primeras décadas del siglo xx, son iletrados.[29] No será hasta su exilio francés cuando, contando con más 35 años, aprenderá a leer y escribir: «lo poco que sé se lo debo al Partido, cuando estuve en París, la mujer de un camarada me enseñó hasta a poner el nombre».[30]

Desde principios de siglo, las organizaciones obreras combaten el analfabetismo y tratan de elevar el nivel cultural de la clase trabajadora a través de la fundación de múltiples casas del pueblo y ateneos, especialmente abundantes en el área central de Asturias, hasta el hasta el punto de convertirse en el mayor foco de centros de este tipo de todo el país. En las cuencas mineras, cada localidad de cierta entidad goza de este tipo de centros gracias, sobre todo, al papel del SOMA, que impulsa la creación de casas del pueblo, pero también de anarquistas y comunistas allí donde les es posible. En ellas se ofrece, a través de la autoorganización obrera, educación básica, formación política y actividades de ocio tanto a adultos como niños, en esfuerzos que serán siempre insuficientes para las necesidades.[31]

Por su parte, la República tiene entre sus principales objetivos una reforma educativa que alfabetice al conjunto de la población. Recién estrenado el nuevo régimen, en 1931, éste consta la necesidad de construir 27.151 escuelas nuevas para

---

[25] Se refiere al grijo.

[26] Entrevista realizada a Anita Sirgo Suárez por la Fundación 1.º de Mayo.

[27] Entrevista realizada a Vicente Gutiérrez Solís en el marco de su biografía. Depositada en el AFOHSA.

[28] Entrevista realizada a Anita Sirgo en el marco del proyecto «A machamartillo: la represión laboral en Asturias bajo el franquismo». Depositada en el AFOHSA.

[29] Noel Tuñón: *De la reforma a la represión. La escuela rural en los concejos asturianos de Cabrales, el Valle Altu de Peñamellera y Peñamellera Baja (1931-1945)*, Trabe: Oviedo, 2023, p. 62.

[30] Entrevista realizada a Anita Sirgo Suárez por la Fundación 1.º de Mayo.

[31] Arias González, Luis, Álvarez García, Manuel Jesús: *Los Palacios obreros: Casas de pueblos socialistas en Asturias (1902-1937)*, Oviedo: Fundación José Barreiro y KRK Ediciones, 2010.

tal fin. Asturias será una de las principales zonas de actuación y el entorno rural un foco de especial atención. Sin embargo, la puesta en marcha de 755 nuevos centros antes de la guerra civil, se mostrará como un esfuerzo todavía insuficiente y miles de aldeas quedarán al margen de las iniciativas.[32] En el año del nacimiento de Anita, 1930, la media regional de analfabetismo se sitúa en el 28.57 % de los asturianos y diez años después, en el 18,07 %. Aunque los avances conseguidos en la breve experiencia republicana saltan a la vista, lo cierto es que en las zonas rurales el porcentaje se eleva y las mujeres constituían en torno a un 60 % del volumen total.[33] La escasez de escuelas, los impedimentos geográficos y la menor valoración de la escolarización femenina se conjugarán para impedir el acceso de un notable sector de mujeres a la alfabetización y la cultura.

Esta será la vida familiar hasta que la guerra civil la cambie por completo. Cuando el Ejército se subleva el 17 de julio de 1936 en África, en Asturias no cambiará nada, pero se transformará todo. A excepción de Oviedo, toda Asturias se mantiene inicialmente fiel a la República. La guerra se circunscribe a la capital, cuyo cerco es roto por las columnas gallegas a través del corredor de Grado y que resiste los envites de las milicias obreras durante más de un año. Sin embargo, el régimen republicano muestra una debilidad tal que las organizaciones obreras asumen el protagonismo de la vida política y económica. De ellas emanan alcaldes, concejales y consejeros que llevan a la práctica la revolución abortada en 1934. Reorganizan la economía, crean una industria de guerra, comités de abastos, salud pública, justicia y, a falta de cuerpos regulares, milicias obreras.

En una de ellas se enrolará Avelino, quien, parece ser, tiene cierta experiencia en combate tras los sucesos de Octubre y se encuentra ya afiliado al PCE. Aunque ambas cuestiones no están claras, desde luego no son descartables y para nada serían inusuales. Avelino servirá en las trincheras de Tarna y, tras la caída del Frente Norte huirá al monte, como cientos de compañeros, para salvar la vida.[34]

Ana Suárez también sufrirá la represión. Su pertenencia a la Juventud Comunista es conocida en todo el concejo, algo que Anita recuerda siempre con orgullo:

> Mi madre era comunista también. Fíjate que era comunista y era de la Juventud, porque mi madre ya tenía 70 años y tenía el carnet de la Juventud, porque como estaba siempre entre ellos, la Juventud le había dado un carnet de la Juventud. O sea, que tenía el carnet del Partido y el de eso.[35]

De cualquier modo, estar casada con un miliciano huido supone un motivo más que suficiente para su arresto. Así, será arrestada e internada primero en la Casa de

[32] Noel Tuñón: *De la reforma…*, pp. 43-44.
[33] Noel Tuñón: *De la reforma…*, pp. 62-63.
[34] Gerardo Iglesias: *La amnesia de los cómplices. 150 historias que claman contra la impunidad del franquismo*, Oviedo: KRK Ediciones, 2015, pp. 417-418.
[35] Entrevista realizada a Anita Sirgo Suárez por la Fundación 1.º de Mayo.

España de Langreo —la sede Falange— y con posterioridad enviada al campo de concentración de Figueras, en donde estará recluida hasta 1942.

Por su parte, Anita y Avelino serán evacuados en barco, desde el Puerto de El Musel, con destino a Barcelona. Las detenciones de sus familiares más allegados y el temor que provocan las fuerzas franquistas y, en especial los tabores de regulares, provocan que su familia decida sacarlos de Asturias. Y es que en las cuencas están muy presentes los asesinatos y violaciones de 1934 y las noticias que llegan del resto de España, no hacen presagiar un comportamiento diferente en esta ocasión. Durante el tiempo que media entre la caída del frente norte y su evacuación, la precariedad familiar tomará tintes cuasi trágicos:

> Sí, hambre pasela. Pasela porque yo comía algarroba, los artos del monte, esos artos gordos, llamábamoslos los jamones. Sabíen tan bien… Cuando tenías fame ibas al monte y había unos artos que los pelabes y estabes allí… sabíen a jamón de verdad, fíu. Sí, pasé hambre.[36]

La guerra ha sacudido y conmocionado las vidas de todos. Para dos niños como son en ese momento Anita y su hermano, significará verse privados de sus padres por un período prolongado en el caso de la madre o de forma definitiva en el de su padre. Avelino Sirgo no volverá a convivir con su familia ni regresará a El Campurru ya nunca. Como tantos otros niños vascos y asturianos, sus hijos serán evacuados ante la inminente caída del frente Norte, buscando refugio en otros lares y apelando a la solidaridad en la esperanza de que el desenlace de la guerra sea a la larga favorable. Anita narraba esta peripecia de forma confusa y con algunos extremos poco congruentes. Su corta edad y su desconocimiento del contexto histórico explican ese recuerdo poco preciso.

> El mi hermanu y yo íbamos pa la Unión Soviética, en un barcu, que bastante pasamos ahí, no teníamos casi agua, porque había una pipa grande de agua […] Y llegamos hasta Barcelona y recuerdo que era un edificio grandísimo y un patio redondo y allí estabas viendo cómo caían las bombas y todo eso. Entonces fue cuando salió un Boletín Oficial donde se decía que todo aquel familiar que tuviere allí críos pequeños, o sea, como nosotros ¿no?, que podían ir a recogernos y tal, el que se quisiera hacer cargo… Entonces de mi hermanu y de mí hízose cargo un tíu míu que vivía en Llanes y nos fue a recoger y por eso no llegamos más allá.[37]

No es posible ni que el barco en que fueron evacuados tuviera como destino Barcelona —no existe en ese momento una ruta marítima practicable para barcos con refugiados republicanos— ni que su estancia allí lo fuera con la expectativa de ser evacuados a la URSS —no hubieran sido trasladados a Cataluña en tal caso sino que hubieran retomado rumbo desde puertos atlánticos o del Mar del Norte—.

---

[36] Entrevista realizada a Anita Sirgo Suárez por la Fundación 1.º de Mayo.
[37] Entrevista realizada a Anita Sirgo Suárez por la Fundación 1.º de Mayo.

Menos aún que su traslado a la URSS se viera abortado por la llegada de su tío para hacerse cargo de ellos y traerlos a Llanes, puesto que tal circunstancia únicamente se pudo producir tras el final de la guerra y en ningún caso desde una Cataluña ya en poder de los franquistas se iba a evacuar a nadie a la Unión Soviética. En realidad, el destino del barco en que salieron de Asturias fue el estuario del Garona, cerca de Burdeos. Una singladura de tres días a bordo del vapor de bandera británica Stanray, que parte de El Musel el 26 de septiembre de 1937 y arriba a Pauillac tres días después con un total de 1568 pasajeros, de los cuales 1221 asturianos, tanto niños como adultos. Entre ellos, Avelino y Anita Sirgo Suárez.[38]

El siguiente destino parece haber sido una casa de acogida de niños en La Garriga. Hay que entender que cuando Anita habla de Barcelona se refiere realmente a Cataluña. El lugar concreto podría haber sido la colonia Torre Concha y allí sería donde los niños asistieron a los bombardeos que se fueron haciendo frecuentes a medida que la guerra se iba tornando más adversa. Su estancia allí concluye de un modo que Anita no conservaba en su memoria. Ante el derrumbe del frente de Cataluña, los niños serán evacuados nuevamente hacia Francia. Anita y su hermano llegan a la isla de Oléron el 30 de enero de 1939 y son instalados en la abadía de l'Ormeau, donde permanecerán a lo largo de los nueve meses siguientes, hasta que el estallido de la Segunda Guerra Mundial vuelva a alterar su situación. El gobierno francés promueve de inmediato la repatriación de extranjeros y entre ellos se cuentan los niños. A finales de septiembre —el 26 según una anotación a lápiz al lado de sus nombres— Anita y Avelino figuran en una lista para regresar a España.[39]

Pero el regreso tampoco depara una situación fácil. Ana Suárez es la esposa de un «fugado» y tener al marido huido la convierte en víctima segura: «Llevaron a toda nuestra familia presa y mi madre nos llevó a mi hermano y a mí con ella. Estuvimos en Sama, en la Casa España, que era la cárcel». Su siguiente destino será el campo de concentración de Figueras, a orillas del Eo, donde permanece recluida varios años y teniendo que dejar a sus hijos atrás. Como ha de volver a suceder en varias ocasiones de adversidad, la familia llanisca resulta de una ayuda inestimable y se hace cargo de los niños, dado que sus padres no están en condiciones de hacerlo. En todo caso, con un padre «fugado» y una madre que va a parar a un campo de concentración, los siguientes años de ambos hermanos transcurrirán en Andrín:

> Yo no tenía nadie de familia, estábamos el mi hermanu y yo solos por culpa de que cuando mi padre se tiró al monte y toda la mi familia la metieron presa, entonces nosotros quedamos en poder de una tía, nos llevaron todos los muebles y todo lo de casa, quedamos sin nada y entonces desde ahí pues, claro fue cuando me refugié.[40]

[38] Claudine Allende Santa Cruz: «Asturias 1937. La mar como única salida», accesible en la web del Grupo Eleuterio Quintanilla: <https://equintanilla.com/wp/2024/01/17/asturias-1937-la-mar-como-unica-salida/>.

[39] Direction Générale de la Sureté Nationale, Charente Interieure: «Liste des enfants a rapatrier», París, 14/12/1939. Agradecemos especialmente a Rosa Calvo toda la información facilitada acerca de la evacuación, la estancia y la repatriación y, a través de ella, también a Luis Quintanilla.

[40] Entrevista realizada a Anita Sirgo Suárez. AFOHSA, serie: Huelgas de 62.

Y nosotros vinimos pa Llanes, pa casa de esos tíos… porque en casa no había nada,
porque estaben todos presos, habíen matao a cuatro de la familia de mi padre y los de mi
madre estaben presos, o sea que no había nada.[41]

Durante su estancia en Andrín, que aproximadamente transcurre entre los diez y
los doce años, Anita se encarga de atender el ganado familiar por los prados y laderas
del oriente asturiano y de colaborar en la huerta y en el trabajo del hogar. Tiempos
muy duros que Anita rememora con agradecimiento:

Cuando estuve en casa de mi tío, ahí ya no pasé hambre, porque ahí ellos no tenían
nada, pero vivían de una vaquina y unes patatines… y claro, ellos querían mandarme a la
escuela, pero no se podía. No se podía porque tenía que participar en la casa y eso, para
poder comer y aquello. Ahí no pasé hambre, fueron muy buenos.[42]

Esta situación se prolongará hasta 1942, cuando su madre es por fin liberada y
podrá volver con sus hijos a la casa familiar. Pero a su llegada, Avelino sigue fugado,
lejos de la cuenca, y la casa no parecía tal:

Cuando a mi madre la soltaron, cuando vino para casa, entonces fuimos pal Campurru,
ya estaba mi güela. Entonces fuimos pal Campurru y nos encontramos que la casa en la
que nosotros vivíamos no teníamos nada, nos lo habían llevado todo los falangistas, hasta
una triste muñeca que yo tenía de trapo me hubiesen llevado… No teníamos nada.[43]

Dada la situación, toda la familia debe ponerse a trabajar, Ana en una grijera,
cargando vagones, y Anita alternando el servicio en casas particulares, el oficio por
excelencia de las niñas y adolescentes de clase obrera, y limpiando y cocinando en
bares. En algunos momentos, llegará a trabajar simultáneamente en tres lugares:

Antes era fregar con el estropajín y la arena y lejía y era todo piso de madera y yo
trabajaba en un bar en Sama, que se llamaba el Bar de Dionisio, donde estaba antes el
mercado de ganado, donde está el Cine Felgueroso. […] Y despуés de ahí todavía yo subía
andando a fregar una sala muy grande al cuartel de la Guardia Civil a les Tejeres de Lada,
después de salir de ahí, porque yo ahí trabajaba por la mañana. Después subía y fregaba
aquello. Después bajaba por otru caleyu pa bajar a Lada y fregaba un mostrador de una
tienda larga que era de madera y barría. Ahí era solamente fregarlo con la arena y eso y
todavía subía una bolsa de ropa de la guardia civil para llevarlo y lavarlo y después traerlo
a los dos días o así, cuando estaba seco […] Después de eso trabajé con una que se llama
Carmina la Marrona, hermana de Celestina, que éstos la conocen, que se dedicaron a

---

[41] Entrevista realizada a Anita Sirgo Suárez por la Fundación 1.º de Mayo.
[42] Entrevista realizada a Anita Sirgo Suárez por la Fundación 1.º de Mayo.
[43] Entrevista realizada a Anita Sirgo Suárez por la Fundación 1.º de Mayo.

vender pan, a hacer pan y era la que bajaba con una con una banastra a venderlo a Lada. Estuve vendiéndolo hasta que ella lo dejó.[44]

La paradoja de tener que limpiar un cuartel de la Guardia Civil cuando toda la familia es sistemáticamente perseguida por la misma desde hace más de una década, no provoca un sentimiento de temor o siquiera de rabia sino más bien pesadumbre: «No es que me preocupara, es que estar mi padre donde estaba y tener que lavar la ropa yo a ellos, era un poco triste…».[45]

Pero el trabajo, aun el de toda la familia, no es suficiente para salir adelante y la precariedad familiar transforma la cotidianeidad en un ejercicio casi tortuoso que, por lo demás, no es exclusivo de *los perrucos*, sino que es la norma común de las cuencas:

> Tenía que ir a lavalo a un regueru, no teníamos agua en casa, no teníamos nada. Teníamos que ir a lavar esa ropa a un regueru que había que… en invierno…porque ahora no hay calambros ni nada, pero de aquella época había unos calambros que parecíen caramelos…eso, ¿no? Tenía que llevar un calderu de agua hirviendo y después con una piedra romper los calambros en aquel reguero donde lavábamos y después cada poco… que te dolía casi más cuando tenías que meter del agua fría al agua caliente te dolían las manos, ¿no?[46]

De toda aquella situación, quizá sea lo relacionado con la ropa y el calzado lo que constituya el ejemplo más acabado de las carencias atravesadas durante toda la juventud:

> Yo no tenía ropa, como quien diz, porque claro, yo iba creciendo y no iba teniendo nada nuevo […] Mira, los primeros zapatos que yo puse tenía 17 años, iba a hacer 18 y puse unes alpargates que me recuerdo bien, eren negres, era cuando se llevaben les cintes hasta la rodilla, atades les cintines hasta la rodilla. Y eren negres, y tan repasaes estaben, porque ahora no se repasa, pero antes repasábamoslo todo, fíu. Yo, la mi ropa estaba más repasado que…parecía bordado, de repaso que tenía. Y entonces pues yo bajaba y cortejaba con el mi hombre y bajaba con aquellas zapatillines y yo como ya estaban blanques de tanto lavarles, pues les echaba serbos, claro al echar serbos negros estaben negrines muy guapes cuando les ponías, ahora que cuando bajabes estaben blanques del polvo que se te pegaba, les alpargates estaben blanques.[47]

Si las carencias de la vida de posguerra son muchas, la situación de una familia de izquierdas será todavía más acuciante porque a las estrecheces hay que sumarles los riesgos. En entornos rurales y en zonas tan cerradas como las cuencas mineras, política, familia, militancia y vecindad se confunden en el entorno, lo que supone

---

[44] Entrevista realizada a Anita Sirgo Suárez por la Fundación 1.º de Mayo.
[45] Entrevista realizada a Anita Sirgo Suárez por la Fundación 1.º de Mayo.
[46] Entrevista realizada a Anita Sirgo Suárez por la Fundación 1.º de Mayo.
[47] Entrevista realizada a Anita Sirgo Suárez por la Fundación 1.º de Mayo.

que la relación con los «fugaos» en los montes tenga tanto de solidaridad política como de apoyo familiar o gestos de buena vecindad. Si a ello se le suma un ambiente obrero que no por derrotado se da por vencido, el apoyo y el contacto con la guerrilla es, durante casi una década, un quehacer peligroso, pero cotidiano en cientos de aldeas a lo largo y ancho de Asturias.

Fidel Suárez *Campurru*, hermano de Ana, tío de Anita y militante comunista, se encargará durante años de enlazar con los «fugaos» de la zona de Santumianu. Facilitar comida, información, lugares de descanso y reunión, serían las funciones que recaerían bajo su responsabilidad y en ellas, a pesar de su corta edad, o precisamente por ello, colaborará Anita muy activamente:

> Yo era la que me dedicaba a lleva-yos la comida cuando tocaba esta zona, de venir a reunise, pues entonces era yo la que eso. Porque hacíen reuniones en casa ¿no? en nuestra casa y yo era la que estaba vigilando porque de aquella había mucha patrulla por los montes y por todo eso y entonces yo era la que vigilaba. La casa nuestra precisamente… no había otru camín pa llegar allí, tenían que pasar por esi camín. Se veía muy bien nuestra casa y en una de ésas, estaben reunidos y yo que los veo, veo una pareja de la guardia civil, y ye cuando ellos ya saltaron de un desván que teníamos, saltaron a una tená y escaparon. Entonces yo me dediqué a tirar todas las colillas de los ceniceros y a abrir las ventanas para que no hubiese humo, porque daba tiempu, era un trayecto bastante largu. De aquella recorrieron toda la casa y como no cogieron nada y no había nada, pues marcharon y uno se nos escondió en una despensa que era antiguamente cuando hacían la matanza […], metiose uno allí, digo yo que sería por si al marchar los otros y quedar, saliera alguno de los que estaban allí y eso.[48]

> Sí, nosotros hablábamos de la banastra. Y entonces ahí pues ponía la comida abajo, ponía una sábana tapando bien la comida, encima poníamos la grana. La grana sabes lo que es, ye pa echar a los praos y tal ¿no? Y poníamos la grana y despúes eso, pues yo iba con aquello y entonces claro yo me encontraba muchas veces con la pareja de la Guardia Civil, porque en el monte que tenías que pasar, pues claro, había mucha patrulla, siempre andaben patrulla de dos y de cuatro guardias civiles y bromeaban conmigo porque cómo iba yo tan pequeña, que era yo tan pequeña porque tenía yo trece o catorce años, pues decían que era más grande la cesta —ellos decían la cesta— que yo. Y yo pues me reía también con ellos. Y entonces yo llevava-yos la comida a la Traslacerca, un prau que llamaben-y la Traslacerca, taba el monte por la parte de allá y el prau pa'ca. Ellos tenían una franja, en el medio allí estaban metidos y entonces yo llegaba y yos-llevaba la comida y los dejaba allí.[49]

La ideología política, la implicación familiar con la guerrilla y la ausencia de Avelino, en paradero desconocido para todo su entorno desde 1937 salvo para su cuñado Fidel, quien contacta regularmente con él, ponen en el foco de la represión a toda familia:

---

[48] Entrevista realizada a Anita Sirgo Suárez por la Fundación 1.º de Mayo.
[49] Entrevista realizada a Anita Sirgo Suárez. AFOHSA, serie: Huelgas de 62.

Diban a buscanos por la noche pa ir a presentanos a un cuartelillo que había en Lada. Cada poco llevaban a mi madre, llevaban a mi tíu y lleveben a todos los que tábemos en casa. A lo primero no, pero despúes nos llevaron dos veces al mi hermanu y a mí. Y no respetaben si llovía o no llovía, que no había carretera y teníes que bajar pol monte. Llegamos pa ella y ellos preguntábennos por mi padre, claro, nosotros éremos tan pequeños que no sabíemos nada de mi padre, pues nos poníen la metralleta en el pechu.[50]

En una de estas redadas acabará muriendo Fidel. El 5 de noviembre de 1948 es detenido e informado de que si no revela el paradero de su cuñado Avelino y otros compañeros, encontrará la muerte esa misma noche. Según diferentes versiones, sería asesinado «a palos» en la comisaría de Laviana y rematado a tiros en una cantera en Vindoria, o se le aplicaría la Ley de fugas en un monte cercano[51]. Sea como fuere la familia tarda varios angustiosos días en conocer el trágico final: «Y nosotros fartucos de buscar, que vino hasta el mi tíu de Andrín, de preguntar por los cuarteles, pero nada, que no sabía nadie nada hasta que hicieron un llamamientu aquí en Lada, de que taba en el cementeriu».[52]

En cuanto a la relación con su padre, ésta se corta abruptamente desde la caída de Asturias. Únicamente habrá una ocasión en que vuelvan a verse. Dado que Avelino Sirgo se mueve de forma predominante por la zona del Cuera, como parte de la guerrilla de la Asturias oriental, y Anita pasa un tiempo con su tío de Andrín, será este quien la lleve una vez a ver a su padre. Entre tanto, Avelino desarrollará, en los diez años que permanece fugado, una red de relaciones que incluyen también nueva descendencia. Nada de esto sabe Anita, ni tampoco su madre. De hecho, descubrirá la existenccia de una hermana tan solo al final de su vida, cuando Ramón García Piñeiro publique en 2015 su monumental obra sobre la guerrilla asturiana y aporte en ella informaciones que la familia desconocía por completo acerca de Avelino: las circunstancias de su muerte, el lugar donde está enterrado y la existencia de una hija nacida de una relación con una joven de la localidad llanisca de Vibañu. Recibió entonces la noticia de que tenía una hermana que residía en Francia y concibió la esperanza de llegar a conocerla. Teniendo vínculos familiares en el concejo de Llanes, no resultaba difícil, una vez conocidos los datos, hacer la pesquisa y averiguar la identidad y el paradero de esa hermana de padre, dieciocho años más joven. Puesto que solía venir en los veranos, Anita esperaba el momento de encontrarse. Pero aquel verano su recién descubierta hermana no acudió a la cita anual. Despúes vino una pandemia y finalmente un deterioro en su salud que acabará por frustrar el esperado encuentro. Al tiempo que la reconecta con la memoria de su padre, la hermana tan tardíamente descubierta y a la que nunca llegó a conocer supone un epílogo de las ausencias que Anita hubo de sufrir en su entorno más íntimo a

---

[50] Entrevista realizada a Anita Sirgo Suárez por la Fundación 1.º de Mayo.

[51] Ramón García Piñeiro: *Luchadores del ocaso. Represión, guerrilla y violencia política en la Asturias de posguerra (1937-1953)*, Oviedo: KRK Ediciones, 2017, p. 1013.

[52] Entrevista realizada a Anita Sirgo Suárez por la Fundación 1.º de Mayo.

resultas de la dictadura franquista: tras una infancia privada de su padre de modo definitivo —e incluso del conocimiento de su paradero una vez muerto— y de su madre durante los años que ésta permanece recluida en el campo de concentración de Figueras, hubo períodos de ausencia del marido, encarcelado durante año y medio, antes de que el exilio la privara no solo de él sino también de sus hijas durante casi dos años.

Avelino Sirgo, conocido en la guerrilla como el *Matemático* por su aspecto profesoral y su capacidad para el cálculo, había desempeñado un importante papel en la resistencia. Tras huir al monte, va a parar a la cara norte de la sierra del Cuera, donde acaba liderando una partida y logrando tejer una nutrida red de enlaces y apoyos entre la población a lo largo de los concejos de Llanes, Ribadedeva, Onís y Cabrales. Cuenta con la ventaja de tener familia en Posada de Llanes y también con dotes organizadoras. Cuando, en 1945, el por entonces máximo responsable militar de los comunistas asturianos, Baldomero Fernández Ladreda, estructura y encuadra a los «fugaos», el *Matemático* es el encargado de coordinar la zona oriental de Asturias, donde se mueven también algunos cántabros. Tras la caída, en el verano de 1946, del Comité Regional encabezado por Casto García Roza, entrará a formar parte de un reconstruido Comité Provincial que pasa a estar compuesto exclusivamente por guerrilleros. En realidad, la represión se ha cobrado tantas bajas que apenas existe organización que no esté supeditada al apoyo a los pocos que mantienen la lucha con las armas en la mano. Y el desesperado esfuerzo por revitalizar la resistencia armada se saldará con una debacle cuando una infiltración da lugar a varias emboscadas simultáneas en la noche del 27 de enero de 1948. El señuelo de un desembarco de armas condujo al ametrallamiento de guerrilleros y enlaces en el Alto de Santumianu —entre Mieres y Langreo—, Villaverde —Villaviciosa— y la playa de La Franca —Ribadedeva—. Avelino Sirgo salvará ese día la vida en San Antolín de Bedón —Llanes—, al igual que Manolo Caxigal en Soto de Dueñas —Piloña— porque el instinto pudo más que el ansia y les hizo desconfiar a tiempo de no meterse en la boca del lobo.[53]

Avelino se ha movido un tiempo con guerrilleros cántabros, a quienes pone en contacto con los asturianos. En 1947, ante la expectativa del desembarco de armas que el agente infiltrado les está ofreciendo, propicia una reunión a la que asisten los cántabros José Marcos Campillo y Bernardo Quintiliano Guerrero, el propio Avelino Sirgo, los hermanos Caxigal y los hermanos Castiello. Según el testimonio de Marcos Campillo, es el *Matemático* quien desconfía y de algún modo salva su propia vida y la de los camaradas cántabros: «Fuimos Guerrero, que había venido de Francia, *Mate*, que les conocía a todos, y yo. Estuvimos con los Caxigales y los Palacios [casi con total certeza: los Castiello], dos hermanos de cada sitio, no sé si habría algún otro. Que se habían puesto de acuerdo con el pájaro ese, el espía que tenían. Eran optimistas, creían que todo era verdad y que estaba justificado. Cuando

---

[53] Ramón García Piñeiro,: *Luchadores del ocaso…*, p. 354.

llegamos allí, el asturiano no era tonto. *Mate* les dijo claramente a la cara: —Usted no es comunista ni nada, usted es un espía».[54]

De todo esto, Anita nada sabe, como tampoco su hermano o su madre, aunque hayan de padecer el acoso y las amenazas constantes. Quien sí tenía información era su tío Fidel, que llega a ser el encargado de enlazar con los guerrilleros del Cuera, poniendo en contacto a su cuñado Avelino con *Bóger* —Constantino Zapico—, máximo responsable hasta su muerte en la encerrona de Santumianu el 27 de enero de 1948. A tal fin, *Campurru* se desplaza desde Lada a Posada de Llanes, donde tienen parientes. De esta conexión llegará la única oportunidad de Anita de ver a su padre en todo el tiempo —más de diez años— que permanece echado al monte. Será una única vez, estando en Posada. Después de eso, ninguna noticia más. Ni siquiera la de su muerte. Mucho menos la de su paternidad, al tener una hija a fines de 1947 o comienzos de 1948 con María Simón Santobeña, de Vibañu, integrante de la red de enlaces, que hubo de atribuir su embarazo a un vecino para eludir las sospechas.

Poco después del asesinato de su cuñado Fidel, Avelino sufre un trágico final, despeñándose en el Cuera cuando acondicionaba un refugio. Su acompañante en aquel momento —Bernabé Ruenes Santobeña— recurrirá a unos pastores para recuperar y enterrar el cuerpo, pero un año más tarde el hecho llegaría a oídos de la Guardia Civil, que lo hace desenterrar y ordena trasladar los restos al cementerio de Campolongo, en Llanes.[55]

Para Anita quedará la figura de un padre ausente de cuyo paradero nunca llegará a saber. Ni siquiera la información aportada por el libro de García Piñeiro llegará a ser para ella del todo clarificadora. En su cabeza se mezclaron los nuevos datos recién descubiertos y entreverados con versiones anteriores no concordantes con las que había ido tejiendo el relato de su padre guerrillero de cuya muerte nunca llegó a tener claras ni las circunstancias, ni el momento, ni el lugar. La verdadera revelación para ella fue el descubrimiento de una hermana a la que deseaba conocer.

A clarificar la muerte tampoco ayudaba la partida de defunción que Anita conservaba entre sus papeles. Excepto su nombre, su filiación y su condición de obrero, todos los datos son erróneos en el documento que le convertía oficialmente en persona fallecida y a Ana Suárez legalmente en su viuda, lo cual posiblemente sea la clave de tantas y tan manifiestas inexactitudes. Tal como consta, habría muerto en 1937 a los 27 años de edad en acción de guerra en la zona del puerto de Tarna, donde habría sido enterrado. La muerte obedecerá a «heridas en la pasada Guerra de Liberación».[56] En realidad, Avelino Sirgo no tenía 27 sino 35 años en 1937, no murió en 1937 sino en 1948 y no fue a resultas de heridas de guerra. Obviamente, tampoco fue nunca enterrado en los montes de Tarna. Inscrito en 1958, muy probablemente por su viuda, a quien en nada hubiera beneficiado declarar que su marido

---

[54] Valentín Andrés Gómez: *Del mito a la historia. Guerrilleros, maquis y huidos en los montes de Cantabria*, Santander: Universidad de Cantabria, 2008, p. 308.

[55] Ramón García Piñeiro: *Luchadores del ocaso...*, p. 778.

[56] APAS, Registro Civil de Langreo, Partido Judicial de Laviana, vol. 38, asiento 149.

había sido guerrillero —«bandolero» en la terminología oficial del Régimen— y tener además que aportar datos de los que carecía acerca de su muerte. La opción menos complicada consistiría en ofrecer una versión convencional: un marido muerto en la guerra y enterrado *in situ*. Y con ello obtener la condición legal de viuda. Es tan solo una hipótesis, pero resulta la más plausible dadas las circunstancias que rodean una inscripción tan tardía y en plena dictadura, plagada de errores.

Entre el drama y la precariedad familiar, Anita va llegando a la etapa adulta, momento en el que conocerá, con apenas 17 años, a una persona que desde entonces será absolutamente central en su vida: Alfonso Braña Castaño, marido y, sobre todo, compañero, en el más amplio sentido de la palabra.

Fonso es sensiblemente mayor, casi siete años, y ha tenido una juventud con notables paralelismos a la de su mujer. Natural de La Felguera, viene al mundo el 30 de septiembre de 1922.[57] Sus padres, Manuel y Etelvina, de los que apenas se conserva información, mueren siendo él todavía un niño, antes de la guerra civil, lo que le obliga a pasar los siguientes años en casas de sus hermanas, primero en la Torre Bajo, en Sama, y luego en la Puente Carbón, en Ciaño. Su familia, como es norma en la cuenca, simpatiza con el socialismo y la República, de hecho, su hermano mayor, Julio, ejerce como guardia de asalto en Langreo. Con apenas 15 años, en 1937, comienza a trabajar en la mina, una profesión que ejercerá durante los siguientes 23 años. ¿Y qué puede hacer un adolescente langreano de apenas 15 años recién ingresado en la minería a partir de 1937? Pues convertirse en enlace y utilizar su acceso al economato para facilitar víveres a los «fugaos», a pesar de que parece que no existen familiares cercanos en el monte.[58] Compromiso político y comunidad minera. Como señala Daniel Vallés en la conversación que mejor define el espíritu de las cuencas de la posguerra, al ser preguntado sobre por qué los guerrilleros se ocultaban en las cuadras de su familia de manera ocasional cuando nadie de la misma se había echado al monte: «Dormíen en la mi cuadra [...] porque en alguna tenía que ser».[59]

[57] APAS, Registro Civil de Oviedo, tomo 18, p. 280.
[58] Entrevista realizada a Sara Braña Sirgo con ocasión de esta biografía.
[59] Entrevista realizada a Daniel Valles Fernández en el marco del proyecto «Memoria social del Valle de Samuño», depositado en el AFOHSA.

3

Nita y Fonso, los Perrucos

Las esposas de la minería del carbón trabajaban duro para crear un hogar en los campamentos, haciendo frente al miedo por la vida de los hombres, por las consecuencias de heridas y el pulmón negro, por la angustia por los despidos, los desahucios y las huelgas, y por las contradicciones entre su duro trabajo y los roles de género establecidos. «El hombre era quien ganaba el pan y las mujeres estaban muy calladas, pero eso cambió durante la organización.» (Joan Robinett)[60]

En la cuenca del Nalón, la vocal o la sílaba inicial de los nombres suelen resultar prescindibles. Lo más frecuente es ser conocido por un nombre acortado: Malia, Melia, Mérica, Delina, Felia, Loína, Frasia, Geles, Sabel, Solina… o Canor, Mador, Mable, Ferino, Ginio, Logio, Sebio, Tante, Tilano, Velino, Colás… De ahí que para muchos de sus vecinos y camaradas los Braña-Sirgo fueran conocidos como Fonso y Nita. Añádase a ello la tendencia a asignar un apodo, ya sea referido a algún rasgo personal o transmitido a través de sagas familiares. Del mismo modo que su padre Avelino fue conocido como *El Matemático* y su tío Fidel como *Campurru*, la familia de Anita era identificada como *los Perrucos* y ella no solo heredó ese apodo sino que se lo transmitió a su marido. Para muchos vecinos fue Nita *la Perruca* y esto se hizo extensivo a Fonso *el Perrucu*, siendo el apelativo familiar de ella el que acabe identificando a ambos.

A lo largo de más de treinta años, entre su boda en 1949 y la muerte de Alfonso en diciembre de 1980, el matrimonio compuso una pareja que se erigió en sinónimo de militancia comunista. Incluso en tiempos de estricta clandestinidad, difícilmente alguien en su entorno laboral, social o vecinal podía ignorar que *los Perrucos* eran comunistas. Era más bien un secreto a voces porque su activismo era notorio y sus encontronazos con la represión manifiestos, especialmente desde que Alfonso acabó siendo procesado y encarcelado y Anita torturada y rapada. De hecho, las connotaciones políticas de la pareja ya habían quedado patentes el mismo día de su boda, convertida la celebración en sí misma en un acto de desafío frente al acoso de que estaban siendo objeto. Una celebración, la de aquel 24 de septiembre de 1949 en El

---

[60] Alessandro Portelli: *Dicen en el condado de Harlan…*, p. 199.

Campurru, ciertamente *sui generis* puesto que los invitados permanecieron rodeados por un despliegue de guardias civiles que primero registraron la casa avasallando, desordenando, pisando las tartas que iban a formar parte del menú, levantando tablas en busca de depósitos o estancias camufladas y luego permanecieron vigilantes mientras los invitados prolongaban durante horas el festejo y alargaban deliberadamente la música y el baile para mortificar con su alegría a los guardias apostados tras árboles y setos y condenados a ser pasivos espectadores de la fiesta ajena. Beber, cantar, bailar y celebrar se convirtieron así en formas de resistencia, en conjuros contra el miedo, en desafío a quienes pretendían intimidarlos. Y con ello, la boda misma se convirtió en un acto político, de afirmación, de dignidad y de alegría de vivir pesara a quien pesara.

Hay en aquella boda más claves reveladoras del tiempo y el contexto en que tuvo lugar. Los contrayentes no tienen el menor interés en una ceremonia religiosa, pero la dictadura no ofrece alternativa. No les queda más remedio que una boda católica en una iglesia a la que jamás acuden y conforme a los ritos de una fe que no profesan. A este respecto, la negociación encuentra buena disposición en el cura encargado de oficiar el enlace, de modo que don Román, que mantiene buena relación con Alfonso a raíz de que frecuentan el mismo chigre, se mostrará comprensivo:

> El cura de Lada, don Román, tenía mucha amistad con el mi hombre porque el mi hombre paraba en un bar de Lada. Y ahí paraba esi cura y ellos sabíen de que me cortejaba a mí. Entonces, cuando nos íbamos a casar, don Román mando-y a Fonso que bajase, que bajásemos un día antes a confesar pa casanos. Y el mi hombre dijo:
> —Bueno Don Román, ande, ande, déjese de eses tonteríes que ya sabe lo que nosotros... háganoslo todo junto.
> —¡Braña, Braña, Braña!, empezó Don Román. Y diz él: —Bueno anda, hacémoslo todo el mismu día.[61]

Sobre esta connivencia, en la capilla de La Nisal, cercana al Campurru, se oficia una boda que, en el recuerdo de Anita, no duraría más allá de los diez minutos. Más aún, don Román afeará la conducta al guardia civil al mando del registro domiciliario y la intimidación: «púsolos a parir y, claro, ellos decíen que eren mandaos».

Si la boda en sí había durado escasamente diez minutos, prescindiendo de las preceptivas confesión y comunión, el banquete, que en principio iba a ser una comida, se alargó hasta la madrugada del día siguiente. Hubo comida, cena y hasta desayuno porque, lejos de amedrentarse, cerca de un centenar de invitados se hicieron el propósito de resistir y desafiar: «Yo bien creía que iban a pasar mieu, pero no home no, duró la boda hasta por la mañana, porque hicímosla fuera, en una bolera que teníamos, se pusieron unes luces y los invitados esteben pasándolo bomba».[62]

---

[61] Entrevista realizada a Anita Sirgo Suárez. AFOHSA, serie: Huelgas de 62.
[62] Entrevista realizada a Anita Sirgo Suárez. AFOHSA, serie: Huelgas de 62.

Tanto su padre como su tío están, aunque ya hayan perdido ambos la vida, de algún modo presentes en la boda. Si la búsqueda de su padre —de cuya muerte no tienen todavía noticia ni las autoridades ni la familia— es el motivo que parece haber provocado el despliegue de guardias civiles, el allanamiento de la casa, el pisoteo de las tartas y las largas horas de vigilancia, la memoria de Fidel —cuyo asesinato está todavía reciente— se hace presente incluso a través de la xata sacrificada para el banquete, la misma que él tenía reservada para la boda de su sobrina. No es poca cosa en tiempos de tanta penuria. Anita, que había estrenado sus primeros zapatos poco antes, lucía un vestido que ella misma se había hecho, con ayuda de una modista, el anillo de boda fue prestado, al igual que prestada era la mantilla. El banquete y la fiesta se hacen en casa y en una bolera contigua, a cocinar ha ayudado una vecina y de aquel día tan solo conserva una foto, porque tampoco para eso había presupuesto. Una solitaria fotografía en la que, por cierto, resulta imposible adivinar el avanzado estado de gestación de la novia, cuya esbelta figura no ofrece indicios de lo inminente: faltaba una semana para que naciera Telvi, la primera hija del flamante matrimonio. De boda el 24 de septiembre y de parto el 2 de octubre, Anita tiene 19 años y Alfonso cumple los 27 dos días antes de ser padre. Tras conocerse en el bar de Dionisio, en Sama, donde ella trabajaba, han cortejado durante dos años y permanecerán juntos los siguientes treinta y uno. Al poco de casados estrenarán el piso en la barriada de San José de Lada en el que van a vivir el resto de sus vidas.

No serán nunca un matrimonio convencional. Y si Anita demostrará ser, por tantos motivos, extraordinaria, Alfonso tampoco responde a un patrón típico de minero o simplemente de marido de su tiempo. Muy al contrario, dará sobradas muestras de una actitud que por entonces resultaba absolutamente excepcional, incluso entre la militancia comunista. Dado que la actividad política llegará a convertirse en el centro de sus vidas, las salidas de casa, las reuniones e incluso los viajes acaban por formar parte de la cotidianidad. Para muchas otras, el compromiso militante permanece subordinado a las «obligaciones» familiares. Anita lo percibe con claridad: «Bueno… habíalos que no les gustaba que salieran, eran un poco machistas. Había de todo. Habíalos que la mujer… sí, sí, comunista todo lo que tú quieras, pero la mujer en casa. Eso había de todo». Pero ese está lejos de ser su caso. Son un matrimonio bien avenido que se relaciona en un plano de armonía: «eren como una piña. Salíen mucho y no iben el uno sin el otro a ningún sitio ¡Y salíen muchísimo! Llevábense muy bien. En casa, por ejemplo, no mandaban ninguno por encima de otro», recuerda Telvi[63]. Como Anita solía repetir, llegará un momento en que si ambos salen de casa a sendas reuniones, el primero en regresar sea quien se encargue de hacer la cena. Y no se presupone que esa sea tarea de ella si es Alfonso quien llega antes a casa. Tampoco en los espacios militantes se aprecia el control o la jerarquía masculina que es perceptible en bastantes otros casos. Magaly Suárez recuerda, en los setenta, cómo las reuniones de mujeres del Partido estaban supeditadas a

---

[63] Entrevista realizada a Etelvina Braña Sirgo con ocasión de esta biografía.

horarios compatibles con las tareas domésticas y cómo se iban ausentando una tras otra a medida que los maridos asomaban su cabeza tras la puerta de la sala donde estuvieran. Pero no era ese el caso cuando quien asomaba era Alfonso. Anita tenía sus propios espacios de militancia y los ejercía sin cortapisas.

Ahora bien, si hay un episodio que en la narración de Anita resulta definitorio de la inusitada relación de igualdad y confianza que reinaba entre ellos, éste es el de la noche pasada en un hotel de Venecia en compañía de otro hombre con el cual ella viajaba con identidad falsa y haciéndose pasar por matrimonio. El camarada en cuestión era Juan Modesto, el legendario comandante del Quinto Regimiento y general del Ejército del Ebro, y el motivo del viaje, según el recuerdo de Anita, una reunión del Partido en Berlín a la que asiste durante su tiempo de exiliada en Francia. Llegados al hotel se impone la evidencia de que hay una sola cama y, puesto que se han registrado como matrimonio, no cabe pedir el cambio. Modesto propone dormir en el sillón y cederle a ella la cama, pero Anita responde: «de ninguna manera, camarada». La solución: acostarse en la misma cama en posiciones invertidas (uno de ellos con los pies en la cabecera) y usar la sábana a modo de membrana de separación para evitar el contacto. Cuando a la mañana siguiente Modesto insinuó que aquella situación no era apta para ser contada en casa Anita reaccionó asegurando: «El mi Fonso ye un camarada y entiende estes situaciones. Claro que-y lo voy a contar». Y así fue. Ella no tenía duda al respecto. Conocía bien a Fonso y ambos sabían perfectamente que la militancia estaba por encima de los remilgos y que la confianza era la base de su relación. Huelga decir que, en el tiempo en que se desenvolvían y en el contexto sociológico al que pertenecían —y seguramente en cualquier otro al que hubieran podido ser trasplantados—, Alfonso y Anita eran una pareja absolutamente excepcional. Cabe añadir que, en su caso, esta relación se basa, además de en obvios rasgos individuales de personalidad, en la conciencia política y las consecuencias que de ella se derivan según ellos la entienden. Del mismo modo que muchos otros no llegan a extraer conclusiones similares y se mantienen dentro de estrictos límites patriarcales, en ellos la igualdad ha permeado también la relación de pareja. Todo ello sin haber cuestionado formalmente los roles ni desafiar las convenciones de su tiempo, sin enunciados ni conciencia feminista, y seguramente sin modelos de referencia en los que inspirarse.

Que la militancia antifranquista condicionaba la vida privada de quienes optaban por desafiar a la dictadura resulta evidente. No siempre se toma en cuenta, no obstante, hasta qué punto era así y, sobre todo, cómo afectaba también al entorno familiar, estuvieran o no las personas más cercanas involucradas en la actividad clandestina, así como a las relaciones sociales que pueden ser mantenidas y bajo qué condiciones. La vida entera de Anita, de Alfonso, de su madre y de sus hijas, está marcada por los precios a pagar en aras del compromiso militante: cautelas, silencios, temores, vigilancia, ausencias, privaciones, penurias, riesgos que impregnan el día a día y van tejiendo un telón de fondo sobre el que se proyectan los momentos críticos de detenciones, malos tratos, torturas, encarcelamientos, multas, despidos…

No hay vida social, infancia, economía familiar o simplemente existencia cotidiana que no se vean marcadas. Cuando no se trata de afrontar reveses de la envergadura de una condena de prisión, las secuelas de la tortura, la pérdida del trabajo, el exilio y lo que todo ello entraña en términos de condiciones de vida o privación de la presencia de los seres queridos, se trata de la instalación del miedo como parte del día a día y de llevar al extremo todas las cautelas posibles. Conllevaba ser citados en cuartelillos o comisarías como «sospechosos habituales» o detenciones «preventivas» en vísperas de fechas señaladas como el Primero de Mayo.

> Los Primeros de Mayo, siempre me deteníen días antes (...) Veníen y deteníenme, llevábenme al cuartel de la Guardia Civil y después a la cárcel de Oviedo. Cuando pasaba el 1° de Mayo mandábenme pa fuera. Siempre echaba siete u ocho días, hasta que pasara.[64]

La extrema discreción exigida por la clandestinidad había de ser combinada, en un complejo equilibrio, con la visibilidad a la que obligan buena parte de las actividades militantes —reuniones, distribución de propaganda, recogida de firmas, piquetes y, en definitiva, protestas de diverso signo y proselitismo en variadas formas—. Los vecinos habían de ser ciegos y mudos en el día a día, pero podían convertirse de repente en testigos necesarios o en espectadores obligados. La invisibilidad que se pretende para muchos de los movimientos (entradas y salidas, gente de paso o escondida, nombres supuestos, paquetes camuflados para disimular su contenido, emisiones de radio escuchadas bajo una manta o a mínimo volumen, consignas transmitidas con disimulo) estalla de pronto en el estruendo de una detención que es convertida en un escándalo capaz de incomodar a los represores y de servir como primera alerta de denuncia. Anita convierte cualquier detención de su marido en un acto de resistencia en el que procura que todo el vecindario se entere y hace valer su condición de mujer, esposa y madre como herramienta para la lucha. Así describe su reacción ante las detenciones de Alfonso:

> Cuando veníen a detener al mi hombre, yo marchaba con él. A mí no me dejaben ir con él, pero yo a eses hores de por la mañana, yo marchaba, a mí no me dejaben pero yo marchaba. Yo cogíame a la puerta del coche y me teníen que cortar los brazos o me teníen que montar. Y yo, ¡unos gritos! Y eso ellos, de que yo gritare, que no queríen que se enteraran los vecinos, y yo era lo que quería, que se enteraren los vecinos. Y garrábame... tuvieron llevándome de mi casa a un quiosco que hay, que serán veinte metros o así, arrastru, porque yo no me soltaba. A lo último ya me subieron al coche y ya fui hasta Sama. Y en Sama ahí ya no pude entrar en el calabozu y ya a les cuatro la mañana vine pa casa yo sola por El Fondón.[65]

---

[64] Entrevista realizada a Anita Sirgo Suárez. AFOHSA, serie: Huelgas de 62.
[65] Entrevista realizada a Anita Sirgo Suárez. AFOHSA, serie: Huelgas de 62.

La inmersión en la militancia clandestina significaba también convertir a los niños en mensajeros o vigilantes, como la propia Anita había aprendido en su niñez. No dormir en casa cuando se espera la indeseada visita de la policía o buscar quién se haga cargo de los hijos cuando llegan ausencias impuestas por fuerza mayor. Unas niñas crecidas en ese contexto —como había sido el caso de Anita en su día y será luego el de sus hijas— han de aprender a ser reservadas, no preguntar, no hablar de más, saber o intuir que sus vidas no son «normales» y que su padre o su madre pueden desaparecer por largo tiempo. «Elles vieron a su padre venir la policía a sacalu, vieron cómo estuvo su padre en Oviedo presu y elles iben a velu, vieron a su madre cómo-y cortaron el pelo. Yo jamás-yos dije que se metieren en nada, pero vieron les injusticies que se estaben cometiendo…».[66] Todo ello dentro de la disonancia cognitiva de una verdad oficial machacona y omnipresente que demoniza a lo que sus padres representan, como si hubieran de vivir una doble vida sin entender bien los motivos. A modo de compensación, esto tiende a acelerar también procesos de maduración y aprendizajes precoces que suelen traducirse en una incorporación muy temprana a la militancia política, a pesar de que los padres no hayan fomentado conscientemente esa orientación. Telvi comenzó a participar de las movilizaciones en solidaridad con las huelgas del 62 con apenas doce años y poco después a trasladar propaganda a diferentes puntos de la cuenca. A mediados de los sesenta formaba, junto con otros compañeros, la Juventud Comunista a la que se uniría Sara en 1973, con apenas quince años. Y a la larga puede devenir en fuente de orgullo, como revela la memoria de no pocos de los hijos de aquellos luchadores antifranquistas, hayan secundado o no la senda militante de sus progenitores. Hemos constatado ese orgullo, que compensa ampliamente las carencias y limitaciones de infancias marcadas por la clandestinidad de sus padres y madres, en numerosos testimonios orales.

Por añadidura, por la casa de Lada desfilaban desconocidos de confusa identidad que habían de permanecer indetectables para vecinos y amigos, que llegaban y se iban de noche y en absoluto silencio. En particular, en el caso de Anita, su casa sirve reiteradamente de refugio a Horacio Fernández Inguanzo *El Paisano*, a la sazón el hombre más buscado de Asturias, auténtica obsesión para el comisario Ramos y para la Brigada de Investigación Social —popularmente conocida como la Brigada Político Social— que dirigía. Raro era el interrogatorio y la sesión de torturas en la que el nombre de Horacio no aparecía, tratando de arrancar información sobre sus andanzas y su paradero a quienes tenían la desgracia de haber sido detenidos. Dar cobijo a la pieza más codiciada por una policía política de brutales métodos entraña un riesgo mayor e involucra a cuantos viven en la casa. Obviamente excluye la posibilidad de visitas o de nada que pueda delatar tal presencia. Y obliga a extremar las precauciones cuando se vive en un piso dentro de una barriada en la que muchos ojos pueden estar vigilando. Hasta el fin de sus días, Anita mantuvo presente la figura de Horacio en su casa. Retratos y recuerdos lo perpetuaron en aquel hogar

---

[66] Entrevista realizada a Anita Sirgo Suárez. AFOHSA, serie: Huelgas de 62.

que tantas veces le había proporcionado refugio a quien vivía, como cantara Víctor Manuel, escondiéndose a diario, durmiendo por los pajares, desapareciendo al alba.

No es, por supuesto, el de Anita y Alfonso el único caso. Todos los cuadros clandestinos del PCE necesitaban contar con una red de refugios, algunos recónditos y otros en casco urbano. Así sucedía también, por ejemplo, sin salir de Lada, con Celestina Marrón, en quien concurría al añadido de tratarse de una mujer que vivía separada de su marido, con el consiguiente entredicho que ello conllevaba si era detectada la presencia de hombres en su casa, y que no dudó, sin embargo, en acoger a dirigentes clandestinos y particularmente a Ángel León Camblor. Esto incluye situaciones límite como la que supuso un serio problema de salud de Ángel León, que planteó no solo la dificultad de obtener medicamentos sino que llevó al enfermo contemplar su muerte y plantear un modo extremo de evitar que fuera fuente de problemas para sus anfitrionas: descuartizar su cuerpo y hacerlo desaparecer. Nori Álvarez Marrón, por entonces una adolescente, guarda vivo recuerdo de tan escalofriante solución, que estaba guiada por el afán de protegerla a ella y a su madre.

El riesgo que entrañaba acoger en la propia casa a los dirigentes clandestinos más buscados era compaginado, en los casos de estas militantes, con un despliegue de actividad igualmente arriesgado que incluía esconder y distribuir propaganda, formar piquetes en las huelgas, recabar solidaridad para los presos políticos y multitud de acciones que las exponían a la detención, la delación o el acoso policial. Implicaba también fiar su propia seguridad a la discreción de los vecinos, puesto que algún desliz resultaba inevitable. Anita tenía presente cómo jamás habían sido objeto de ninguna denuncia y Nori A. Marrón recuerda que tiempo después alguien en una conversación dio muestra de conocer las visitas de un hombre del que había supuesto que sería un pariente.

La militancia antifranquista entrañaba, en todo caso, altos precios y conducía a reveses a manos de unos aparatos represivos que perseguían con saña cualquier disidencia y con especial celo a los comunistas. En los casos de Alfonso y Anita, sus vidas y las de su familia están jalonadas por distintos episodios que se van sucediendo desde la primera «caída» de Alfonso Braña en 1960.

El PCE había logrado mantener en la cuenca del Nalón un tenue hilo organizativo incluso en los peores momentos, los que asistieron a la liquidación definitiva de la resistencia guerrillera y la desarticulación de sus redes de apoyo, así como de su Comité Provincial. Tan solo Gijón y el Nalón han logrado, mediados los cincuenta, rehacerse en algunos centros de trabajo y recomponer cierta estructura clandestina. Alfonso Braña formará parte de esta reorganización, que va a encontrar impulso pero también reveses represivos en las huelgas de 1957 y 1958, que ven resurgir, justamente en Gijón y el Nalón, la conflictividad laboral largamente sofocada por la implacable represión. Tras haber iniciado su vida laboral en El Molinucu, había pasado a trabajar en el Fondón, donde será primero picador y más tarde vigilante de primera. Se trata de uno de los pozos de referencia obligada en las huelgas de la época. Había acogido en los cuarenta y cincuenta una colonia penal donde numerosos presos políticos habían redimido condena trabajando como mineros y será escenario del piquete de mujeres del que Anita forma parte durante la huelga de 1962. Si la huelga de 1957 se desencadena a partir de la paralización de María Luisa, la de 1958 lo hará desde El Fondón. Para entonces, Alfonso está ya plenamente integrado en la estructura clandestina del Partido y su papel se refuerza tras la «caída» que sigue a la huelga de 1958, que desbarata una parte de los progresos alcanzados en los centros de trabajo al identificar a quienes han liderado la huelga y descabezar los pozos, pero sin erradicar la presencia comunista. El siguiente revés llegará a resultas del VI Congreso del PCE celebrado en Praga a fines de 1959 y que al regreso de los delegados da lugar a una cascada de detenciones en el interior como producto de una infiltración.[67]

Un tribunal militar —no se olvide que en la España de 1960 organizarse para defender una idea política constituía un delito de rebelión militar y podía conducir ante un consejo de guerra— condenará a Alfonso Braña Castaño a dos años de prisión. Detenido el 16 de febrero, ingresó al día siguiente en la prisión provincial de Oviedo, en cuya plaza fue juzgado el 25 de octubre dentro de la causa 34/1960 y posteriormente trasladado para cumplir condena en el penal de Burgos, donde permanece entre el 29 de diciembre y el 12 de agosto de 1961, cuando pasó a situación de libertad condicional. En total, un año y medio encarcelado, los ocho últimos meses a centenares de kilómetros de su familia. Añádase a ello el despido, que le hizo perder su trabajo, puesto que Duro Felguera, que había empleado —a cambio de salarios ínfimos— durante años a presos políticos en El Fondón y en otros pozos, consideró inadmisible su militancia antifranquista. El daño económico era considerable, teniendo en cuenta la categoría de vigilante que Alfonso había alcanzado, y repercutía sobre una familia que poco antes, en septiembre de 1958, había crecido con el nacimiento de una segunda hija: Sara. El esfuerzo de Anita y la ayuda inestimable de su madre Ana han de compensar el revés y a Telvi le toca también cuidar de su hermana.

> El mi hombre estuvo presu, yo tenía a les dos hijes, mi madre estaba trabajando y yo trabajaba. Trabajaba en Casa Alegría, trabajaba en una casa en La Felguera, cuidaba la casa, lo que no hacía mi hija mayor…, pues yo cuidaba la casa, salía a todas las concentraciones, trabajaba pal Partido y hacíalo todo y dábame tiempu a todo. Y iba les dos veces que tenía para ir a ver al mi hombre, iba a velu, cuando lu tenía en Oviedo. Y despés cuando estuvo en Burgos también lu fuimos a ver.[68]

Anita recordaba del regreso de Alfonso de Burgos, al ser puesto en libertad, la concentración de bienvenida que le recibió en Casa Alegría. Sobre esta base de integración y consideración social, ampliada mucho más allá del círculo de vecinos

[67] Ramón García Piñeiro: «El PCE en Asturias bajo el Franquismo (1937-1967). Represión, clandestinidad y reconstrucción», en Francisco Erice Sebares (coord.): *Los comunistas en Asturias 1920-1982*, Trea: Gijón, 1996, pp. 161-162.

[68] Entrevista realizada a Anita Sirgo Suárez por la Fundación 1.º de Mayo.

y camaradas, se asentará la subsistencia familiar en los siguientes veinte años. Dado que ha sido despedido de la mina, Alfonso habrá de buscarse un nuevo medio de vida. Cerradas las puertas del retorno a la mina, la alternativa acaba pasando por una drástica reconversión que, en un giro insospechado, lo convierte en agente de seguros. Tras un período inicial en el que vende pólizas tanto de Santa Lucía como de La Previsora Bilbaína, optará entre las ofertas de ambas y se dedicará en exclusiva a la segunda. La naturaleza de este trabajo hace que la confianza y la imagen personal sean claves, puesto que todo descansa sobre la gestión cara a cara y puerta a puerta. Alfonso goza de suficiente reputación y crédito en la cuenca del Nalón como para convertirse en un agente especialmente valioso para su empresa. También para merecer la confianza y el respeto personal de su jefe, como tendrá ocasión de acreditar la conducta que éste observa durante y después del episodio de torturas que padece en 1963, cuando se vuelca interesándose primero por su paradero y por su estado y prestando luego apoyo durante su recuperación. El nuevo trabajo ofrece, al mismo tiempo, nuevas oportunidades para encauzar la militancia. Desarraigado del Fondón, donde gozaba de prestigio dentro de un pozo clave por la solidez de la organización comunista y el carácter emblemático que revestía en términos de conflictividad, la movilidad que proporciona un empleo como agente de seguros permite desplazarse regularmente por toda la cuenca y tejer, por tanto, contactos que también sirven a la causa. Por un lado, la condición de comunista es notoria, una vez cumplida condena por tal motivo, pero, por otro, los movimientos cuentan con una patente justificación y son tan constantes que resultan difíciles de vigilar. La militancia ha cambiado de forma, pero no por ello resulta menos intensa ni eficaz.

Entre tanto, la de Anita no irá a la zaga. Aunque el Partido carece todavía de una organización que incorpore formalmente a las mujeres, su participación es, de hecho, fundamental, tanto en la articulación de la solidaridad con presos y represaliados como en el sostenimiento de los conflictos laborales. Y Anita desempeña, desde muy temprano, un papel extremadamente activo. La situación de fines de los cincuenta es descrita por uno de los delegados asturianos al VI Congreso —diciembre 1959— en términos bastante clarificadores que permiten tanto ver cómo se tejen redes de solidaridad como el papel primordial que compete a las mujeres:

> Estaban haciendo la solidaridad con los presos, pidiendo por las ramplas, minas y establecimientos y donde fuera. Organizamos concursos de bolos, hicimos baile para llamar a la juventud. Fue todo el pueblo; todo el pueblo participó en el concurso. Los que sacaron los premios no quisieron cobrarlos. Las firmas en favor de los presos también fue allí una cosa enorme. Salieron las mujeres de los presos y a pesar de que es un pueblo bastante pequeño, sacaron 21.500 firmas. Y camaradas, también me tocó repartir 23.000 pesetas que mandó el Partido de aquí. Aquellas mujeres cuando llegamos con aquel dinero nos decían: Gracias, gracias, camaradas. Se ve que los comunistas no cayeron todos.[69]

---

[69] Acta del VI Congreso del PCE, Intervención del camarada Eusebio, AHPCE.

Esta tarea, emprendida tras el revés represivo que siguió a la huelga de 1958, descansa en buena medida sobre las mujeres, incluso cuando se trata de colectas realizadas en los centros de trabajo, pues a menudo su presencia sirve de acicate a la recaudación al presentarse «en las minas el día de paga para recoger directamente la aportación de los mineros. En un mes se recogieron en la mina del Fondón doce mil pesetas con este fin».[70] También en las huelgas de los años anteriores, las concentraciones de mujeres han arropado los encierros de mineros en el interior de los pozos:

> En Langreo, ellas fueron las que organizaron las grandes manifestaciones que cortaron la circulación, [lo que] impidió llegar fuerzas en algunos sitios». Así lo narraba Carmen Marrón años más tarde: «Estuvieron tres días a muchos metros de profundidad. Entonces nosotras, las mujeres, paramos el tráfico de la carretera general. Llevábamos a les hijes con nosotres. Nos tiramos en el suelu allí para que no pasasen camiones, ni coches, ni nada.[71]

La participación en primera línea en las huelgas se produce ocupando espacios que los hombres no son capaces de cubrir, como sucede en los conflictos de 1957 y 1958, cuando los mineros se encierran en el interior de los pozos y son las mujeres quienes ocupan la plaza y los accesos e incluso las que protegen su salida en medio del despliegue policial. El carácter elemental de las reivindicaciones refuerza aún más el discurso de las mujeres como portadoras de especial autoridad en materia de necesidades de la subsistencia diaria. Puesto que Alfonso trabajaba por entonces en El Fondón, Anita recordará siempre «la primera huelga que hubo, fue reclamando…, era cuando no había ni agua caliente en la casa de aseo, no había ni agua caliente pa bañase, los cristales estaben todos rotos».

Pero la actividad de las mujeres resulta igualmente esencial en las diversas formas que adopta la solidaridad con los represaliados y que incluye desde la ayuda más básica para procurar alimentos a las familias hasta la solidaridad con los presos. Las mujeres asumen un papel activo en las actividades relacionadas con los presos políticos. Se trata de una constante que en la historiografía ha dado lugar incluso a una figura objeto de estudio: la de «mujer de preso», a las que cabe añadir las «madrinas de preso», que asumen un papel semejante en casos en que carecen de familia o está ausente.[72] Es decir, aquellas mujeres que en torno a las prisiones se vuelcan en mantener la moral de quienes cumplen condena, en visitarlos, hacerles llegar ayuda material —mantas, alimentos, medicinas…—, hacer entrar y salir información, consignas y propaganda clandestina, mantener correspondencia, procurar asistencia jurídica, denunciar las condiciones dentro de las cárceles, recoger firmas por la amnistía, buscar indultos… mientras sostienen a sus familias con un gran sobreesfuerzo.

---

[70] Acta del VI Congreso del PCE, Intervención del camarada Esteban, AHPCE.

[71] Margareta Hjelm: *Kvinnor i Kamp* (Mujeres en lucha), Sveriges Television AB, 1976.

[72] Irene Abad Buil: *En las puertas de la prisión: de la solidaridad a la concienciación política de las mujeres de los presos del franquismo*, Barcelona: Icaria, 2012. José Luis Fernández: *Mujer de preso político. Entre la espera y la acción*, 2024.

Anita mantiene este tipo de actividades desde muy temprano. En el momento que se ve convertida, además, en mujer de preso hace valer esa condición para emprender una recogida de firmas que quedará consignada en su ficha policial:

> Durante los primeros días de la segunda quincena del mes de marzo de 1961, en unión de un hermano llamado Avelino, recogió varios pliegos de firmas en papel de barba, y al ser interrogada sobre tal fin, manifestó que por mandato de su esposo Alfonso Braña Castaño, que cumplía dos años de condena en el Penal Central de Burgos por actividades clandestinas del partido comunista, había recogido varias firmas por las localidades de La Felguera, Lada y Sama, hasta completar en unión de su hermano cinco pliegos, los cuales y por correo en sobre cerrado —según propia manifestación— mandó dirigido al Sr. Ministro de Justicia; dijo también que a los firmantes les hacía saber que las firmas recogidas eran pidiendo la libertad de presos políticos y en favor de la amnistía. Se tuvo conocimiento que la informada al encontrar algunas personas que le manifestaron no querer firmar, les amenazaba diciéndoles que algún día les pesaría.[73]

En ese contexto parece enmarcarse la audiencia con el gobernador civil de la que da cuenta la prensa del Movimiento y que no deja de ser insólita en la medida que varias mujeres, de inequívoca connotación comunista, logran ser recibidas por la máxima autoridad política en la provincia. Incrustadas en una agenda que incluye al jefe local del Movimiento en Gijón, al director del diario *Voluntad* y algunos notables locales, aparece la audiencia concedida a «doña Luisa Aparicio Alonso acompañada de doña Amor Gutiérrez, doña Anita Sirgo Suárez y doña María Amable González Lada».[74] Aunque la escueta mención omite cualquier referencia al motivo o el contenido de la reunión, no parece difícil vislumbrar las razones que movieron a estas mujeres a solicitar ser escuchadas y tampoco la determinación que se requería para ello. Las cuatro tienen encarcelados a familiares directos: tres maridos —Ángel Muñiz Rodríguez, Manuel Gutiérrez Villa *Pertegal* y Alfonso Braña Castaño— y un hermano —Benjamín González Lada—, todos ellos condenados a causa de su militancia comunista.

Anita no parecía guardar recuerdo preciso de esta reunión, como sí lo guardaba de otras posteriores en las que también fue recibida en despachos oficiales y sedes de poder. Sí recordaba con precisión, en cambio, las muestras de solidaridad dadas y recibidas durante el tiempo que Alfonso pasa en prisión, a lo largo de 1960 y 1961:

> A mí, por ejemplo, el kilo de pan no me faltaba todos los días. Uno que era un panaderu, todos los días me mandaba él el pan. Los vecinos, cuando venía el mes pues siempre me llevaben una…, llevábenme garbanzos, llevábenme fabes, que… porque yo trabajaba eh!. Después yo trabajaba, porque la mujer era lo que teníamos, hacíamos el trabajo doble, eh!. Yo tenía dos hijos pequeños, yo iba a trabajar a una casa, salía de esa

---

[73] Informe policial sobre Anita Sirgo Suárez. 8 septiembre 1963 (reproducido en Francisco Erice (coord.): *Los comunistas en Asturias…*, p. 556).

[74] *La Nueva España*, 29/07/1961.

casa, a los sábados y domingos y siempre que había bodes en el bar de Alegría yo iba a trabajar a casa de Alegría. Iba a lleva-y la comida, el paquete al mi hombre, los días de la consulta yo no faltaba, yo iba a lleva-yos los paquetes. Y no llevaba solo pa él, que llevaba pa más, porque yo tenía la suerte de estar en esi bar de Alegría y quedaba de les bodes y yo llevaba-y la comida de ahí, del bar pa los presos. Entonces allí lo repartíen, ellos. Y sí, hubo solidaridad así individualmente, hubo mucha solidaridad eh![75]

Esta implicación activa en la resistencia no encuentra todavía correlato en las estructuras organizativas del Partido, donde estas mujeres no están formalmente integradas. Según la autocrítica de sus propios responsables, a causa de la pasividad que mostraban al respecto tanto dirigentes como militantes:

[…] seguramente porque ya somos un poco pasados de moda, la dirección no se preocupó de este problema. No le prestó ninguna atención. Sí, charlamos, de que había que tener mujeres, pero nada. Por otra parte, teniendo en cuenta que las mujeres asturianas han tenido una participación maravillosa en la todas esas luchas que se han producido en todo este período, […] se pueden contar con los dedos de la mano los militantes del Partido que hacen partícipes a sus compañeras de las tareas y problemas del Partido.[76]

En la práctica, bajo muy diversas formas, las mujeres no han dejado de desempeñar un papel esencial en la resistencia a la dictadura y les cabrá un protagonismo considerable en la intensa conflictividad que se abrirá a partir de las huelgas de 1962. Especialmente en la cuenca del Nalón, el sostenimiento de la huelga descansa en buena medida sobre la actividad de mujeres que

[…] salieron a la palestra e infundieron al conflicto un aliento decisivo, ya fuera mostrando su indignación por la represión policial, constituyendo piquetes, promoviendo manifestaciones o, en todo caso, manteniendo la tensión cuando flaqueaban los ánimos de los huelguistas […] polarizaron su acoso en aquellos que se resistían a secundar la huelga. Cada mañana, al abandonar el domicilio, estos se encontraban con un ominoso coro de mujeres que, entre abucheos e insultos, les reprochaban su proceder. Ester Amaro recuerda a Ana Sirgo, Amor Gutiérrez y Celestina Marrón entre las promotoras de estos 'humillantes pasillos'.[77]

En buena medida, ocupan espacios que a los hombres les están vedados, haciendo valer su condición de mujeres y las contradicciones que ello entraña tanto para los aparatos represivos como para los propios mineros que no secundan la huelga. Haciéndose fuertes en su rol de esposas y madres, plantan cara a los esquiroles y a los cuerpos policiales. De manera decisiva, esta presión se acrecienta con la formación de piquetes que interceptan los accesos a los pozos. Provistas de maíz para poner en

---

[75] Entrevista realizada a Anita Sirgo Suárez. AFOHSA, serie: Huelgas de 62.
[76] Acta del VI Congreso del PCE, Intervención del camarada Esteban, AHPCE.
[77] Ramón García Piñeiro: «Mujeres en huelga», en Rubén Vega García (coord.): *Las huelgas de 1962 en Asturias*, Gijón: Trea, 2002, p. 244.

tela de juicio la hombría de quienes pretenden entrar a trabajar llamándoles gallinas y de *tochos* de madera y puñados de pimienta para defenderse de eventuales intervenciones policiales. Las acciones se generalizan el 2 de mayo de 1962. Un trabajo previo de contactos y propaganda logra movilizar, según el informe policial, a cerca de un millar de mujeres a lo largo de la cuenca del Nalón. El piquete formado en las inmediaciones del pozu Fondón resulta altamente ilustrativo. Anita narraría aquel episodio centenares de veces:

> Entonces nosotras qué hicimos: nos reunimos las mujeres de La Nueva, de la Juécara, les de Lada… Y entonces decidimos de salir al primer relevu, de las seis de mañana. Tonces elles, les de La Nueva organizaron por aquella parte, les de La Juécara por esa parte y les de Lada, pues de Lada. Estuvimos con toes les muyeres que tenían los maridos o los hijos en la mina y muyeres que nosotres veíamos que teníen inquietudes […] porque, aunque veíen que era una cosa justa, pero elles tenían miedo, había mucho miedo. Entonces les de la parte de Lada, qué hicimos: como ya teníamos un poco más de veteranía, teníamos miedo que dijeran que sí y despúes a la hora de la verdad te dieran cualquier disculpa. Nos levantamos a las cuatro de la mañana, el grupo de mujeres de allí, nos levantamos a las cuatro de la mañana y yos fuimos tocando el timbre una por una pa que no nos dieran disculpas de que se dormían. Nosotros queríamos conseguir aquel número de mujeres porque cuanto más, más fuerza. Nosotros sabíamos a lo que íbamos, ¿no sabes?. Y, efectivamente, fuimos, fue hasta una señora de ochenta años, que llamaben-y Encarna la Caravana. Llevaba un tochu, porque nosotros íbamos dispuestes por la de buenes. Si, sí por la de buenes íbamos, ahora que si por la de males no salían, tábamos dispuestes a todo. Llevábamos eso, llevábamos maíz, pa tira-yos maíz, llamándo-yos gallinas, y todo eso. Pero no hizo falta porque… llegaron los primeros, el primeru llamábase Canor Saavedra que era vigilante de primera. Namás que nos vio allí, pues dieron la vuelta y ellos mismos a los que encontraron-yos dieron la vuelta. Tuvimos suerte ahí porque en dos minutos estaba la Guardia Civil, dieron unos tiros al aire y entonces enseguida ya se llenó de Guardia Civil y eso ¿no? Pero el nuestro trabajo ya estaba hecho, ya no nos importaba ya. Entonces, donde está ahora el Economato de HUNOSA, allí antes estaben les cuadres, que era en donde había les mules, que antes trabajaben mucho con mules y era una escombrera, ¿no? Entonces allí fue cuando trajeron a todes les que venían …; porque nosotres nos pusimos allí, les de La Juécara se pusieron en el pasu nivel que tiraba, que pasaba el pasu nivel según tires pa La Juécara y allí tiraban a trabajar pa La Modesta y los que tiraban pa El Fondón, entonces elles se pusieron en esi puntu. Les de La Nueva y todas eses para arriba se pusierun en el Pozu María Luisa. Y entonces ahí fue cuando nos trajeron a todes y ahí, ahí donde te digo de que ye donde les mules y entonces quisieron detener a dos.
> —¿Cuántas eráis, más o menos?
> —Bueno, pues seríamos…, pues unes cincuenta, por ahí seríamos.[78]

El intento de detener a quienes los guardias civiles consideraban cabecillas chocó con la resistencia frontal del grupo de mujeres entrelazadas y coreando: «O to-

---

[78] Entrevista realizada a Anita Sirgo Suárez. AFOHSA, serie: Huelgas de 62.

des, o ninguna». Según el recuerdo de Anita, la pretensión era llevarse detenidas a Tina —Constantina Pérez— y a *Morita* —Amor Gutiérrez—: «Querían detener a eses dos y entonces nosotres nos pusimos que o todes, que íbamos todes o que ni una, que ninguna, que no. Entonces no nos detuvieron a nadie».[79] En el grupo hay también niñas, lo que refuerza más si cabe el rol de mujeres desde el que interpelan a los mineros para alentar la lucha. La propia Telvi, con doce años, acompaña a su madre. En realidad, su despertar ha sido muy prematuro. Desde que su padre fuera encarcelado, la situación se ha hecho evidente para ella: «Mi madre llevábame a to los sitios, también porque igual llevaba algo de propaganda y con una nena disimulaba mejor [...] Cuando mi padre taba presu dormía con ella y escuchábamos la Pirenaica en la cama juntes, muy bajo».

Lo sucedido en las inmediaciones del Fondón forma parte de un despliegue mucho más amplio que, en la madrugada del 2 de mayo, llena de mujeres las rutas de acceso a los pozos de la cuenca del Nalón. Los partes policiales de ese día resultan sumamente ilustrativos, documentando la actuación de piquetes en Laviana, San Martín del Rey Aurelio (SMRA) y Langreo. Ciñéndonos únicamente a Langreo y SMRA:

> [...] grupos de mujeres, muy numerosos, más de 250 en cada uno, han promovido algaradas en Sotrondio, El Entrego, Carbones Asturianos y en Sama, insultando a los obreros —esquiroles, gallinas, cobardes—, y llenando de arroz, maíz o cebada los caminos. Un grupo de mujeres impidió que entraran al trabajo los obreros de los Talleres Metalúrgicos de la Duro-Felguera, en El Entrego, en los que trabajan unos 100 hombres.
>
> En Sama de Langreo, a las 4 de la mañana, más de 250 mujeres ocuparon la calle Nalona y despertaron a todo el vecindario.
>
> En Ciaño-Langreo parece ser que han sido detenidas unas 50 mujeres.
>
> En Mina Modesta, a las 8 de la mañana, un grupo de mujeres insultaba a los obreros del exterior incitándoles a abandonar el trabajo.[80]

Además de formar piquetes, las mujeres desplegaron a lo largo de la huelga un variado repertorio de acciones que incluyen desde concentraciones contra el cierre de los economatos hasta presiones para obstaculizar el acceso a cines (hay en esto una pulsión que sugiere que resulta inmoral divertirse mientras otros están luchando y atravesando enormes dificultades), desde recogida de alimentos a gestiones por la libertad de los detenidos... Su importancia en el sostenimiento del conflicto laboral más trascendente de toda la dictadura franquista resulta difícil de exagerar.[81]

[79] La decidida resistencia a las detenciones bajo el lema de «o todas o ninguna» parece haber evitado lo que sucede, en el mismo día, a las integrantes del piquete de la Joécara, que sufren la detención de Isabel Bejarano Palomino, Josefa Suárez Viego, Laudelina Roces Terente, Ester Amaro Suárez, María Luz Morán Díaz, Isaura Díaz López, Celestina Baragaño García, María Fernández Zapico, Eloína Zapico Roces, Paz Baragaño García y Honorina Díaz Solís. Servicio de Información de la Guardia Civil, 241 Comandancia, 2/5/1961.

[80] División de Investigación Social-9.ª Brigada Regional, 2/5/1962, AHA, Sección Gobierno Civil.

[81] Acerca del papel de las mujeres en las huelgas de 1962 y de la trascendencia de las mismas, véase Ra-

Aunque en el Nalón —al igual que en La Camocha— el bautismo de fuego de la implicación de las mujeres en los conflictos laborales ya se había producido en 1957 y 1958, las huelgas de la primavera de 1962 suponen un salto cualitativo y también cuantitativo. El colectivo de las que despliegan una resistencia activa se ha visto sensiblemente engrosado y su visibilidad incrementada. El rebrote de la huelga en verano y el subsiguiente destierro de 126 trabajadores creará una situación propicia para extremar el esfuerzo de la solidaridad y las mujeres se convertirán tanto en activas recaudadoras de ayudas como, en el caso de las esposas de los deportados, en denuncias andantes de la arbitrariedad represiva de la dictadura.

Tras las huelgas, siguieron movilizándose allí donde la situación de los trabajadores lo requería y así ocurrió, por ejemplo, con los mineros deportados tras los conflictos. Sus mujeres organizaron protestas ante los economatos, concentraciones ante comercios y colectas o cuestaciones económicas. Decidieron personarse, cada día de paga, en los alrededores de las instalaciones hulleras; enviaron escritos a las autoridades, organizaron manifestaciones y se encerraron en iglesias para llamar la atención pública.[82]

Su presencia en los pozos los días de paga estimula la solidaridad de los mineros y reafirma el papel que están jugando las comisiones que recaban y canalizan las ayudas hacia las familias de sus compañeros. Privadas de sus maridos y con ello de sustento económico, esposas e hijos constituyen en sí mismos evidencias de la naturaleza del Régimen hasta el punto de que el delegado provincial de Sindicatos, Eliseo Sastre, llegará a proponer su destierro, sugiriendo que sean enviadas allí donde estén confinados sus maridos. A su vez, la exigencia del retorno de los desterrados se convertirá en eje de las reivindicaciones y en motor de la huelga que vuelve a extenderse de forma escalonada por las minas asturianas al año siguiente y en cuyo transcurso se producirán las torturas de una serie de militantes comunistas entre quienes se cuentan Alfonso y Anita.

La activa participación en los conflictos laborales y en las redes de solidaridad con los represaliados a consecuencia de ellos se sigue conjugando con la presencia de mujeres en los consejos de guerra donde se juzga a los camaradas que van cayendo en sucesivas desarticulaciones y con la ayuda a los presos políticos. Anita forma parte del grupo que se involucra intensamente en estas acciones. En el recuerdo de Víctor Bayón, su comparecencia en Oviedo ante el tribunal militar especial, acusado, junto a sus compañeros del Comité Provincial, de rebelión militar y pertenencia al PCE, «sin ninguna garantía jurídica» y «defendidos de oficio por un comandante del Ejército», estuvo acompañada por un nutrido grupo de mujeres al frente de las cuales se encontraban su propia esposa esposa —Constantina Pérez—, la de Julio Gallardo —Feliciana Izquierdo— y Anita: «Ante dicho cuartel, donde se nos

---

món García Piñeiro: «Mujeres en huelga» y Rubén Vega García: «Acerca de la trascendencia de un conflicto obrero», en Rubén Vega García (coord.): *Las huelgas de 1962 en Asturias*, Gijón: Trea, 2002.

[82] Claudia Cabrero Blanco: «Las mujeres y las huelgas de 1962», en *Homenaje a las mujeres de las huelgas de 1962*, Oviedo: Secretaría de la Mujer de CC. OO. de Asturias, 2008, pp. 28-29.

juzgaba, se concentraron más de doscientas personas, en torno a Anita Sirgo, Feli y Tina, que a gritos denunciaban la farsa del juicio y exigían nuestra libertad, hasta que fueron violentamente desalojadas por la Policía».[83]

Similar escena describe la ficha policial de Anita al referirse al juicio contra Eduardo Rincón, caído tras haberse encargado por un breve período de la dirección del Partido en Asturias:

> Con fecha 14 de Mayo de 1963, en unión de varias mujeres más, se presentó en el Regimiento de Infantería Milán de guarnición en Oviedo, donde asistieron al Consejo de Guerra celebrado contra el peligroso político EDUARDO RINCÓN GARCÍA, Jefe que fue del partido comunista para Asturias con residencia en Francia, y durante éste y en plena Sala, se dedicaron desde los asientos que ocupaban a lanzar besos al procesado como muestra de simpatía y aliento; cuyo procesado se había internado clandestinamente y con documentación falsificada en España. Una vez finalizado el Consejo, se reunieron en un bar de dicha Capital, donde hicieron comentarios de crítica hacia el Gobierno y Tribunales Militares.[84]

[83] Víctor Manuel Bayón García: *Crónica de una lucha. Mi actividad en el Partido Comunista de España*, León: 2001, p. 68.

[84] Informe policial sobre Ana Sirgo Suárez, 8 septiembre 1963, en Francisco Erice (coord.): *Los comunistas en Asturias…*, p. 556.

4

Torturadas y rapadas. De la calle Dorado a la resonancia internacional

> El perpetrador hace todo lo posible para promover que se olviden sus crímenes y así poder escapar de su responsabilidad por ellos. Su primera línea de defensa son el secreto y el silencio. Si fracasa el secreto, el perpetrador erosiona la credibilidad de sus víctimas. Si no es capaz de silenciarlas del todo, intentará asegurarse de que nadie las escuche. Para conseguirlo, esgrime una impresionante cantidad de argumentos, desde la negación más absoluta a la racionalización más elegante y sofisticada. Después de cada atrocidad cabe esperarse las mismas y predecibles disculpas: nunca ocurrió, la víctima miente, la víctima exagera, la víctima se lo buscó y, en cualquier caso, es hora de olvidar el pasado y seguir adelante. Cuanto más poderoso es el perpetrador, mayor es su prerrogativa para nombrar y definir la realidad, y más domina su argumento.[85]

El año 63 había transcurrido en un tira y afloja entre las reivindicaciones de los mineros de retorno de los desterrados —las deportaciones del mes de agosto se habían convertido para entonces en prohibición de fijar residencia en Asturias y la mayoría de ellos se han ido concentrando en la Virgen del Camino, en las afueras de León— y los esfuerzos de los jerarcas del Régimen por alentar la participación en las elecciones sindicales. El verticalismo está tratando de revitalizarse y para ello precisa obtener un crédito que pasa por dar visos de representatividad a sus estructuras de base. Evitar el boico t que propugnan sectores del movimiento obrero, incluida una parte de los comunistas, en un sector tan estratégico —tanto por las connotaciones históricas cuanto por las recientes huelgas del año anterior— como la minería asturiana constituye un objetivo lo bastante importante para llegar a ofrecer algunos cauces de negociación y —dentro de los estrechos límites de la dictadura— una cierta permisividad en el período previo a las elecciones. Pero buena parte de los desterrados siguen sin regresar —se los ha clasificado según su «peligrosidad» y se mantiene alejados de su tierra a los identificados como comunistas— y el conflicto estalla.

---

[85] Judith Herman: *Trauma y recuperación: cómo superar las consecuencias de la violencia*, Madrid: Espasa, 2004, p. 26.

A partir del mes de julio de forma rotatoria el centro de gravedad se va desplazando del Caudal al Nalón y de ahí a La Camocha, prolongando la conflictividad en el sector durante todo el verano. En este contexto se producirán los hechos de la calle Dorado de Sama de Langreo, que van a quedar grabados a fuego en la memoria.[86] Recién destinado a Langreo, donde lleva apenas un mes, el capitán de la Guardia Civil Fernando Caro Leiva asumirá un siniestro protagonismo, desplegando un repertorio de palizas brutales, cortes de pelo, simulacros de ejecución… que han de alcanzar una enorme repercusión a partir del manifiesto de intelectuales denunciando las torturas en Asturias. El objetivo parece ser la captura de Horacio Fernández Inguanzo *El Paisano*, el dirigente clandestino de mayor jerarquía y la persona más buscada por la policía política. Presumiblemente, Fernando Caro pensó que tener éxito allí donde todos habían fracasado podía convertirse en un espaldarazo para su carrera y a tal fin va reuniendo en el cuartel de la policía local —provisionalmente utilizado por la Guardia Civil— a una serie de comunistas fichados a quienes comienza a interrogar con métodos de extrema violencia. Para Anita y Alfonso, obvios integrantes de la lista de «sospechosos habituales», el primer contacto no parece especialmente inquietante. Acostumbrados ya a estas situaciones, una visita de mañana en la que se les pide presentarse en el cuartel no encierra nada que haga presagiar lo que se avecina. No han sido cogidos in fraganti, ni en posesión de propaganda o algún otro asunto comprometedor y eso les tranquiliza. De hecho, no son detenidos y, en atención a que Alfonso debe ir a trabajar, acuerdan presentarse voluntariamente esa tarde: «nosotros íbamos tranquilamente a presentanos porque como no nos hubieren cogido con nada…».

Es el 31 de agosto y, junto a varios hombres, han sido citadas dos mujeres: Anita Sirgo y Constantina Pérez, que quedan retenidas en los calabozos. En una celda contigua están Alfonso y otros detenidos, con quienes se comunican mediante golpes en la pared. Una especie de código morse en el que los zapatos de tacón de Anita sirven como instrumento de percusión. Si había tardado casi veinte años en tener los primeros, ya nunca dejaría de usar tacones y esta es la primera ocasión —aunque no la última— en que le sirven también para plantar cara a la represión. La respuesta desde el otro lado de la pared resulta, por el momento, tranquilizadora. Nada hace presagiar lo que está por venir. Pero, ya entrada la noche —el capitán Caro resultó ser de hábitos nocturnos, precalentamientos etílicos y atuendos deportivos para sus despliegues de brutalidad— llega hasta ellas el sobresalto en forma de ruido de cerrojos, portazos y gritos. Presintiendo lo que sucede, tratan de comunicarse de nuevo con la celda vecina, pero nadie responde al otro lado. De inmediato tienen la certeza de que Alfonso está siendo torturado y reaccionan golpeando con sus tacones la puerta, que está revestida de una chapa metálica, para causar todo el estrépito posible. Al mismo tiempo, abren el ventanuco de la parte superior —los calabozos

---

[86] Irene Díaz Martínez: *Vanguardia obrera e insurrección firmada. La huelga minera de 1963 y las contradicciones de la dictadura franquista*, Gijón: Ateneo Obrero, 2007.

están en un semisótano y su entrada de luz está al nivel de la calle— para que sus gritos sean oídos fuera: «criminales, asesinos». Serán las dos o tres de la madrugada y se trata de una calle céntrica. El objetivo es armar todo el ruido posible y parar el maltrato al que están siendo sometidos los hombres. El resultado, la irrupción de Fernando Caro «como un lobo», en pantalón de deporte y con la camisa *chiscá de sangre»*, acompañado de otros tres guardias civiles que la emprenden a golpes y patadas contra las dos mujeres. Una vez consiguen hacerlas callar se llevan a Tina.

Cuando regresan, traen a Tina completamente destrozada por la paliza y rapada, «hecha un Cristo». Es el turno de Anita. En primer término le ponen sobre la mesa fotografías donde aparecen varias personas, entre ellas Horacio Fernández Inguanzo. Anita niega conocer a ninguno de ellos.

> ¿Cómo no los iba a conocer? Eren todos camaradas, dirigentes… Mismamente Horacio había salío poques hores antes de mi casa ¿Cuántes veces durmió Horacio en mi casa? Y Mario Huerta y Ángel León… Conocíalos a todos, pero yo que no, que no sabía nada y que no, que no y que no.

Mentir es la única opción digna y a ella se aferrará:

> Sentáronme en una silla y en aquella silla hosties p'acá, hosties p'allá y yo que no, que no sabía nada […] Puñetazos y pataes y hostiazos, que de eso tengo yo el oídu que estoy sorda porque me rompieron el tímpano. Yo sangraba poles narices y pola boca también. Entós tirábenme de la silla y dábenme pataes en el suelu.
>
> El que me pegó a mí era el cabu Pérez, y el Sevilla y otru… él [Caro] era el que lo estaba mandando, porque él era el que estaba en la mesa y yo estaba en la silla y ellos detrás alrededor. Y el que está haciendo les preguntes era él […] En la mesa de él tenía una piña de bronce que era un pisapapeles y yo pregunte-y si tenía madre, pa ver si se dolía de mí. La reacción de él fue coger la piña y azotámela. Suerte tuve que giré la cabeza y no me llegó a dar. Si me llega a dar ye el día de hoy que tengo tovía la cara señalá. También dije que estaba embarazada, pa ver si podía evitar los palos que me estaben dando. Y me dijeron que un comunista menos y siguieron dándome. Como no sacaron nada… como no digas nada te vamos a cortar el pelo. Yo tenía una melena larga. Y entonces es cuando empiezan a cortame el pelo. No lo cortaben con unes tijeres, cortábenlo con una navaja de eses largues que eren de los hombres que era así de larga. Yo al cortar el pelo me levantaba p'arriba, poque aquello no era cortar, aquello era arrancalo. Después se conoz que yo ya tenía la cabeza formigá, porque aquello ni me mancaba ni ná.[87]

Al ser llevada de vuelta a la celda donde yace Tina, al igual que ella machacada y rapada, logra asomarse al *ventanu* de la puerta de al lado, donde ve que está, casi irreconocible a causa de los golpes y de otro corte de pelo que pretende la afrenta, Alfonso: «tenía la cabeza así hinchada, tenía como una cruz en la cabeza, que corta-

---

[87] Entrevista realizada a Anita Sirgo Suárez. AFOHSA, serie: Huelgas de 62.

ron-y el pelo también con una maquinilla. Y el otru, que se llamaba Tonín Zapico, estaba echáu en un bancu, echando sangre pola boca sin parar. Esteben reventaos».

A la mañana siguiente, Jesús Ramos —jefe de la guardia urbana de Langreo, en cuyo cuartel se están produciendo las torturas, puesto que ha sido ocupado por la Guardia Civil— se encuentra la dantesca escena de cuerpos devastados, cabezas rapadas y manchas de sangre por doquier. En un gesto de dignidad, se desplaza a Oviedo para elevar una queja —Anita no sabe precisar ante qué instancia— por lo que está sucediendo. So pretexto de que no va uniformado, se le impide la entrada, lo que le obligará a regresar a Langreo, vestir su uniforme y volver por segunda vez a Oviedo. Anita recordará siempre esa conducta de un hombre «de derechas» que no dudó en dar la cara por ellos.

Alfonso Braña y Antonio Zapico serán muy pronto enviados a sus casas, aunque precisados de asistencia médica, dado su estado tras las torturas sufridas. Senén Méndez, delegado de La Previsora Bilbaína, que se ha interesado por su paradero, será quien recoja y lleve a su casa a Alfonso, que pasará tiempo orinando sangre y sin poder hacer «vida matrimonial» durante siete meses, según el cálculo de Anita. En esta situación, la familia llanisca será la que se haga cargo de las niñas: «mi padre mandó a mi güela a buscame a Andrín porque él no podía, taba tirau en la cama, con aquella cruz en la cabeza, porque y raparon el pelo y ficieron una cruz, taba el probe…», recuerda Telvi.[88]

Los ya mencionados no son los únicos que tienen la desventura de pasar por las manos de Caro, Pérez, Sevilla y demás, en su obsesión por dar con el paradero de clandestinos como Horacio Fernández Inguanzo y Ángel León. En la misma tesitura se ven otros como Manuel García Valle, más conocido como *Jose el Gallegu*, un ya bregado militante comunista que sufre reiteradas palizas y amenazas de muerte, además de ser desnudado, antes de ser víctima de un simulacro de ejecución. Hacia las cuatro y media de la madrugada fue sacado de las dependencias de la calle Dorado y conducido a la Joécara junto a otro detenido, *Pepín* Lada. En las inmediaciones de la barriada se suceden los golpes, insultos, amenazas y disparos a los pies, hasta culminar con un disparo al suelo estando de espaldas tras haberle asegurado el capitán Caro que lo iban a matar. *El Gallegu* relatará a menudo aquella experiencia y la que fue su respuesta: «A mí hay que matame de frente». La sangre le manaba hasta encharcarle los pies y, cuando fue puesto en libertad, su cara estaba tan desfigurada que su propia esposa hubo de reconocerle por la vestimenta. Tardó tres meses en volver al trabajo debido a las secuelas de la tortura.[89]

La brutalidad de los hechos acaecidos en la calle Dorado trasciende al entorno más inmediato antes que un manifiesto de intelectuales lo convierta en una cuestión de política nacional y opinión pública internacional. Gerardo Iglesias recordará

[88] Entrevista realizada a Etelvina Braña Sirgo con ocasión de esta biografía.

[89] Jorge Muñiz Sánchez: *A mí hay que matarme de frente. Manuel García Valle José el Gallegu, minero comunista*, Oviedo: Fundación Juan Muñiz Zapico, 2011, pp. 104-109. El testimonio de Manuel García Valle en AFOHSA, serie Historias de Vida.

de aquellos momentos cómo al bajar al mercado del lunes en Sama de Langreo el terror por lo que estaba sucediendo se leía en los ojos de los camaradas cuando se cruzaban sin mediar palabra.

Para Tina y Anita las torturas no han acabado tras los cortes de pelo. En primer término, les ofrecen ser puestas en libertad siempre que se cubran la cabeza y no den publicidad a lo sucedido. Ante su rotunda negativa —«Tanto Tina como yo dijimos: hacer lo que queráis, pero nosotres la pañoleta no la ponemos»— serán conducidas de madrugada al Gobierno militar de Oviedo. El traslado les dará ocasión de toparse con otro torturador, puesto que en los tres días que permanecen en dependencias militares son sacadas por las noches para ser interrogadas en la comisaría de la calle General Yagüe, donde se encuentra la Brigada de Investigación Social dirigida por Claudio Ramos Tejedor:

> Allí, cuando a Tina cuando a mí, nos bajaban a las 3 y a las 2 y a las 4 de la mañana, primero a una y después a otra, a Ramos, a la comisaría de Ramos. Bajábamos allí a declarar, ellos a tou meter querían sacanos los dirigentes y nosotres que no y que no y que no. Ramos era el que se hacía el muy buenu. Namás venos que si queríamos agua, que si necesitábamos algo, pero después otros tres que esteben al lao de él... Él hacíase el buenu, pero claro era el que mandaba que nos arrearan. Y allí también llevamos unes buenes pataes y unos buenos puñetazos.[90]

El periplo concluye, tras otras 72 horas de detención en Oviedo, con el ingreso en prisión de ambas mujeres. Su negativa a cubrirse la cabeza les costará sendas estancias en prisión. Tina es enviada a El Coto, en Gijón, y posteriormente a la cárcel de Ventas en Madrid, en tanto que Anita permanece en Oviedo, con un tímpano roto y su melena rapada. El balance legal de las torturas consistirá, por tanto, en prisión para las torturadas y ninguna acción judicial contra los torturadores, que gozan de completa impunidad. Pero el verdadero saldo de los sucesos acaecidos en la calle Dorado no será judicial sino político y se saldará con una clamorosa denuncia que sacude tanto las en apariencia inconmovibles estructuras del Régimen como su deteriorada imagen exterior, alcanzando una notoria repercusión internacional.

El desencadenante de la denuncia que convierte a las torturas de la calle Dorado en un asunto de la mayor relevancia será un manifiesto de intelectuales suscrito por más de un centenar de firmantes encabezados por José Bergamín en primera instancia y por casi dos centenares en un segundo momento, cuando la recogida de firmas se amplía para hacer frente a la réplica del ministro de Información y Turismo, Manuel Fraga Iribarne. La nómina de firmantes ofrece un extenso y granado plantel de la intelectualidad española del momento e incluye nombres de absoluta relevancia en muy diversas disciplinas, referentes obligados en cualquier síntesis de la cultura del siglo xx.[91] El hecho de que el ministro entrara de lleno en la polémica negando o

---

[90] Entrevista realizada a Anita Sirgo Suárez. AFOHSA, serie: Huelgas de 62.
[91] Texto de los dos escritos de intelectuales y relación de firmantes de ambos en anexos.

rebatiendo los hechos denunciados añade otra dimensión extraordinaria, al convertir el manifiesto en objeto de discusión política al máximo nivel y al propiciar su difusión en la medida que la réplica va precedida del documento de la denuncia, de modo que se ve reproducido en una publicación legal y no circula únicamente por cauces clandestinos, como era habitual y hubiera sido esperable. Fraga lleva poco más de un año en el cargo y ha introducido, respecto a su predecesor Gabriel Arias Salgado, un nuevo estilo, menos oscurantista y más directo, en la propaganda del Régimen. Ha tenido ocasión de someter a prueba su nueva impronta en la forma de abordar serios problemas de imagen para la dictadura franquista como el planteado por el procesamiento y ejecución de Julián Grimau, para cuya justificación ante la opinión pública internacional será elaborado y difundido desde su ministerio un dossier que vierte acusaciones de presuntos crímenes cometidos durante la guerra y que darían pie a un fusilamiento un cuarto de siglo después sobre la base de cargos sin testigos y un juicio sin garantías. Justificar la ejecución de Julián Grimau en medio de un clamor internacional no era pequeña tarea. La negación y el encubrimiento de las torturas en Asturias le ofrecerán, ese mismo año, una nueva oportunidad de acreditar sus capacidades como ministro de propaganda de la dictadura.

El punto de partida será una visita a Oviedo del autor teatral y militante comunista Alfonso Sastre con motivo de una actividad del Teatro Universitario. Al final de su intervención se le acercaron unos mineros que le refirieron las torturas y le dijeron: «Asturias está sola». De ahí nacerá el manifiesto. Con ayuda del pintor Eduardo Úrculo, langreano de adopción y durante un tiempo compañero de viaje del PCE, se recoge información que trasladada a Madrid da pie a la redacción de un documento cuyo borrador es obra del propio Alfonso Sastre, su esposa Eva Forest y los también escritores Juan García Hortelano y José María Castellet.[92] La posterior recogida de firmas acaba reuniendo 102 nombres. Aunque la gestación proviene claramente de medios comunistas, como ya sucediera en ocasiones precedentes, se busca con afán firmantes de otro espectro, logrando un plantel de notable pluralidad. Encabezando la lista figurará el veterano escritor católico y filocomunista José Bergamín, lo que le hará concitar las iras de Fraga en su réplica al manifiesto, hasta el punto de que es sometido a vigilancia policial y acaba refugiándose en la embajada de Uruguay hasta que se le autoriza a partir nuevamente al exilio. El trato dispensado a Bergamín dará lugar a telegramas de protesta del Vaticano, del presidente Kennedy, de André Malraux y del gobierno de De Gaulle, lo que da medida del alcance de la onda expansiva de la denuncia de las torturas en Asturias.[93]

---

[92] Los detalles de la gestación del manifiesto provienen del testimonio de Alfonso Sastre y Eva Forest y están recogidos en Irene Díaz Martínez: *Vanguardia obrera e insurrección firmada.. La huelga minera de 1963 y las contradicciones de la dictadura franquista*, Gijón: Ateneo Obrero. Folletos del Ateneo, 2007, p. 32. Una versión concordante es ofrecida por Alfonso Sastre en Francisco Caudet: *Crónica de una marginación. Conversaciones con Alfonso Sastre*, Madrid: Ediciones de la Torre, 1984, p. 97.

[93] Real Academia de la Historia: Diccionario Biográfico Electrónico <https://dbe.rah.es/biografias/8499/jose-bergamin-gutierrez>.

La respuesta del ministro de Información y Turismo al manifiesto de intelectuales aprovecha diversos errores contenidos en un texto confeccionado bajo circunstancias difíciles, dada la censura informativa reinante y el carácter arriesgado de las comunicaciones. Al parecer, algunas correcciones enviadas a última hora por Úrculo no llegaron a ser incorporadas por estar ya en marcha la recogida de firmas. El escrito incurre en imprecisiones en cuanto a nombres e incluye hechos no contrastados, lo que será explotado a fondo por Fraga para rebatir la totalidad de su contenido y negar las torturas en carta pública dirigida a Bergamín y publicada, junto con el manifiesto y la relación de firmantes, bajo el epígrafe «La verdad sobre Asturias. Contestación a las acusaciones de un grupo de intelectuales» en las páginas del semanario *El Español*, editado por el propio Ministerio y dirigido por el teniente coronel de la Guardia Civil Ángel Ruiz Ayúcar. La importancia otorgada al asunto puede ser medida en el hecho de que sea el ministro en persona quien replique y en que la tirada, que venía siendo de 12.000 ejemplares, se viera incrementada hasta 42.000.[94]

En un ejercicio de confusión, la respuesta de Fraga al escrito de los intelectuales mezcla la negación de las torturas con ataques personales a la figura de Bergamín, a pesar de la nula relación que su pasada conducta durante la guerra civil pudiera guardar con el contenido del manifiesto, del cual Bergamín no es ni tan siquiera redactor sino mero firmante entre otro centenar. Para el ministro se trata de una «orquestación propagandística» de claro signo comunista que busca dañar la convivencia, «el desprestigio de las fuerzas de orden público, el lanzamiento de especies que puedan crear divisiones dentro de las mismas, la utilización de truculencias que produzcan reacciones de tipo sentimental o escalofríos con su sola mención, manejando resortes instintivos más que racionales», actitud impropia de quienes se consideran a sí mismos intelectuales. Desde *El Español* se pondrá en duda también la condición de intelectuales de muchos de ellos, desconocidos que buscarían de este modo la notoriedad de la que carecen. Otros medios, como *ABC*, cuestionarán la autoridad moral de los firmantes, que quedarían descalificados por el hecho de haber suscrito el manifiesto.[95]

Tras negar punto por punto las acusaciones contenidas en el escrito, Fraga se permitirá la licencia de ironizar acerca de los cortes de pelo infligidos a Tina y Anita, a sus ojos una cuestión menor que cabe reconocer como un exceso comprensible:

> Parece, por otra parte, posible que se cometiese la arbitrariedad de cortar el pelo a Constantina y Anita Braña, acto que de ser cierto sería realmente discutible, aunque las sistemáticas provocaciones de estas damas a la fuerza pública la hacían más que explicable, pero cuya ingenuidad no dejo de señalarle, pues es claro que la atención que dicha

---

[94] Ángel Ruiz Ayúcar: «Octubre 1963. Los intelectuales y Asturias. Historia de una campaña internacional contra España y la Guardia Civil», *Revista de Estudios Históricos de la Guardia Civil*, año VI, n.º 12, 1972, pp. 9-42.
[95] «Los intelectuales y la política», *ABC*, 30/10/1963 y «El compromiso de los intelectuales», *ABC*, 16/10/1963.

circunstancia provocó en torno a sus personas en manera alguna puede justificar una campaña de truculencias como la que se orquestó. Vea, por tanto, cómo dos cortes de pelo pueden ser la única apoyatura real para el montaje de toda una 'leyenda negra' o 'tomadura de pelo', según como se mire.

En realidad, los cortes de pelo a dos mujeres, una forma de represión sexuada que había sido frecuente durante la guerra y en la inmediata posguerra, resultan a la altura de 1963 tan extemporáneos que concitarán buena parte de las reacciones y ayudan a entender en no pequeña medida la repercusión que la denuncia alcanza. La banalización ensayada por el ministro no concuerda con los esfuerzos iniciales por ocultar lo sucedido intentando que las víctimas se cubrieran la cabeza y forzando su reclusión posterior para apartarlas de la vista, aspecto que, por cierto, Fraga omite en su respuesta al no mencionar que tanto Tina como Anita permanecen en ese momento en prisión mientras señala de forma puntillosa la puesta en libertad de otros detenidos cuyas torturas niega, como es el caso del propio Alfonso Braña:

> En lo referente a otro supuesto minero, del que solo dicen llamarse Alfonso, me dicen que pudieron ustedes citar a un Alfonso Braña Castaño, comunista, que fue condenado por sus actividades ilegales en 1960 y que actualmente trabajaba como agente de la Compañía de Seguros 'La Previsora Bilbaína', con cuyo motivo viajaba en motocicleta habitualmente por la cuenca minera, aprovechando estos viajes para hacer proselitismo marxista y favorecer la extensión de los conflictos en aquella zona. Ello provocó que la Guardia Civil lo interrogase, así como a su esposa Anita Sirgo Suárez, hija de un bandolero muerto por la fuerza pública, que tanto en estos como en anteriores conflictos trata de impresionar a las mujeres de los mineros y convertirlas en elementos contendientes que coaccionen a los que pretendan volver al trabajo y realicen manifestaciones. Este Alfonso fue puesto en libertad, y como quiera que el delegado de 'La Previsora Bilbaína' en Langreo, Senén Méndez González, se interesó por él mientras fue detenido para ser interrogado, fue la propia Guardia Civil la que informó a esta persona de que al no comprobársele responsabilidad podía esperarle si quería acompañarle, y Senén Méndez alquiló un taxi para ello, dada la distancia entre la Inspección Municipal y el pueblo de Lada. Nada se sabe de que necesitase asistencia médica ni presenta síntoma alguno de malos tratos y sí se sabe que pretende marcharse al extranjero, para lo que tiene pendiente la tramitación de pasaporte.[96]

En un texto en el que el ministro usa a fondo las inexactitudes en los nombres que aparecen en el manifiesto de los intelectuales y les acusa de dejarse llevar por «corresponsales espontáneos» faltos de rigor y fiabilidad, él mismo incurre en errores como designar a Anita con dos nombres diferentes, al asignarle sus propios apellidos una vez y el de su marido otra, y se permite afirmar la presunta intención de Alfonso de abandonar el país, al modo como años más tarde atribuirá al estudiante madrileño Enrique Ruano tendencias suicidas con el fin de encubrir su muerte tras

---

[96] Entrevista realizada a Anita Sirgo Suárez. AFOHSA, serie: Huelgas de 62.

haber sido defenestrado durante su detención. La rotunda afirmación de que ni ha sido objeto de malos tratos ni necesitaba asistencia médica choca frontalmente con el testimonio de Anita y también con el de Telvi al recordar a su padre «deshecho» y con la cabeza marcada por una cruz: «Qué se yo los días que estuvo de cama porque lu baldaron a palos». En cuanto a su pretendido proyecto de emigrar, aparte de ser irrelevante y no cumplir más función que la de distraer respecto a la cuestión de las torturas, los años posteriores aportarán una evidencia incontestable: ni siquiera el tiempo en que Anita permanezca exiliada en París le hará abandonar su trabajo y su casa en Langreo.

En realidad, la respuesta del ministro de Información y Turismo se basa en desmentir errores y presentar hechos con el fin de enmascarar la verdad, puesto que los extremos que niega o corrige están al servicio de la negación de la verdadera cuestión de fondo: que se han producido torturas. Las verdades parciales que contiene la versión de Fraga tienen por objeto encubrir esas torturas desacreditando a los firmantes y restando credibilidad a su escrito. Como señalará un escrito posterior remitido desde Oviedo,

> Ha habido una represión especialmente feroz a partir de los primeros días de septiembre… Así vinieron del pueblo estas noticias. Posiblemente se dijo González por García o Silvino por Alfonso o Braña por Sirgo, o que tal minero tenía un hijo cuando tenía dos, o que cuarenta años cuando tenía treinta y ocho. ¿Y qué? ¿Cómo podía ser de otra manera en las circunstancias en que las noticias se daban? Son cuestiones de detalle a ventilar en su día, pero ¿qué cambia todo esto en la realidad de los hechos?[97]

El manifiesto contenía ciertamente errores e incluía nombres tergiversados —lo que en algún caso sería explicable simplemente por una letra manuscrita poco legible— u otros que no hemos podido constatar, como no hemos comprobado ninguna castración —pero sí ensañamiento con golpes en los testículos—, y no parece que Everardo Castra correspondiera a ninguno de los torturados, pero en cambio hemos podido documentar los hechos que se le relacionan en la persona de José Alonso *Chepu les Bories*, cuyo testimonio concuerda a la perfección con lo denunciado en el escrito de los intelectuales: tras haberle sido aplicadas descargas eléctricas hasta perder el conocimiento, acabó ingresado en el psiquiátrico de La Cadellada, donde permaneció bajo la tácita protección de los doctores Quirós padre e hijo.[98]

La decisión de Fraga de dar publicidad al manifiesto de los intelectuales y entrar directamente en polémica respecto a su contenido responde a su estilo en cuanto al enfoque de la propaganda —tanto por talante personal como por las lecciones extraídas de la férrea censura aplicada durante las huelgas de la primavera de 1962,

---

[97] AGA, Cultura, caja 663. Copia del mismo escrito facilitada por Armando López Salinas, APRV.

[98] Entrevista a José Alonso Fernández, serie Voces del Pasado, AFOHSA. José Alonso guardó gratitud toda su vida a los psiquiatras Pedro Quirós Isla y Pedro Quirós Corujo, a quienes periódicamente llevaba truchas y ristras de chorizos como ofrenda por haberlo mantenido internado tras las torturas hasta que estuvo a salvo de ir a prisión.

que había provocado un efecto boomerang—, así como a la necesidad de reaccionar ante la cobertura que está ofreciendo la prensa internacional. No se trata únicamente de las informaciones difundidas por los medios comunistas —*L'Humanité, Unitá, Pravda*… y las emisiones radiofónicas de *La Pirenaica*— o de un tardío escrito de intelectuales soviéticos adhiriéndose a la petición de crear una comisión internacional para esclarecer los hechos,[99] sino también de medios como *Le Monde*, que da cuenta del manifiesto el mismo día 3 de octubre y mantiene el seguimiento en días posteriores. La cascada proseguirá en las semanas siguientes, como muestra el *Corriere della Sera* del día 16 o el eco encontrado en el *New York Times* y *Le Figaro* ya avanzado noviembre, con expresa referencia a los dos escritos de intelectuales y a los cortes de pelo a mujeres.[100]

La larga estela de las torturas de la calle Dorado de Sama girará en torno al manifiesto de los intelectuales, reforzado por un segundo escrito con mayor número de firmantes —hasta 188, que reclaman además la creación de una comisión de juristas para desplazarse al lugar de los hechos y llevar a cabo una investigación independiente— y con los cortes de pelo a Tina y Anita como *leit motiv*, dado el carácter especialmente sensible del hecho en sí y el que hubiera sido admitido como cierto por el propio ministro. La tortura a los hombres se da casi por supuesta y entra dentro de la «normalidad» de la dictadura, pero rapar a dos mujeres encierra reminiscencias de los tiempos más siniestros y entraña un carácter de represión sexuada que resulta por completo extemporáneo a la altura de los años sesenta y en puertas del vasto despliegue propagandístico que —bajo la batuta del mismo ministro— conmemorará los «25 Años de Paz». Que las dos torturadas, lejos de ceder a las presiones, decidan desde un primer momento convertir su estigma en motivo de orgullo, luciendo abiertamente sus cabezas descubiertas y contando lo sucedido a quien las quisiera escuchar no hace sino añadir carga a la onda expansiva. Sus fotos aparecerán en una publicación del PCE editada en Francia: *Asturias, otra vez en vanguardia*, y las emisiones de *La Pirenaica* las convierten en heroínas y en símbolos de la resistencia antifranquista.[101]

Pero no se trata en absoluto de un asunto privativo de los medios comunistas. El escrito de los intelectuales le ha dado una dimensión que la respuesta de Fraga no ha sido capaz de neutralizar. Un ex ministro de la CEDA —el democristiano Manuel Jiménez Fernández, profesor de la Universidad de Sevilla— encabeza un escrito que suscriben también otros juristas como Jiménez de Parga o Félix Pons, hasta una treintena de nombres de Madrid, Barcelona, Mallorca… vinculados a

---

[99] AGA, Cultura, caja 659.

[100] J. A. Novais: «Une centaine d'intellectuels dénoncent les sévices dont auraient souffert des personnes arrêtées dans les Asturies», *Le Monde*, 3/10/1963. J. A. Novais: «La polémique se poursuit autour des sévices dont auraient été victimes des mineurs asturiens», *Le Monde*, 5/11/1963. «Intellettuali antifranchisti contro la brutalitá della polizia», *Corriere della Sera*, 16/10/1963 p. 20. Paul Hofmann: «Spain will hear the complaints of Coal Miners from Asturias», *New York Times*, 24/11/1963. También *Le Figaro*, 5/11/1963.

[101] PCE: *Asturias, otra vez en vanguardia*, París: PCF, 1963. Armand Balsebre y Rosario Fontova: *Las cartas de la Pirenaica. Memoria del antifranquismo*, Madrid: Cátedra, 2014, pp. 378-382.

la Izquierda Demócrata Cristiana.[102] Desde París, Salvador de Madariaga, Julián Gorkin y Dionisio Ridruejo dirigen un telegrama al ministro: «conocedores documento suscrito intelectuales solicitando esclarecimiento sobre violencias policiales contra mineros asturianos hacemos presente nuestra adhesión a dicho escrito».[103] La práctica totalidad del exilio permanecerá atenta, como muestra el reflejo en la revista *Ibérica*, dirigida en Nueva York por Victoria Kent y en el Boletín editado en París por el Centro de Documentación presidido por Salvador de Madariaga, ambos dedicados de forma monográfica a los manifiestos y la denuncia de la represión.[104]

Dada la repercusión alcanzada, la vivienda de Anita y Alfonso en Lada se convierte en un foco de atención con frecuentes visitas de personas interesadas en conocer de primera mano lo sucedido. «Por mi casa qué sé yo cuánta gente pasó. Yo recibíalos a todos». Anita emprenderá en ese mismo momento una tarea que ya nunca ha de abandonar: la de contar los hechos. Dar testimonio de lo vivido a cuantos quieran escuchar, proclamar la verdad y transformar la humillación y el miedo que le pretendieron inocular en fuente de autoridad moral y de energía. Repetirá el relato cientos, miles de veces en los siguientes sesenta años ante todo tipo de auditorios, sin vacilación y sin fatiga. Muy pronto, además, su voz será también la de Tina, puesto que su inseparable compañera de luchas y amiga fallecerá al cabo de poco más de dos años.

La determinación con que los torturados alzan la voz y la caja de resonancia que el manifiesto de intelectuales les ha proporcionado surte efecto inmediato sobre los torturadores, que se ven públicamente cuestionados y en la insólita tesitura de ofrecer explicaciones de actos que tantas otras veces habían quedado impunes y protegidos por el silencio. Junto a la campaña de negación de las torturas emprendida desde el Ministerio de Información y Turismo, serán realizadas pesquisas para investigar los hechos. Según Gómez Fouz, tributario por completo del relato del inspector jefe de la Brigada de Investigación Social Claudio Ramos, la primera investigación corrió a cargo de este y fue la que sirvió de base a la réplica de Fraga. «Como es comprensible la policía fue en su informe solidaria de la Guardia Civil» y sobre estas conclusiones fue confeccionada la versión oficial.[105] También el teniente coronel de la Comandancia de la Guardia Civil de Gijón —de la que dependía la cuenca del Nalón— inició un procedimiento. Del rigor y la voluntad de esclarecer lo sucedido da la medida el hecho de que ninguno de ellos en ningún momento hablara ni con Alfonso ni con Anita, cuyos nombres aparecían varias veces en el manifiesto de los intelectuales y también en la réplica del ministro, pese a lo cual no consideraron necesario tomar nota de su versión.

---

[102] Ignacio Fernández de Castro y José Martínez: *España Hoy*, París: Ruedo Ibérico, 1963, p. 482.

[103] AGA, Cultura, caja 663.

[104] *Ibérica*, vol. 11, n.º 11, Nueva York, 15/11/1963. Centro de Documentación y Estudios: *Boletín Informativo*, n.º 19, París, noviembre 1963.

[105] José Ramón Gómez Fouz: *Clandestinos*, Oviedo: Pentalfa, 1999, p. 71.

En uno de los informes elaborados —cabe suponer que en el momento existiera algún otro, aunque no haya sido accesible hasta ahora a los investigadores— constan informaciones verbales del propio capitán Caro, así como el delegado de Orden Público y el jefe de la Policía Armada de Sama, los alcaldes de Langreo y San Martín del Rey Aurelio y el delegado comarcal de Sindicatos. Con excepción del primero, todos los demás carecen de relación con los hechos objeto de investigación y sus declaraciones se limitan a expresar opiniones personales o a referir lo que les ha llegado de oídas a partir de los rumores que circulan. Esto les permite tanto calificar a Tina y Anita de «individuas» y alertar acerca de su peligrosidad como atribuir los comentarios a bulos propagados por las emisiones clandestinas de radio o puntualizar que no fueron rapadas al cero «según noticias que tenía, ya que no las había visto», sin que ni uno solo de los consultados aporte información alguna. El único que obviamente conoce de primera mano las torturas es su perpetrador, Caro Leiva, quien niega rotundamente la existencia de malos tratos y reconoce tan solo que a Tina «se le dieron con unas tijeras algunos recortes en la parte superior que apenas se notaban».[106]

Pese a todo, el mero hecho de que el foco de atención hubiera sido puesto sobre ellos parece haber inquietado a los torturadores, poco acostumbrados a rendir cuenta de sus procedimientos. De ahí que uno de ellos, a quien todos los testimonios se refieren como *el Sevilla*, se hiciera el encontradizo con *José el Gallegu* tratando de buscar su indulgencia y minimizando su participación, puesto que él tan solo le había dado «cuatro hostias».[107] Del mismo modo, Anita recordaba cómo «el cabu Pérez y otros andaben llamando a los que estuvimos allí, amenazándolos de que si hablaben-yos iben a dar. Pero al mi hombre y a mí no nos llamaron». Sí lo hizo, en cambio, Caro Leiva, quien trató de intimidar a Anita tanto de forma directa como a través de Alfonso, a raíz de una visita que se presentó como enviada del arzobispado. Que Anita estuviera proclamando lo sucedido era suficiente preocupación como para interceptar a su marido y asegurarle que si seguía hablando la próxima vez le cortaría la lengua. La misma amenaza, esta vez de forma directa, le dirigió en otra ocasión al coincidir en día de mercado en Sama y ver cómo ella estaba explicando a otras mujeres la causa de su aspecto, en el que todavía eran patentes las huellas del corte de pelo.

Demasiado ruido y demasiada atención sobre un asunto que, como sostiene Judith Herman, desde la posición de los perpetradores requiere que se mire hacia otro lado.[108] El manifiesto de los intelectuales, más allá de los errores que contenía, tuvo

---

[106] Información policial sobre la detención y corte de pelo de Ana Sirgo y Constantina Pérez, en Francisco Erice (coord.): *Los comunistas en Asturias…*, p. 555.

[107] Jorge Muñiz Sánchez: *A mí hay que matarme de frente. Manuel García Valle José el Gallegu, minero comunista*, Oviedo: Fundación Juan Muñiz Zapico, 2011, p. 105.

[108] «Resulta muy tentador ponerse al lado del perpetrador. Que no haga nada es lo único que este pide al testigo. Apela al deseo universal de no ver, no oír y no decir nada. Las víctimas, al contrario, le piden al testigo que comparta con ellas su carga de dolor. La víctima exige acción, compromiso y recuerdo». Judith Herman: *Trauma y Recuperación*, Madrid: Espasa, 2004, p. 26.

la virtud de rasgar el velo del silencio y fijar la mirada en las torturas. La campaña negacionista emprendida desde el Gobierno se reveló incapaz de neutralizar sus efectos. Por el contrario, la respuesta al primer manifiesto tuvo por efecto provocar un segundo que incrementaba notablemente la nómina de firmantes y produjo también reacciones que ampliaban la mirada sobre las torturas incidiendo en su carácter generalizado. Desde el interior de la cárcel de Burgos, a finales de octubre, un grupo de presos políticos esgrimirá también su condición de intelectuales para sumarse a esa denuncia en carta dirigida a Fraga acogiéndose a su proclamada voluntad de diálogo: Gregorio Ortiz Ricol, abogado; José Ramón Herrero Merediz, licenciado en Derecho; Joaquín Fernández Palazuelos, escultor; Eduardo Rincón García, músico; Fernando Sagaseta, abogado; Antonio Gutiérrez Díaz, médico; Francisco Acebes, médico; Antonio Giménez Pericás, periodista; Agustín Ibarrola, pintor; Aladino Cuervo, ingeniero; José Satué, sindicalista; Jaime Ballesteros Pulido, escritor; Antonio Serna, proyectista general; José Ruiz de Galarreta, traductor; Vicente Cazcarra Cremallé, traductor; Ambrosio Ortega *Brosio*, pintor.[109]

Otros escritos adoptan forma anónima, al constatar las represalias que han sido adoptadas contra los intelectuales firmantes del primer documento. Así sucede con una carta enviada por estudiantes de Derecho de la Universidad de Santiago de Compostela, un escrito proveniente de «un grupo de demócratas canarios» y otro proveniente de Valencia y Murcia que habla en nombre de

> [...] profesores y estudiantes de los distintos centros universitarios, funcionarios civiles y estatales, profesiones liberales, algunos sacerdotes y falangistas, comerciantes y otros de diferentes oficios y profesiones en número de 243 que en común hemos decidido silenciar nuestros nombres por razones de seguridad y no correr la suerte de los firmantes del grupo de los 102 intelectuales.[110]

En cuanto a la suerte corrida por los perpetradores directos de las torturas, el capitán Fernando Caro Leiva sería trasladado al finalizar el año, tras una estancia en Langreo de apenas cinco meses, sin que en su larga y oscura ejecutoria posterior haya alcanzado más notoriedad que figurar, el 23 de febrero de 1981, entre los que llamaron a la esposa del teniente coronel Antonio Tejero para expresar su adhesión al golpe de estado.[111] José González Pérez, ascendido en realidad a sargento, aunque sus víctimas persistieran en seguir llamándolo «cabo Pérez», se mantuvo en Asturias, donde ya acumulaba una notable hoja de servicios como represor desde que fuera destinado a principio de los cincuenta al destacamento de la colonia penal del Fondón hasta convertirse en responsable de la brigadilla especial de la Guardia Civil.[112]

---

[109] Centro de Documentación y Estudios: *Boletín Informativo*, n.º 19, París, noviembre 1963. Accesible en <https://ddd.uab.cat/pub/ppc/bolinfCDE/bolinfCDE_a1963m11n19.pdf>.

[110] AGA, Cultura, caja 663.

[111] *El País*, 27/8/1981.

[112] Dan testimonio en primera persona de las torturas infligidas por el «cabo Pérez» en la caída de 1961

En contraste con el oprobio que manchó la memoria de sus represores, Tina y Anita se erigieron en símbolos de la resistencia antifranquista, «heroínas de Asturias» según las emisiones de *La Pirenaica*. Sus nombres persistirán en el tiempo ligados a aquel episodio y como arquetipos de la lucha de las mujeres contra la dictadura. Constantina Pérez será incorporada al Comité Central del PCE y cuando, poco tiempo después, su enfermedad se haga patente las páginas de *Mundo Obrero* y las ondas de Radio España Independiente estarán sembradas de mensajes de aliento, del mismo modo que su despedida se convertirá una fuente de homenajes y no faltarán las organizaciones de base que adopten el nombre de Constantina Pérez.[113] La temprana desaparición de Tina dejó a Anita como la única voz que podía alzarse como testimonio de los cortes de pelo, cuya potencia simbólica no decaerá. El pintor Eduardo Arroyo dedicará a Tina toda una serie de pinturas, dibujos y litografías en las que representa cabezas de mujer rapadas. También Eduardo Úrculo realiza algún dibujo representando el mismo motivo.[114]

La lucha continúa

Tanto para Tina como para Anita, la salida de prisión tras las torturas significó la inmediata reincorporación a la lucha. Del mismo modo que no se habían arredrado ante los golpes ni escondido la cabeza cuando se la raparon, tampoco se dejaron amedrentar por las amenazas ni vacilaron ante los riesgos evidentes en que incurrían. Lo mismo cabe decir de sus maridos. Alfonso ha sufrido ya prisión y torturas, pero no por ello dejará de ser una pieza activa de la organización comunista en la cuenca del Nalón. En cuanto a Víctor Bayón, el marido de Anita, que ha sido también torturado en 1961 y permanece en prisión, se reincorporará a la lucha en cuanto sea puesto en libertad, en enero de 1964. En realidad, su tiempo de condena ha sido también de intensa actividad desde el interior de las cárceles, en especial a lo largo de su estancia en la prisión de Cáceres. El acoso al que Víctor es sometido a su regreso —interrogatorios en los que no faltan los golpes en el cuartel de la Guardia Civil de Langreo y la Brigada Político Social en Oviedo, despido y nuevas citaciones periódicas acompañadas de malos tratos— le llevarán a emprender el

---

Eduardo Rincón y Víctor Bayón —marido este último de Tina Pérez, en prisión en 1963 durante el episodio de torturas y corte de pelo a su esposa—. AFOHSA, serie Voces del Pasado.

[113] «Un mensaje de nuestro Comité Ejecutivo a la camarada Constantina Pérez», *Mundo Obrero*, segunda quincena septiembre 1965. «Ante la muerte de la camarada Constantina Pérez. Declaración del Partido Comunista de España», *Mundo Obrero*, segunda quincena octubre 1965. Armand Balsebre Torroja y Rosario Fontova Forcada, «Las mujeres de La Pirenaica. El primer feminismo antifranquista de la radio española», *Arenal*, 23:1; enero-junio 2016, p. 110. Guy Hermet: *Los comunistas en España*, París: Ruedo Ibérico, 1972, p. 132.

[114] Reproducciones de varias de estas obras pueden ser encontradas en Francisco Zapico, Rubén Vega y Ramón García Piñeiro: *Hay una luz en Asturias… Exposición conmemorativa de las huelgas de 1962*, Oviedo: Fundación Juan Muñiz Zapico, 2002, pp. 64-71 y 156. Un análisis iconográfico de un óleo de Eduardo Arroyo también dedicado a Tina en Juan Ramón Moreno Vera: *El retrato en el Fondo de Arte de la Región de Murcia: Tipologías y enseñanzas*, tesis doctoral, Universidad de Alicante, 2011, pp. 201-203.

camino del exilio. En julio de 1964, en las postrimerías de una nueva huelga minera, en compañía de Vicente Gutiérrez Solís y provistos ambos de documentación falsa proporcionada por el Partido, cruzará la frontera francesa. Quedan en la Joécara una hija y una esposa ya enferma a cuyo entierro no podrá asistir.[115]

La enfermedad no impedirá a Tina mantenerse en primera línea de las movilizaciones contra la dictadura. Su última detención y también la última acción en la que participa codo con codo con Anita será la irrupción en la Casa Sindical de Sama de Langreo el 20 de marzo de 1965. Apenas una semana antes había tenido lugar en Mieres un episodio excepcional que la convocatoria de Sama pretendía de algún modo reeditar en la cuenca vecina. Una concentración en demanda de la readmisión de los despedidos en la huelga del año anterior —unos cuatrocientos que habían sido incluidos en listas negras para impedirles la reincorporación al sector y de cuyas asambleas había emanado una comisión muy activa— atrae a Mieres a gente de ambas cuencas y de Gijón que llena las calles y acaba invadiendo primero la Casa Sindical y asaltando posteriormente la comisaría de policía en un intento de liberar a los detenidos de esa jornada.[116] Conforme al relato que Anita hará en su intervención en el VII Congreso del Partido, «Centenares de mujeres gritaban con los manifestantes: democracia, libertad sindical, derecho de huelga» y son las mujeres las que, al comprobar que se han practicado detenciones, arengan diciendo «camaradas, nos detuvieron a dos, adelante a la comisaría», tras lo cual «empezaron a romper cristales y era gloria ver volar los gorros de los policías».[117] Lo sucedido en Mieres el 12 de abril de 1965 marca un hito extraordinario. En plena dictadura, una movilización unitaria y masiva ocupa las calles, irrumpe en dependencias oficiales —Sindicato Vertical— y asalta una comisaría de policía. El asunto, convertido en una trama comunista en las versiones oficiales y en una bocanada de esperanza para la oposición, ocupó las páginas de la prensa legal y clandestina y tuvo también reflejo en la prensa internacional.

En este clima, los comunistas intentarán reeditar de inmediato la movilización trasladándola a la otra cuenca y convocan para el día 20 una concentración en la Casa Sindical de Sama. Pero en esta ocasión la afluencia es mucho menor y la policía está prevenida, de modo que les espera un despliegue policial. El intento se salda con un balance mucho menos favorable. La entrada en la sede del sindicato se convierte en una encerrona de la que solo es posible salir en medio de una lluvia de golpes que los policías, alineados a ambos lados, descerrajan sobre los manifestantes. Conforme a la versión policial, los concentrados eran en torno a un centenar —si

---

[115] Víctor Bayón: *Crónica de una lucha…*, pp. 83 y 92.

[116] Pablo Alcántara: «La Brigada Político Social y la lucha minera en Asturias durante el franquismo: el asalto a la Comisaría de Mieres del 12 de marzo de 1965», en Xavier María Ramos Díez-Astrain, Itziar Reguero Sanz, Marta Requejo Fraile, Sofía Rodríguez Serrador y Lucía Salvador Esteban (coords.): *Las huellas del franquismo: pasado y presente*, Granada: Comares, 2019, pp. 551-573. Testimonios del asalto a la comisaría pueden ser vistos en el documental de Alberto Vázquez: *Poca Ropa*, Mieres: 2008.

[117] AHPCE, Documentos, Asambleas y Congresos, VII Congreso del PCE, t. II, Intervención de Mercedes Zapico (nombre supuesto tras el que se oculta la identidad de Anita).

bien la cercanía de un cine, una parada de autobuses y varios bares hace que el público sea bastante más numeroso— y la pugna dura casi dos horas, saldándose con
catorce detenciones, de las cuales la mayor resistencia es la ofrecida por Tina y su
hija Blanca, dado «su enfrentamiento a la fuerza pública, a la que dirigían insultos
y por último, se tumbaron en el suelo, dando gritos para evitar ser introducidas en
los jeeps».[118]

Como ya había sucedido en Mieres, las mujeres desempeñan un papel fundamental en la protesta. El liderazgo de la protesta corresponde de modo inequívoco,
según la Guardia Civil, a Anita Sirgo, Tina Pérez, Blanca Bayón y otras *peligrosas
políticas*, entrando y saliendo reiteradamente del local de Sindicatos durante más
de una hora hasta que desde las ventanas comenzaron a incitar a los de abajo a subir, gritando consignas como «viva la libertad» y «queremos sindicatos libres».[119]
Una vez más, Anita vuelve a estar en primera línea. Y nuevamente un zapato suyo
se convierte en un instrumento de lucha. Si dos años antes había utilizado uno para
comunicarse en los calabozos de la calle Dorado, esta vez irá a la manifestación
provista de otro como arma defensiva y potencialmente arrojadiza.

> Ahí fue cuando ya tomamos la Sindical, les mujeres, ahí fue mujeres y hombres, ¿eh?
> Entonces Tina y yo y otros, pues fuimos a la encerrona. Subimos, porque arriba teníen
> los despachos. Y subimos arriba pa ver si estaben, pero habíen escapao. Teníen les puertes
> abiertes, lo cual que arranquemos el teléfono y… Y ahí fue donde cogieron a Tina. Ahí
> cogiéronla a Tina y la llevaron. Yo ahí no pude defender a Tina, porque yo tenía un viaje
> a París, clandestinu…, y ya tenía el billete. Entonces yo…, ahí hubo palos… Hubo palos
> a mansalva, porque ellos, llegaron la policía así, pusiéronse uno en cada escalón, con el to-
> lete y otros arriba. Y ya dándonos palos. Yo de aquélla llevaba unos tacones, unos zapatos,
> uno pa defendeme, que tenía uno así, porque antes llevábamos unos tacones tan… [ríe]. Y
> yo llevaba un zapatu pa poder defendeme y eso. Y entonces, bueno, yo bajé a arrollones
> de un descansu a otru. Te pegaben los palos y tú defendíeste. Era allí una batalla campal,
> de hombres, muyeres… bueno, allí hubo la del demonio. Y yo tiré el zapatu, di-y a un
> policía y cayó. Di-y en la cara, cayó y entonces una chavalina que tovía vive cogió el zapatu
> y dio-y, dio-y a maza a aquel policía. Lo cual que el zapatu lo teníen como de museo,
> porque todes les que cogíen, a todes hacíen probar aquel zapatu. Querían saber de quién
> era aquel zapatu [ríe]. Y bueno, y entonces de ahí fue cuando yo tuve que marchar pa
> París. Eso al día siguiente. Entonces al día siguiente fue cuando me fueron a buscar. Yo
> ya marché bien temprano y me fueron a buscar a casa. Y yo fui a coger el tren a Fierros,
> lu cogí ahí y ya fui. Yo llevaba el mi nombre supuesto, o sea, llevaba el pasaporte falsu, el
> nombre de otra persona.[120]

[118] Dirección General de la Guardia Civil: Nota informativa 23/3/2965, Intento de manifestación, Destino: Excelentísimo señor ministro de Información y Turismo, AGA, Gabinete de Enlace, exp. 6. Anita Sirgo,
Signatura 42,08846.
[119] Dirección General de la Guardia Civil: Nota informativa 17/5/1965, Alteración del orden público en
Sama de Langreo (Asturias), Destino: Excelentísimo señor ministro de Información y Turismo, AGA, Gabinete de Enlace, exp. 6. Anita Sirgo, Signatura 42,08846.
[120] Entrevista realizada a Anita Sirgo Suárez. AFOHSA, serie: Huelgas de 62.

De un modo imprevisto, la salida clandestina de Anita con destino a París se iba a convertir en un exilio, ante el riesgo de ser detenida en caso de regresar. Entre tanto, el zapato que había arrojado contra un policía daba lugar a una especie de búsqueda de Cenicienta, haciéndoselo probar a las sospechosas para tratar de identificar a la dueña. Un esfuerzo infructuoso puesto que Anita calzaba un 41 y, en su ausencia, no encajó en el pie de ninguna otra. Con o sin zapato, ante su desaparición fue decretada su busca y captura y acabará siendo juzgada en rebeldía mientras su exilio se prolonga por espacio de casi dos años.

La jornada del 20 de marzo en Sama de Langreo no sólo tiene serias consecuencias para Anita sino también para Tina y su hija Blanca, que han liderado la entrada en la Casa Sindical. Ambas serán detenidas y enviadas a prisión, donde Blanca cumplirá los 16 años y Tina, ya gravemente enferma, quedará en libertad condicional al cabo de cuatro meses. Por estos hechos les serán abiertas dos causas, una por la jurisdicción militar y otra por el tribunal especial encargado de la represión política: el Tribunal de Orden Público, popularmente conocido como el TOP. En la primera, el Juzgado Militar Eventual de Oviedo instruye la Causa Ordinaria 28/1965 por presunto delito de agresión a la Fuerza Pública, revocando más tarde el auto de procesamiento contra Tina, pero manteniendo el de Anita y Blanca. Y al mismo tiempo las tres son procesadas también por el Tribunal de Orden Público junto a otros tantos hombres, si bien para cuando se celebre el juicio tanto Anita como Blanca permanecen huidas y Tina ha fallecido ya. La sentencia condenará «a Anita Sirgo Suárez, de mediana conducta, insolvente, sin antecedentes penales, declarada en rebeldía» a cinco meses de arresto mayor y multa de 20.000 pesetas o arresto sustitutorio de un mes. Los hechos son considerados «constitutivos de delito de desórdenes públicos ya que se produjo una invasión tumultuaria, grave por el sitio, Sindicato; la ocasión, conflicto laboral; circunstancias, voces contra los sindicatos; ocupación material de estos, que supone una perturbación intensa del orden que sólo pudo restablecerse mediante la intervención de la fuerza pública». En el caso de Tina su responsabilidad se declara extinguida por fallecimiento, en tanto que Blanca Bayón es condenada a dos multas de 5.000 pesetas.[121]

La catalogación de «mediana conducta» que establece la sentencia de 1966 apenas se aparta de la que ya constaba en la ficha policial que en 1963 la había considerado «de buena conducta moral y privada, mala en la pública y religiosa». En ambos casos viene a significar más o menos lo mismo: que los esbirros de la dictadura no son capaces de encontrar nada reprochable en su vida excepto la rebeldía política. Y que quienes dedican sus desvelos a violar los derechos humanos se permiten calificar la conducta moral de sus víctimas.

El exilio de Anita y la muerte de Tina, junto al exilio también de otra inseparable compañera de fatigas como Amor Gutiérrez *Morita* pone fin a la estrechísima

---

[121] TOP, Sumario 65/1965, Sentencias 27/66 y 64/66. Reproducidas en Juan José del Águila: *TOPDAT, una base de datos para explotar*, CD Rom, Madrid: Fundación Abogados de Atocha, 2007.

relación de amistad y lucha conjunta de estas tres mujeres, ligadas por fuertes lazos y con trayectorias vitales muy similares. Vecinas, con historias familiares similares, de ideas comunistas, casadas con mineros que son a su vez militantes clandestinos… a los padres muertos por la represión y madres también represaliadas se acaban agregando los maridos presos. De edades muy próximas —Tina ha nacido en agosto de 1928, *Morita* en junio de 1929 y Anita en enero de 1930—, también comparten amistad, ocio y celebraciones, como muestran los álbumes de fotos, donde tanto ellas como sus maridos e hijas aparecen juntos a menudo. «Tina, Morita y mi madre yeren íntimes, si [se] iba ella venían elles a casa. Estaben juntos a diario», recuerda Telvi. Erundina, la hija de *Morita*, concuerda: «eran íntimas, se repartían el trabajo entre las tres». Anita siempre nombraba, como si fueran alter ego de sí misma, a Tina y *Morita*. Durante años han formado un trío inseparable que ha tomado parte en cuantas acciones de resistencia han sostenido las mujeres de la zona. Sus rebeldías parten de infancias duras, marcadas por la represión. De niñas no han conocido la escuela —Anita no ha pisado una y tanto Tina como *Morita* saben apenas escribir con dificultad— sino trabajo y penalidades. Del mismo modo que Anita había perdido a su padre y había servido de enlace a los «fugaos» siendo una niña, el padre de Tina había sido fusilado en Oviedo. Con apenas quince años, en julio de 1944, tanto ella como su amiga *Morita* fueron rapadas tras negarse a fregar el cuartel de Falange en Santa Cruz de Mieres. En 1947, ya casada a sus 18 años, Tina cumplirá en la cárcel de Oviedo cien días de arresto por orden de la Fiscalía de Tasas de León, en lo que parece ser un caso de estraperlo, el ilegal recurso al mercado negro que apenas era perseguido más que entre las clases populares, para quienes a menudo era pura cuestión de supervivencia. La ficha que registra este ingreso se permite adjudicarle un apodo tan irrespetuoso como inverosímil: «La Guapita». Ningún habitante de la cuenca minera con un mínimo arraigo social usaría tal expresión en lugar de «guapa» o su diminutivo «guapina».[122]

Entre 1958 y 1961, siendo las tres ya madres de una hija cada una de ellas, verán cómo sus maridos van ingresando en prisión: Manuel Gutiérrez Villa *Pertegal*, integrante del Comité Comarcal del Nalón, cae en 1958; Alfonso Braña en 1960 y Víctor Bayón, miembro del Comité Provincial, en 1961. La involucración de sus esposas en las actividades pro amnistía y la solidaridad con los presos no hará sino incrementarse a raíz de ello. Del mismo modo, estarán al frente de los piquetes formados por las mujeres de Lada y La Joécara en el transcurso de la huelga de 1962. Y desde muy pronto, sus hijas van a formar parte de estas actividades, como muestran sus recuerdos de infancia y juventud ligados al reparto de propaganda —«llevaba-y propaganda a Otones y yo venga picar y que no me abren, cuando de repente abre la puerta la vecina y dizme: "Ay, vida, acaba de llevalos la Guardia Civil". Yo quedé con un miedo y una cara… con el paquete encima», rememora Telvi—,[123] la entrada

---

[122] Ficha de Constantina Pérez Martínez. Accesible en Archivos Estatales: <https://x.com/ArchivosEst/status/1747263435526868996/photo/3>.

[123] Entrevista realizada a Etelvina Braña Sirgo con ocasión de esta biografía.

o salida de mensajes en o desde la cárcel en las visitas a sus padres —Erundina re-cuerda haber introducido información en uno de sus zapatos al ir a ver a su padre en Oviedo— o la presencia en los mismos piquetes —con doce años Telvi relata cómo en mayo del 62 «vino la policía y metiéronnos en una cuadra enfrente del Fondón y allí fue cuando el "o toes o ninguna"»— y en protestas como la de la Sindical de Sama —por la que Blanca será procesada— o los primeros de Mayo —el de 1967 también motivará el procesamiento de Telvi— siendo aún menores.

Aun tratándose de biografías extraordinarias, no resultan excepcionales. En su entorno más próximo pueden ser encontrados perfiles semejantes. En el mismo Lada donde reside Anita, las conocidas como «las Marronas» forman una familia de similar entrega militante y riesgos permanentes. Carmen, Celestina y Argentina Marrón Llaneza han visto asesinados a su padre Servando y su hermano Antonio y han tenido que escapar de las llamas al ser incendiada su casa. Nada de eso las arredrará. Durante muchos años formarán parte de una red indispensable que pro-porciona cobijo a dirigentes clandestinos como Horacio F. Inguanzo y Ángel León, escondites para la propaganda, participación en su confección y distribución y tam-bién en el reparto de las ayudas provenientes de la solidaridad, actividades en pro de los presos políticos, encierros y un sinfín de tareas esenciales para el sostenimiento de la lucha. Muy pronto también las hijas de Carmen —María Luisa Díaz Marrón *Luisina Marrón*— y de Celestina —Honorina Álvarez Marrón *Nori Marrón*— en-trarán a formar parte del plantel de «las Marronas» con una implicación muy activa en las movilizaciones, la organización juvenil comunista y el tejido asociativo vecinal y cultural. Carmen y Celestina ejercen también de corresponsales de *La Pirenaica*, en cuyas emisiones aparecen crónicas de lo que sucede en la cuenca enviadas bajo los pseudónimos de «Clara, la esposa de un minero» y «Amapola asturiana de pura cepa» respectivamente. El mero seguimiento de sus crónicas, emitidas a través de onda corta, muestra un rigor y un afán de dar cuenta de la realidad en la que se mueven del que carecen por completo los medios oficiales y los periodistas con carnet profesional, que sistemáticamente ocultan o deforman los hechos relativos al movimiento obrero y la resistencia antifranquista. Su compromiso persistió en democracia, como muestra el papel desempeñado por Carmen Marrón y su hija Luisa al frente de la Asociación Sociocultural de Mujeres El Alba y el de Celestina en el Sindicato de Pensionistas de CC. OO. A su vez, Nori Marrón comienza muy joven a desempeñar tareas como el viaje que realiza a León —su primera salida de casa, con toda la inseguridad que eso conlleva para una adolescente a quien se enco-mienda una tarea de riesgo— para hacerse cargo de una máquina de propaganda que ha de traer a Asturias. Justamente su juventud —debía tener por entonces dieciocho años— le sirve de tapadera para una misión delicada que comporta enlazar con un dirigente clandestino —Víctor Bayón, por entonces ya a cargo de la organización comunista en León— y transportar y esconder la máquina, que viene a parar a su casa de Lada. Poco después formará parte del colectivo que en 1966 funda Juventud Norteña, una asociación juvenil que presidirá hasta su transformación en Amigos del Nalón, llamada a ser el principal espacio de relación y vida cultural del antifran-quismo langreano.[124]

También en Lada están Libertad Fernández Vian *Liber* y Eufrasia Albes García *Frasia*, casadas con Francisco Ramírez Ortega *Paquillo* y Martín Fraga Tasende, así como Rogelia Díaz, madre de Higinio Canga *Saborit*, igualmente volcadas en la solidaridad, la propaganda y la ayuda a los presos. Su presencia en los pozos los días de paga, los recorridos por comercios recogiendo comida, los envíos a las cárceles… encierran tanto sacrificios como riesgos. Eufrasia achacará la discapacidad de su hija al hecho de haber sido golpeada en el vientre estando en el octavo mes de emba-razo. Francisca Posada *Paquita*, junto a su marido Manolo Couceiro, regenta un bar donde almacena propaganda que luego distribuye. A su vez, Encarna *la Caravana*, quien cercana a los ochenta años había liderado el 2 de mayo de 1962 el piquete en las inmediaciones del pozu Fondón, vive igualmente en la barriada de Lada.

En la Joécara, donde viven Tina y *Morita*, destacan también mujeres como Esther Amaro, Celestina Baragaño, Luisa Menéndez, Amelia Mosquera, Encarna Simón o Virtudes López, activas en los piquetes y la solidaridad, esposas las cinco últimas de Juan Carpio Bonilla, Fausto Sánchez, Ramón Ramírez, Saturnino Márquez y Miguel Arenas Machuca, quienes en distintos momentos entre el final de los años cincuenta y primeros sesenta acabaron presos a causa de su militancia comunista. En realidad, toda la barriada de la Joécara constituye un bastión de resistencia en el que se entremezclan antiguos penados de la colonia del Fondón que, junto a sus mujeres, representan un hilo directo de la memoria republicana y antifranquista con militantes más jóvenes que van engrosando una nueva generación imbuida del mismo espíritu.

De aquellas luchas y de las mujeres que las protagonizaron queda algún reflejo en el callejero de ambas barriadas: Constantina Pérez da nombre a una calle en La Joécara y Carmen Marrón a un parque en Lada, en tanto que Anita hace lo propio con el Centro Social ubicado a dos manzanas de su casa de toda la vida.

De hecho, todo el valle del Nalón estaba jalonado con figuras de mujeres lu-chadoras que sostienen redes a menudo informales, pero también estructuras clan-destinas que no serían posibles sin su sacrificio y determinación. Una relación ine-vitablemente incompleta y ciñéndonos únicamente a las pertenecientes al ámbito comunista, incluiría a Marcolina Argüelles —casada con Vicente Gutiérrez Solís—, Harmonía Giganto —cuyo puesto de fruta en el mercado de Sama servía de punto de distribución de propaganda—, Emilia Martínez Giganto —casada con José Or-diales Alonso—, Gloria Díaz —casada con *José El Gallegu*—, Carmen Antoñana —casada con Juan Díaz *Juanín el de la Cantera*—, Fina *la del Alto* —casada con José Celestino González *Tino el del Alto*—, Modestina Palacios y su hija Sara Menéndez *la de La Cantera*, Enedina Fernández —casada con Luis Cuervo—, Felicitación

---

[124] Entrevista a Honorina Álvarez Marrón, APRV. Véase también Benigno Delmiro Coto: *La rebelión de la cultura en Asturias. Las sociedades culturales frente al franquismo*, Oviedo: KRK Ediciones, 2019, p. 323 y ss.

Gil *Fili* —casada con Benigno González—, Eva Luz González Coro —casada con Enrique Fernández Domingo—, Esther García —casada con José Álvarez Miranda *Pepe Quirós*—, Remedios Prada Tuñón —casada con Andrés Álvarez Miranda, con quien regentaba un bar al lado del pozu Lláscares que servía para la recaudación de ayudas a presos y represaliados—, Luci Fernández —casada con Elviro García *Viro*—, Luisa Menéndez —casada con Fausto Sánchez—, Maruja Ramos Aparicio —casada con Félix Alberdi *Felichu*—, Purificación Díaz —casada con Joselín *el Ferón*—, Marí Cruz García Castaño —casada con José Emilio Menéndez *Pepín el Peináu*—, todas ellas dentro del término del concejo de Langreo. Y en San Martín del Rey Aurelio, Lola Vallina Miranda y Carmina Fernández Piñera —madre y esposa de Alfonso Vallina Miranda *Pichi*—, Josefina Begega —casada con Indalecio Castro—, Zulima Rozada, Marta Rodríguez Braga —casada con Segundo González Magdalena—… Aguas arriba, otro de los focos de resistencia más persistentes radica en la barriada lavianesa de Barredos, construida a finales de los cincuenta, donde cuajan núcleos de adscripción comunista con otros socialistas y «cristianos». Las mujeres son, también aquí, pieza esencial de la solidaridad y la reivindicación. Entre las comunistas se cuentan Rosario Pérez Henares —esposa de Francisco González *el Cordobés*—, Manolita Sánchez Begega, Manuela Sánchez Vallina *Manolita la de Pepin*, Luisa Sánchez Vallina y Dorita Ayala. Dentro del mismo concejo de Laviana, en Les Bories habría que mencionar a Selina Alonso, casada con José Alonso *el Raxáu* o *Chepu les Bories*.[125]

Tal como describe Claudia Cabrero:

[…] transformaron sus casas en lugares de reunión, sus idas al mercado en ocasiones para la agitación política, las puertas de las cárceles en puntos de encuentro desde los que organizar la asistencia a los presos políticos y las bocas de los pozos en lugares desde los que transformar el conflicto laboral de los hombres en un conflicto social multitudinario. Así, mudando los límites existentes entre lo doméstico y lo político, las mujeres pusieron en práctica estrategias de lucha propias que les permitieron 'disfrazar' su resistencia e introducirla en el discurso público». Con esas conductas «dan la vuelta a sus supuestas obligaciones domésticas y maternales y las toman como base para el activismo y para la creación de vínculos de solidaridad, es decir, sacan sus 'virtudes femeninas' del ámbito privado para llevarlas al espacio público.[126]

Muchas de estas mujeres escondieron en su casa máquinas multicopistas, cuando no a camaradas buscados por la policía, almacenaron y repartieron propaganda, hicieron colectas, recogieron firmas y sostuvieron a las familias cuando sus maridos fueron despedidos o cayeron presos. Anita describía de forma vívida la actividad que

---

[125] Agradecemos la ayuda para la elaboración de esta lista de nombres, sin duda incompleta, de Benigno Delmiro, Fernando Bello, Francisco González, Amparo Hevia y Benito García, así como de Telvi Braña y Nori Marrón.

[126] Claudia Cabrero Blanco: «Asturias. Las mujeres y las huelgas», en José Babiano (ed.): *Del hogar a la huelga. Trabajo, género y movimiento obrero durante el Franquismo*, Madrid: Catarata, 2007, pp. 191 y 193-194.

mantenían en torno a la recogida de alimentos y el envío de paquetes a las cárceles, que encerraba una doble dimensión de ejercicio de la solidaridad material y de denuncia tácita de la existencia de presos políticos:

> Cuando veníen les Navidaes, un grupo de mujeres, camaradas, salíamos a pedir poles tiendes, por tolos sitios. No nos importaba si eren de derechas o eren de izquierdas. Nosotres salíamos a pedir para manda-yos paquetes a los presos. Tanto a Burgos como a Carabanchel como a todo. Entonces nosotres ahí nos organizamos les mujeres y salimos […] Y nosotres lo que queríamos era que se enteraren de que los presos que había, que eran presos políticos, por defender los derechos de ellos, que no eren delincuentes. Porque de aquella había tal desorden que no podíes leer ni la prensa ni nada. […] Entonces hicimos eso, uno pa que la gente fuera despertando y otro porque hacía falta. Entonces nos organizamos y fuimos por tolos comercios, polos bares y todo. Y bueno, toa la gente nos dio. Ibes con un ojo atrás y otru alante, porque te podíen… a lo mejor pues podíen denunciate o algo, quitate lo que llevabes o metete presa… Y entonces nosotres recogíamos les coses y traíamosles aquí a casa, en esta casa y en la casa de Eufrasia, otra camarada. Entonces, tolo que recogíamos metíamoslo y después les mismes que pedíamos hacíamos los paquetes y esos paquetes los mandábamos por transporte y otros los llevábamos en mano, pa llevalos a Burgos. Y la verdad ye que miedo habríalo, pero había mucha más solidaridad que hay hoy, porque no quedó nadie que no nos diera. Barres de salchichón… porque nosotres ahí no queríamos ni bebida ni perres, queríamos comida namás. ¿Por qué hacíamos eso entonces? Porque les perres son muy llambiones y podíen criticanos de que estábamos pidiendo y quedándonos nosotres con elles. El pensamientu nuestru fue esi, que no queríamos dinero, namás que queríamos comida; ni bebida, era comida. Llegaron a danos hasta un jamón, en el Pozu de María Luisa, un bar que había allí, nos dio un jamón. Y en todos los sitios que íbamos nos daben comida, unes lates, otros salchichón, otros chorizos… Íbamos de dos en dos, porque eso hicímoslo por esta zona, era Eufrasia, era yo, era Carmina la Marrona, era Celestina, era Liber… éramos como unes diez. Unes íbamos a una zona y otres a otra… O sea que salíamos organizaes.[127]

Igualmente los conflictos laborales dejaban un reguero de despedidos y represaliados, así como una prueba de resistencia que no todos eran capaces de afrontar. La prolongación de una huelga conlleva problemas de subsistencia, especialmente entre aquellas familias que carecen de tierra que puedan cultivar o que sean numerosas. Las empresas suelen cerrar de inmediato los economatos para endurecer las condiciones de vida de los huelguistas y asfixiarlos por hambre. Contra esto, la solidaridad de vecinos y el esfuerzo de comerciantes que proporcionan productos de primera necesidad bajo fiado no siempre alcanza. Otra vía de resistencia proviene de la solidaridad exterior: dinero recaudado por las organizaciones del exilio o aportado por partidos y sindicatos hermanos y traído de forma clandestina para su reparto entre los más necesitados. Del mismo modo que las mujeres ejercen presión sobre los esquiroles formando piquetes, son a menudo las encargadas de hacer llegar so-

---

[127] Entrevista realizada a Anita Sirgo Suárez por la Fundación 1.º de Mayo.

bres con dinero, muchas veces metidos de forma anónima bajo la puerta. Una vez
más, se trata de una práctica de riesgo que puede conducir a una detención o a que
el dinero sea incautado, por lo que exige tanto eludir la vigilancia policial como las
miradas de vecinos que puedan irse de la lengua.

> Después veníen les perres también, que fue cuando el movimientu nuestru de todo eso
> que llegó al extranjero, que en Bélgica ya se pusieron, hacíen fiestes y hacíen uno y otro
> y mandaben dinero. Claro, eren tantos que era… que o mandaben mucho o no tocaben
> a nada y teníes que-yos lo meter por el sobre, con unos sobres por debajo les puertes. A
> mí me tocó…
> —¿A ti metiéronte alguna vez dinero?
> —A mí no me metieron ninguna vez dinero
> —A ti tocote meter dinero a otras…
> —A mí tocome meter dinero, pero yo, a mí dinero no me tocó. Entonces yo metía
> el dinero, que lo cual yo tenía una prima conmigo, que vive, que tenía mucho…que era
> joven. Cortejó a un chaval de, del Entrego y la utilizaba a ella. Como era menos conocía,
> yo decía-y: vete a tal sitiu, méteme esto debajo de la puerta y tal…
> Y después pues claro les muyeres… yo no, yo nunca me puse a la puerta a pedir en les
> mines, pero les muyeres iben a pedir pa eso.[128]

Otro campo en el que las mujeres resultan decisivas es el de la propaganda, tanto
en lo referente a su elaboración como a la distribución. Se trata de una actividad
particularmente arriesgada, puesto que necesariamente deja rastro que entraña peligro tanto para quienes la confeccionan y reparten como para sus contactos y los
dirigentes con los que mantienen relación. No en vano el de propaganda ilegal es
uno de los delitos más habituales en las sentencias del TOP y localizar los aparatos
con los que se elabora una prioridad permanente en las pesquisas policiales.

> Nosotros llevábamos-y la propaganda a Juanín [Juan Díaz Zapico] a la Cantera. Lle-
> vábalo el mi marido en una moto que tenía, iba hasta Santumiano, porque nosotros
> estábamos muy perseguíos. Llevaba a la mi fía atrás montá, y en Santumiano él quedaba
> y la mi fía iba a llevalo a la Cantera. […] Después ya llegó… ya teníamos otra máquina.
> Teníamos que buscar, que yo busqué una casa allí en Lada que era un comercio, era onde
> metíamos todo el papel pa después hacer les octavilles, pa tinta y todo lo teníamos en
> aquella casa. Yo de aquella casa… solamente lo sabía yo y el mi marido, y él. Teníamos
> que sacar aquellos materiales, pa llevalo después al equipo, a las mujeres que ya teníamos
> en cada puntu. Después ya trajimos otra máquina grande que era de corriente, que ahí
> estaba Julio Gallardo y la fía de Celestina [Nori] y la trajeron a mi casa. Yo tuve que salir
> al bar de Alegría a buscar la máquina esa. O sea, todo venía a parar a mi casa, a pesar de
> que estaba todo eso, pero claro, eran coses que, había mucho miedo y teníes que tener
> mucha conciencia pa tener todo eso… Y entonces yo esa máquina la tuve cuatro días en
> casa, menos mal, que a los cinco días vinieron a cacheame la casa. Mira qué suerte ¿eh? Ya

---

[128] Entrevista realizada a Anita Sirgo Suárez. AFOHSA, serie: Huelgas de 62.

se hubiera buscao otra casa en La Felguera. Y ya estuvo mucho tiempu, porque esa casa se-yos pagaba la renta a una familia que no estaben bien de dinero. Pero ahí solamente lo sabía quien llevaba y sacaba. No se sabía más del trabajo esi.

[…]

Entonces yo metía los paquetes pa la trastienda y en la trastienda era donde yo aprovechaba, cuando no había gente ni aquello, meteme en la trastienda a hacer los paquetes, tenía los paquetes preparaos y entonces ir sacándolos ya poco a poco. Teníamos les muyeres hasta con un carricoche de críu pequeñu, llevábalo debajo del críu pequeñu, la propaganda, Mundo Obrero y todo eso.[129]

La partida de Anita al exilio coincide con la fase final de la enfermedad de Tina, que pasa los meses que le restan de vida entre la cárcel y el lecho, ya en una fase terminal de la que será plenamente consciente. Por ese motivo tomará la determinación de firmar ante notario su voluntad de no ser visitada por ningún cura ni ser enterrada por el rito católico. De hecho, su entierro civil se transformará en un multitudinario acto de despedida cuya lectura política no escapa a nadie. Dan prueba de ello tanto la masiva concurrencia como los esfuerzos policiales por poner coto a aquel duelo colectivo, que incluyen desde arrancar esquelas hasta obstaculizar accesos. Para el órgano de su Partido, «hay muchas mujeres como ella en nuestra clase obrera, en esa misma Asturias. Pero Tina merece simbolizarlas».[130] La crónica de *Mundo Obrero* incluye una declaración institucional del Comité Ejecutivo con motivo de su muerte, una carta autógrafa de despedida de la propia Tina y un relato del funeral en términos emotivos:

La concurrencia fue algo grandioso; algo 'nunca visto' decían veteranos luchadores, viejos mineros. No es posible calcular el número de personas que formaban racimos humanos en las plazas de la barriada de La Juécara y de los apiñados en los dos kilómetros que separan la casa de Tina del cementerio, a pesar de la lluvia torrencial que caía en aquellos momentos.

Cuando el ataúd, sostenido por cuatro trabajadores, apareció en el portal, cubierto de flores rojas y una paloma de la paz en la parte superior la emoción era inenarrable. Miles de hombres y mujeres lloraban silenciosamente. No todos los que acudieron pudieron marchar por las calles engrosando la manifestación y tenían que limitarse a seguir con la vista el cortejo.

Otro dato muy expresivo de cómo Asturias ha rendido homenaje a Tina es el agotamiento de aquellos días de las flores en Sama de Langreo y en Mieres.[131]

En esa despedida faltaban, por encontrarse huidos, tanto su marido, Víctor Bayón, como su inseparable Anita. Entre quienes la habían cuidado en su ya avanzada

[129] Entrevista realizada a Anita Sirgo Suárez. AFOHSA, serie: Huelgas de 62.
[130] «Tina gravemente enferma», *Mundo Obrero*, n.º 18, primera quincena octubre 1965.
[131] «Impresionante manifestación de duelo del pueblo asturiano», *Mundo Obrero*, segunda quincena octubre 1965.

enfermedad se contaba, no obstante, Ana Suárez, la madre de Anita. Tal como ha escrito su viudo:

> Tina y Anita estuvieron juntas en el combate contra el Franquismo, juntas en las luchas de las grandes huelgas mineras en los años sesenta. Juntas aguantaron las torturas en los calabozos de la Policía: juntas en la cárcel, juntas fueron rapadas y vejadas, lo que motivó una de las primeras manifestaciones de protesta colectiva de numerosos intelectuales de España. Y, aunque la muerte se llevó a Tina, hoy siguen juntas en una placa de una calle de Gijón, como llamando a la esperanza de un mundo mejor.[132]

A su vez, Blanca y Anita coincidirán poco después en París. Para Blanca, la pérdida de su madre se suma al pase a la clandestinidad de su padre, alejado de Asturias durante largos años. Víctor Bayón se moverá en adelante bajo una identidad falsa como cuadro enviado para la reorganización del Partido en León y varias provincias más. En cuanto a su hija, acabará casándose en Francia en 1968 con otro militante comunista junto a quien regresa a España para emprender la reorganización del PCE en la provincia de Alicante, donde ambos son detenidos en 1974.[133]

---

[132] Víctor Manuel Bayón García: *Crónica de una lucha…*, p. 92.
[133] Gabriel Carrión: *Fichados. Los archivos secretos del franquismo*, Córdoba: Almuzara, 2020, pp. 207-208.

De exilios y encierros.
Volver por la familia, luchar por la democracia

We are women, we are strong,
We are fighting for our lives
Side by side with our men
Who work the nation's mines,
United by the struggle,
United by the past,
And it's - Here we go! Here we go!
For the women of the working class

Somos mujeres, somos fuertes
Luchamos por nuestras vidas
Codo a codo con nuestros hombres
Que trabajan en las minas de la nación
Unidas por la lucha
Unidas por el pasado
¡Allá vamos! ¡Allá vamos!
Por las mujeres de la clase obrera.[134]

Tiempo de exilio

A lo largo de toda su vida Anita vivió en El Campurru, la pequeña aldea donde nació, y en la barriada de San José, un grupo de 258 pisos a donde se trasladó pocos años después de casarse. Incluso la residencia en la que pasó sus dos últimos años estaba a pocos centenares de metros de su casa. De ese radio de escasos cuatro kilómetros insertos dentro del distrito langreano de Lada únicamente la sacarán los embates de la represión. Si en su infancia la guerra la había llevado hasta Cataluña y Francia, ahora el exilio la conduce a París. El entorno no puede resultar más extraño ni hostil. Anita no habla una sola palabra de francés. Más aún, no sabe leer. Y ha dejado atrás a su familia para verse perdida, con demasiado tiempo libre y muy escasa tarea para

---

[134] Mal Finch: *Women of the Working Class*. La canción se convirtió en himno de las Mujeres contra el Cierre de Pozos durante la huelga de los mineros británicos de 1984-85, de las que la autora formaba parte.

una persona tan activa, bajo una identidad falsa que agrega el riesgo de ser descubierta. Tendrá a su favor el arrope del Partido, que en ningún momento le faltará.
Recibe periódicas visitas de Horacio Fernández Inguanzo en sus intermitentes salidas a Francia, pero la actividad del *Paisano* está en el interior, donde es desde hace
años la persona más buscada en Asturias y una auténtica obsesión para la Policía.
La relación con Horacio es muy estrecha, puesto que la casa de Anita en Lada le ha
servido muchas veces como refugio en sus andanzas clandestinas. Contará también
con la solidaridad de otros camaradas, incluidos los comunistas franceses en cuyas
casas se aloja inicialmente.

> Les mis fíes mientras tantu estaban aquí [en Lada], con mi madre. Mi madre trabajaba.
> Y de aquella estaba Tina ya muy mala en la cama, entonces mi madre estaba cuidando a
> Tina en La Juécara y la mi fía mayor [Telvi] era la que llevaba la casa, la que estaba con
> el padre y llevaba la casa y hacía la comida y todo.[135]

Alfonso la visitará cada cierto tiempo. Pero la ausencia sigue siendo una losa
muy pesada. La soledad se alivia cuando Blanca Bayón, tras la muerte de su madre,
se va a vivir a París. Tina es, para entonces, una auténtica heroína en el universo
comunista y su muerte no ha hecho sino acrecentar su figura. A Blanca, llegada a
París, el PCF le proporcionará una vivienda que se irá convirtiendo en refugio de
acogida de asturianos. Anita se va a vivir con ella y posteriormente llegará Telvi, que
se queda medio año. Víctor Bayón está con ellas de modo intermitente, cuando su
actividad clandestina en el interior se lo permite. Y en algún momento irá a parar al
mismo piso parisino Juan Díaz Zapico *Juanín Pies Fríos* o *Juanín el de la Cantera*. Este
cambio representará un alivio considerable: «ahí ya con Blanqui ya se me hacía la
cosa mucho más fácil». Pero, tanto por razones económicas como laborales, Alfonso
no puede ir más que de forma espaciada y Sara, de corta edad todavía, permanece
en Lada con su abuela.

Con semejante concentración de comunistas, la vivienda de París acaba por ser
lugar de encuentro. Reciben visitas de Santiago Carrillo y de otros dirigentes y en
alguna ocasión se celebran reuniones. Telvi se recuerda a sí misma y a Blanca cocinando mientras tienen lugar esas reuniones. Su estancia en París le dará ocasión de
viajar también a Moscú, donde conoce a Dolores Ibárruri. Les dan a elegir entre un
campamento de la Juventud Comunista en las afueras de París y un viaje a la URSS
y ella no tiene duda. Elige Moscú, donde estará varias semanas al mismo tiempo
que sus padres visitan Praga.

En medio de las adversidades de la añoranza de su tierra, su lengua, su familia y
su vida entera, la estancia parisina le reportará a Anita un gran paso adelante: con 35
años aprenderá a leer y escribir de la mano de una camarada que dedica sus tardes
a enseñarla.

---

[135] Entrevista realizada a Anita Sirgo Suárez por la Fundación 1.º de Mayo.

> Lo poco que sé se lo debo al Partido, cuando estuve en París, la mujer de un camarada me enseñó hasta a poner el nombre. Nunca pude ir a la escuela. […] Aprendí allí, en París. Y entonces sabía mejor de lo que sé ahora, porque ahora tiémblame el pulsu y todo. Pero ahí aprendí por eso, por la mujer de un camarada dirigente y entonces yo iba todos los días a casa de ella y me aprendía a eso, que no sabía.[136]

De un modo muy diferente a como le sucedía viviendo en Asturias, el Partido sigue ocupando un lugar central en su vida y la militancia representa el hilo conductor. Puesto que no tiene trabajo en París, será la organización la que se encargue de buscarle techo y sustento. «En esos dos años no trabajé. Yo estaba a expensas ahí del Partido. [Dinero de casa] cómo me lo iben a mandar si no lo teníamos. Fue el Partido el que llevaba todo eso […] Estuve en tres cases de franceses, camaradas, pero franceses, del Partido». Tampoco las actividades militantes han cesado:

> Pues mira, yo llevaba una bolsa. Y era analfabeta, por eso te digo que parez que antes era más lista de lo que soy ahora. ¡Yo sin entender el habla y sin nada! Yo llevaba una bolsa con doble fondo y debajo'l fondo esi yo llevaba los materiales que me daben… notes, escritos… y entonces yo llevábalo ahí. Y yo llevaba nombre falsu. Y llevaba como si fuera un plano. Yo tenía que llegar a la estación. Y en aquella estación yo cogía un coche. Entonces con aquel plano yo tenía que ir a la casa que me mandaben ellos […] Yo llamábame María de aquélla, era el mi nombre. Pusiéronme María en el pasaporte. Entonces yo llegué con esi trabajo.[137]

Pero, al mismo tiempo, Anita llega al exilio rodeada de una doble aureola: la que proporciona la procedencia asturiana en un momento en que las luchas de los mineros se han convertido en referente obligado del antifranquismo a uno y otro lado de la frontera y la que se deriva de las torturas y el corte de pelo que ha sufrido y que han convertido su nombre y el de Tina en símbolos de la barbarie franquista. Al poco de llegar se verá interviniendo en el VII Congreso del PCE, ante el que da cuenta de la resistencia desplegada por las mujeres de la cuenca minera, asunto en el que está revestida de la máxima autoridad y que, junto a su habitual vehemencia y espontaneidad, la hará captar la atención de delegados y dirigentes. Su intervención merecerá un comentario jocoso del representante del Partido Comunista de Francia (PCF), el dirigente francés Jacques Duclos, quien bromea con Santiago Carrillo acerca de la viabilidad de la política de reconciliación nacional cuando la asturiana que acaba de intervenir no ha relatado sino represión y palos. Así lo refiere en sus memorias el abogado madrileño Manolo López, también delegado en el mismo Congreso, quien, con la habitual dificultad de los castellanoparlantes para captar la construcción de los plurales asturianos, recuerda:

---

[136] Entrevista realizada a Anita Sirgo Suárez por la Fundación 1.º de Mayo.
[137] Entrevista realizada a Anita Sirgo Suárez por la Fundación 1.º de Mayo.

[…] me impresionó mucho por su enorme simpatía la intervención de Anita Sirgo, una de las heroínas asturianas de las huelgas de la minería en 1962 y 1963. Hizo una descripción muy gráfica de los enfrentamientos en las manifestaciones con los guardias civiles y de los golpes que las mujeres les había dado con los 'tochus' que llevaban.[138]

La intervención de Anita ante el VII Congreso, celebrado en París en agosto de 1965 en el mayor secreto, dados los desastrosos precedentes de la infiltración sufrida en el anterior, dará voz a las luchas de las mujeres asturianas en el ciclo de huelgas mineras que, desde la primavera de 1962, han desafiado a la dictadura. Los otros dos delegados asturianos que intervienen se centran casi exclusivamente en la conflictividad obrera y el desarrollo de las comisiones. A Anita le corresponderá presentar la actividad de las mujeres, visibilizando la cara femenina habitualmente ignorada de las luchas obreras y cuestionando también su marginación en las estructuras organizativas de los comunistas. No es un papel menor en absoluto, especialmente visto desde la perspectiva actual. Aparte de ella, únicamente otras dos mujeres —ambas madrileñas— intervienen en el Congreso, si exceptuamos a Dolores Ibárruri, la mítica presidenta del Partido.

> Yo en esi congreso, fíjate, analfabetina del todo, novatina del todo, nunca hubiere salío de casa namás que aquí en la lucha… Voy en esi Congreso y tengo que subir allí a explicar a todos los congresistas lo de les huelgues. Entonces cuento-yos de cómo trabajábamos aquí les mujeres clandestines, la participación de les mujeres, lo que hicimos y todo.[139]

La intervención arranca con la descripción detallada de los piquetes de mujeres de mayo del 62 y pasa a enumerar luego las tareas que vienen descansando sobre ellas: comisiones para reclamar la libertad de los detenidos y para denunciar las torturas ante el obispo, el gobernador civil y los colegios de abogados y de médicos, reparto de dinero proveniente de la solidaridad para sostener las huelgas, acopio de comida y agitación previa a los conflictos, recogida de firmas reclamando el retorno de los deportados… Relata en detalle la manifestación que desembocó en el asalto a la comisaría de Mieres y la posterior de la Sindical de Sama, donde introduce una extensa mención a Tina y su hija Blanca. Y concluye apuntando nuevas reivindicaciones que podrían ser promovidas por las mujeres: contra la carestía de la vida y reclamando escuelas, guarderías y seguridad social. La intervención incluye una apelación al refuerzo de la integración de las mujeres en las estructuras del Partido:

> Aún hay desconfianza para encuadrarnos en una célula y asumir puestos responsables con igual derecho que los hombres. Y creo que nuestro valor podría ser positivo tanto en lo que se refiere a la organización de las mujeres como en la lucha para derrocar la odiada

---

[138] Manolo López: *Mañana a las once en la plaza de la Cebada*, Albacete: Bomarzo, 2009, p. 580.
[139] Entrevista realizada a Anita Sirgo por la Fundación 1.º de Mayo.

dictadura del general Franco […] Estoy segura que las mujeres pueden y deben jugar un gran papel en la lucha por la democracia en nuestro país.[140]

Con esta intervención Anita está expresando un malestar que ha ido calando entre las militantes comunistas y que marca la diferencia con la situación que imperaba a fines de la década anterior, cuando ni siquiera estaban formalmente integradas en la organización a pesar de su decisivo papel en la resistencia y la solidaridad. El colectivo se ha ampliado, su papel se ha reforzado y sus exigencias de reconocimiento también. Han estado en primera línea sosteniendo las grandes huelgas del trienio 1962-1964, tejiendo las redes de ayuda a despedidos, deportados y presos y a sus familias, soportando la represión y encabezando protestas como las de Mieres y Sama. Su relegamiento organizativo crea una disonancia entre la práctica militante y las estructuras de la que se van haciendo conscientes. Así lo recuerda Nori Marrón al rememorar las inquietudes de su madre y su tía y del colectivo que integraban.

Las torturas y cortes de pelo de 1963 han situado en primer plano a Tina y Anita, pero de algún modo su protagonismo engloba a todo un plantel de luchadoras que ya no se resignan a estar presentes únicamente a través de sus maridos y requieren voz propia. Romper las inercias del Partido no resulta fácil en absoluto, pero aun así la inclusión de Tina en el Comité Central y la de Anita en el VII Congreso vienen a mostrar la atención alcanzada por la lucha de las mujeres, que en el caso de Asturias permanece indisolublemente ligada al movimiento obrero, puesto que no existe organización juvenil ni universitaria y menos aun específicamente femenina. A este respecto, la realidad asturiana está considerablemente alejada de la madrileña, donde se está gestando por entonces el Movimiento Democrático de Mujeres (MDM), llamado a ser el cauce a través del cual las militantes comunistas canalizan tanto los repertorios de movilización considerados «femeninos» como la agenda reivindicativa que abocará a una parte de ellas al despertar de la conciencia feminista, por entonces todavía etiquetada como «burguesa». Los ecos de las huelgas mineras y de la presencia en ellas de mujeres, así como de la represión que sufren, han estado presentes, no obstante, en los primeros pasos de las reuniones que en la capital van dando lugar a un colectivo heterogéneo de mujeres en las que se aúna la lucha antifranquista con la necesidad de expresarse de forma autónoma y de cuyas inquietudes acabará naciendo el MDM.[141]

En un gesto que no deja de encerrar significado dentro de la muy jerárquica liturgia comunista, la intervención de Anita en el VII Congreso merece un inmediato comentario de Dolores Ibárruri, quien la identifica como «representante de las mujeres asturianas» —se sobreentiende, en un contexto congresual, que se refiere a las mujeres del Partido— antes de dedicar un saludo a Tina y a su hija, en las que se condensa la solidaridad con la lucha de las mujeres asturianas. La referencia a «las mujeres asturianas» adquiere un significado similar al de los «heroicos mineros astu-

[140] AHPCE, Actas del VII Congreso del PCE, p. 315.
[141] Francisco Arriero Ranz: «El Movimiento Democrático de Mujeres: del antifranquismo a la movilización vecinal y feminista», *Historia, Trabajo y Sociedad*, n.º 2, 2011, p. 36.

rianos», una expresión hecha —en esos años— en el imaginario del antifranquismo en general y entre la militancia comunista en particular. El episodio de las torturas ha resultado decisivo a tal efecto, al situar en ineludible primer plano a dos mujeres.

Respecto al VII Congreso, el testimonio de Anita ofrece una información que no hemos podido contrastar. Según su recuerdo, «allí nombráronme del Comité Central. En esi Congreso nombrome la Asamblea del Comité Central. A Tina y a mí». En principio, parecería un dato fácilmente comprobable y una afirmación en sí misma creíble, dado el carácter concreto del asunto y la poca importancia que ella le otorga, mencionándolo de pasada y carente del menor énfasis o vestigio de vanidad. Pero no hemos encontrado constancia escrita de ello ni en archivos ni en bibliografía relativa al PCE. Sí consta la inclusión de Constantina Pérez en el CC, hasta el punto de aparecer consignada en las páginas de *Mundo Obrero*, lo que resulta fácilmente entendible en el contexto de su muerte y el tributo que se le rinde. Como resultaría lógico que no se hiciera en aquel momento alusión a Anita, que podía pagar por tal condición de dirigente con años de cárcel. En todo caso, su pertenencia o no alteraría muy poco su desempeño efectivo de la militancia. No aparece en su testimonio mención a haber participado nunca en una reunión del CC, sino que más bien lo menciona como un reconocimiento honorífico sin más consecuencia práctica. Y en ningún momento ella se ve a sí misma como parte de la dirección del Partido ni deja de hablar como la entregada militante de base que siempre fue.

El siguiente foro donde Anita trasladará sus experiencias de lucha tiene lugar en Berlín, donde interviene en una conferencia de mujeres y permanece en la escuela de formación del Partido. Con la habitual inconcreción de su memoria cuando se trata de identificar estructuras organizativas e institucionales o de fijar cronológicamente los recuerdos, su relato retiene lo esencial: el motivo de su intervención, la formación recibida y el carácter clandestino que, también allí, tiene su presencia en la República Democrática de Alemania (RDA).

> Lleváronme pa Berlín, a la Escuela que había del Partido, una Escuela que había del Partido, de información [con toda probabilidad, de formación]. Claro, yo lo que aprendía, aprendíalo de oído, porque claro, como no sabías… Y entonces, de la que íbamos pa la Escuela, prepararon les mujeres de Berlín, les camaradas, una asamblea. Bueno, una reunión grande de mujeres soles, pa que contaras la historia de lo que pasaba aquí en España. Eren mujeres españoles. Y entonces ahí estuve en la Escuela […] Les clases dábanosles uno de la Unión Soviética, que no sé cómo se llamaba pero era uno que estuvo en la Unión Soviética, español, de los repatriados, que era un dirigente, pero no me acuerdo del nombre.
>
> No podíes salir de allí, porque nosotros estábamos en un sitiu que era donde daban les vacaciones, era un sitiu grande, pa cuando esteben de vacaciones. Y entonces se conoce que eran camaradas que llevaban aquello o qué sé yo, que estábamos allí como clandestinos. Y de allí no salíamos, pero allí había de todo, pa jugar, había ping-pong, había baloncesto… Yo sé que era muy grande, un colegio muy grande […] Allí todo lo hacíamos […] Allí estuvimos me parez que fueron tres meses.[142]

---

[142] Entrevista realizada a Anita Sirgo por la Fundación 1.º de Mayo.

Si la estancia en Berlín tiene tintes de clandestinidad, dada la necesidad de ocultar la presencia de militantes españoles, la vida en París tampoco se desenvuelve en condiciones de plena libertad. A la situación de ilegal con documentación falsa se añade el desconocimiento del idioma y las dificultades para desenvolverse en un terreno extraño. Sobre esto, la inactividad, para la que no está en absoluto preparada, y la ausencia de la familia añaden motivos de frustración. Sentirse presa es la metáfora que brota de su testimonio y que la lleva a elegir una prisión real, con sus muros físicos y un plazo determinable de condena, antes que el exilio:

> Vivía en París, en casa de camaradas franceses. Y yo estaba allí como si estuviera presa. No entendía el habla, no entendía ná. Después era cuando estaba Blanquita también, la hija de Tina, que ella ya tenía allí una casa y entonces ya fui a vivir con ellos y ahí ye cuando yo iba a la Escuela a aprovechar el tiempo, que me mandaban a casa de una camarada que era la que me daba clases. Y a los dos años, yo en vista de que estaba ya desesperada, porque el mi hombre estaba aquí, mi madre trabajando, yo tenía a les hijes pequeñes y yo estaba... pues claro, el mi hombre iba... nada, qué iba, pues dos veces al añu o así.
>
> Allí me quedé dos años. Dos años. No pude y eso fue porque yo ya, ya dije que no, que yo ya no aguantaba más ¿eh? Porque yo estaba presa, yo allí estaba presa, yo andaba entre gente francesa. No entendía una 'pa', todos marchaben a trabajar y yo no podía salir. Y yo estaba desesperá. Uno, por eso. Otro, desesperá que yo dejaba a mi familia acá y yo estaba, pues desesperá. Tonces en una de eses fue cuando yo ya dije, hablé con el Partido y yo dije que el Paisano, que era Horacio, mismamente, que con el que más [confianza] tenía yo era con él, y entonces yo expliqué-y, yo expuse-y aquello. Dije yo:
>
> —Mira, bajo mi responsabilidad, yo quiero ime, yo marcho pa España. Bajo mi responsabilidad. Yo me quiero ir, yo, ... Yo sé que si voy a la cárcel, voy a ir. Si voy un añu, un añu, sé que el tiempu me está corriendo, pero aquí no me corre.[143]

De la cárcel a la catedral

El retorno del exilio tiene un destino claro: la prisión. En su ausencia, Anita ha sido juzgada en rebeldía y tiene pendiente el cumplimiento de la condena. Es diciembre de 1966, hace un año y ocho meses y medio desde que se ausentara de Lada para cruzar la frontera hasta su vuelta. Apenas un fugaz paso por casa para abrazar a la familia y hacerse un petate y sus pasos se encaminan a presentarse ante las autoridades, acompañada de abogado: el antiguo integrante del Comité Provincial y preso político José Ramón Herrero Merediz, quien desde su salida de prisión lleva la práctica totalidad de los casos de militantes comunistas en Asturias. A su vez, desde las ondas de *La Pirenaica* se denunciará su detención y encarcelamiento, alentando a iniciar una campaña por su libertad.

[143] Entrevista realizada a Anita Sirgo por la Fundación 1.º de Mayo.

Cuando vine de allí fui a presentame por lo militar, porque yo estaba en el Boletín [en busca y captura] por lo Militar, cuando vine de París que fue cuando yo dije que bajo mi responsabilidad que venía. Entonces cuando fui con Merediz otro día por la mañana, que ya nada más marchar yo vinieron a buscarme aquí [el sargento] Pérez… que se enteraron y vinieron y yo ya estaba en Oviedo, ya estaba yo en lo Militar. Porque el primer día que vine, Merediz llevome al Colegio de Abogados, y al día siguiente fue cuando ya fuimos por la mañana temprano al Gobierno Militar y yo de ahí ya sabía que iba a quedar presa. Yo ya llevaba mis zapatilles y mi ropa, porque yo ya sabía que iba de frente pa la cárcel. Y entonces fui por lo Militar y era cuando estaba esti… ¿qué era, comandante o capitán?, Cocina o algo de esto, que era un poquitín… no era de los malos[144] […] Y fíjate yo si estaba inocente, yo no sé yo, porque a lo mejor si lo pienses no la haces, ¿eh? Porque cuando me presento allí, yo traía una insignia piquiñina de cinco estrelles con Lenin y llevábala en la chaqueta. Coño, pa ir ahí tenía que la haber quitao, pero ye que no me acordé de haber quitado aquella cosa, porque oye, solamente por eso de aquella podían haberte metido qué sé yo. Y estaben mirando pa la mi solapa, pero no lo sabía hasta que salí. Entonces de allí, lleváronme pa la cárcel. Allí fue cuando me cayeron tres meses por rebelión. Y después 100.000 pesetes de multa, que 100.000 pesetes de multa en aquellos tiempos, imagínate quién los tenía. Entonces yo, como no los quise pagar, eché otru mes más, en vez de tres fueron cuatro meses.[145]

En realidad, Anita entra en prisión el 13 de diciembre, remitida por el Juzgado Militar Eventual de Oviedo, pero saldrá bajo régimen de prisión atenuada una semana más tarde, el 19 de diciembre de 1966. Es dos meses más tarde cuando será puesta a disposición del Tribunal de Orden Público, ingresando de nuevo en prisión el día 15 de febrero de 1967 y permaneciendo encarcelada hasta el 14 de junio, cuatro meses justos. En su memoria, ambos períodos se funden en uno, el de su encarcelamiento al regreso del exilio, y el TOP —un tribunal especial, pero civil a fin de cuentas— queda eclipsado por la jurisdicción militar que también la encausa, en una aberrante práctica jurídica que pone a mujeres que han protagonizado una protesta ante tribunales militares. La certificación de sus períodos de prisión, obtenida a petición de la interesada en 1999, no deja de añadir confusión a este recuerdo que no era —como todos los relacionados con fechas y cronologías en el caso de Anita— especialmente preciso: omite varias estancias en prisión de las que tenemos constancia documental y realiza un cómputo total de sus condenas ciertamente peculiar: tres meses y cincuenta días. Por alguna razón desconocida, ese tiempo no suma en el certificado cuatro meses y veinte días y tampoco se corresponde con los períodos de prisión que, aunque de forma incompleta, constan en el documento.

---

[144] El comandante Eduardo Cocina, adscrito al Servicio de Información Militar, mantuvo contactos con varios dirigentes comunistas, en ocasiones incluso en las dependencias del Gobierno Militar de Oviedo. El propio Horacio Fernández Inguanzo, así como Gerardo Iglesias y José Ramón Herrero Merediz se relacionaron con él.
[145] Entrevista realizada a Anita Sirgo por la Fundación 1.º de Mayo.

Más sorprendente aún, el cálculo del tiempo total que ha permanecido encarcelada resulta ser bastante preciso, a pesar de que la información contenida en el documento sea incompleta y no cuadre con lo que se certifica. Nuestra reconstrucción, a partir de ese certificado de 1999 y de otros documentos que obran en su expediente en el AGA y en el AHA, sería la siguiente:

— 7 al 18 de septiembre de 1963: prisión por orden gubernativa, tras haber permanecido una semana en los calabozos de la calle Dorado de Sama y haber sido torturada y rapada.
— 13 al 19 de diciembre de 1966: prisión por orden del Juzgado Militar, pasando luego a prisión atenuada.
— 15 de febrero a 14 de junio de 1967: prisión por condena del TOP.
— 29 de abril a 2 de mayo de 1969: prisión por orden gubernativa, sin cargos.

La última de estas estancias forma parte de las prácticas habituales de la dictadura: las detenciones preventivas, con o sin ingreso en prisión, de sospechosos o personas con antecedentes sin que medie motivo concreto ni hechos en que apoyarse. Se trata de un modo de desactivar posibles muestras de resistencia o acciones de protesta, como sucede año tras año en vísperas del 1.º de Mayo, que da lugar a numerosas detenciones que quedan sin efecto una vez pasada la fecha. El testimonio de Anita refiere haber sido objeto de varias de estas, aunque tan sólo una parece haber dado lugar a su traslado a Oviedo para ingresar en la cárcel. El resto presumiblemente hayan transcurrido en calabozos de Sama o La Felguera.

La sentencia del TOP la condenaba a tres meses de arresto mayor y 10.000 pesetas de multa —no 100.000 como ella recordaba, pero igualmente una cantidad exorbitante para cualquier familia trabajadora de la época— por un delito de desórdenes públicos.[146] Esta será la pena a cumplir en Oviedo. La cárcel no era un lugar extraño para Anita. La había frecuentado primero como mujer de preso en visitas a Alfonso y después como reclusa tras las torturas de 1963. La de 1967 será la estancia más larga que conozca y tiene, sin embargo, tintes de alivio en la medida que la condena no es muy elevada y su cumplimiento es el camino hacia la recuperación de su familia y su vida anterior. Ha regresado con esa idea clara y así lo vive, convertida en una rara avis al ser la única presa política dentro de aquellos muros.

De la cárcel de Oviedo, recuerdos tengo muchos, porque, mira, porque primero mi marido, después yo y eso ¿no? Pero solamente estaba yo, de cuando eso de mayo, solamente estaba yo. Las demás eran todas comunes, pero por política estaba yo. Y entonces me querían mucho. Acuérdome que fue un mes de mayo, acuérdome que era el mes de mayo porque es cuando celebran aquello de las flores o no sé qué en la iglesia. Por eso me acuerdo, que si no, a lo mejor ni me acordaba. Entonces ye cuando, claro, tienes que ir allí a la capilla. Y yo me negué, yo dije que yo que era atea y que no, que no iba. Entonces no,

---

[146] TOP, Sumario 65/1965, Sentencia 27/66. Reproducida en Juan José del Águila: TOPDAT...

no te obligaben. En vez de ir, a mí me encerraben en la celda hasta que salieran y estaba allí. Y yo a mi manera lo celebraba. Yo era rebelde de aquella, yo andaba con mi pañuelu roju el Primero de Mayo allí en la cárcel, yo celebrábalo allí. Entonces, claro, allí te llevaben los paquetes y a mí pues me llevaben mucho porque yo, está mal decilo, pero yo tenía muy buenos quereres, muy buenos vecinos. Entonces yo repartíalo con todos elles. Eren comunes, pero en el patio estábamos todos juntos. Entonces yo, tola comida que me llevaben yo no comía nada, yo cogíalo y daba-yos ¿no? Yo lo que me traíen repartíalo con elles. Entonces yo estaba sola en una celda y elles estaben arriba y pa haceme compañía elles cantaben, daben golpes allí, pa que viera así ruidu ¿no?[147]

Además de con estas muestras de apoyo mutuo, su convivencia con las presas comunes, de las que permanece separada en una celda en una planta diferente, se construye también en torno al trabajo que realizan y que les permite obtener algún ingreso:

> Despeés ya ye cuando hicimos un trabajo pa una fábrica que era coser a la máquina. Entonces yo también estuve, participé también en eso, cosiendo en la máquina ahí… Poníen a les comunes y yo participaba también. Pero a mí queríenme… claro, queríenme porque participaba con elles en todo.[148]

La descripción de las condiciones de la cárcel de Oviedo incluye un episodio de intento de cazar un ratón en un duelo que acabó saldándose con tablas, puesto que no fue capaz de matarlo, pero sí de localizar la entrada y sellarla. También un recuerdo de humedad y frío, a pesar de ser ya primavera.

> Sí teníamos agua caliente. Les condiciones pésimes, pero agua caliente teníamoslo. Higiene poca, porque ya te digo, cuando anden los ratones por ahí… los colchones amontonaos… No ye como ahora, ahora parezme que tienen hasta televisión… tienen de todo, nosotros no teníamos nada. A mí llevábenme los bombones, caja de bombones y hasta los bombones me partíen a la mitad […] mirábente todo, todo, todo lo que te metíen adentro.[149]

No mantiene conflictos con los funcionarios de prisiones. Como en muchos testimonios de represión, la cárcel resulta soportable. Se trata de un lugar con rutinas, con reglas comprensibles y donde no se sufren torturas ni malos tratos, lo cual representa un alivio si se compara con las comisarías y los interrogatorios policiales. «Yo, dentro de la cárcel no tuve problemas. Allí no te pegaben… en el momento en que te metieras allí, no te… donde tienes miedo ye en la comisaría. Después de estar en la cárcel, no, eso no».[150]

---

[147] Entrevista realizada a Anita Sirgo por la Fundación 1.º de Mayo.
[148] Entrevista realizada a Anita Sirgo por la Fundación 1.º de Mayo.
[149] Entrevista realizada a Anita Sirgo por la Fundación 1.º de Mayo.
[150] Entrevista realizada a Anita Sirgo por la Fundación 1.º de Mayo.

El regreso de Anita de Francia coincide con una nueva detención de Alfonso y su estancia en la cárcel de Oviedo con la segunda condena de su marido, quedando una vez más sus hijas a cargo de la abuela Ana, si bien Telvi es ya una joven de 17 años que, a su vez, está también involucrada en la militancia. Alfonso ha sido detenido en compañía de otro camarada —José Antonio Campa, minero y vecino de Lada— el 6 de diciembre de 1966 mientras realizaban propaganda por la abstención en el Referéndum sobre la Ley Orgánica del Estado y reclamando «Amnistía total y verdadera». Tal como reza la nota informativa de la Guardia Civil,

> Alfonso Braña Castaño es elemento clasificado como peligroso político, comunista de acción, por lo que ya fue detenido el 16 de enero de 1960 y condenado en consejo de guerra a la pena de 2 años y se ha venido destacando en promover conflictos e instigar a la huelga, por lo que permaneció detenido.[151]

Tras pasar tres días en el depósito de Pola de Laviana y cuatro en la cárcel de Oviedo ambos son puestos en libertad a la espera de juicio y finalmente condenados en abril de 1967. Los procesos plebiscitarios de la dictadura conducían a la cárcel a cualquiera que osara propugnar otra cosa que el voto afirmativo, de modo que las octavillas que les fueron incautadas se convirtieron en prueba de cargo de un delito de propaganda ilegal. El crimen consistía en haber fijado en seis postes eléctricos entre Sama y La Felguera a lo largo de la vía del ferrocarril y de un paso a nivel por donde transitaban numerosos trabajadores hojas impresas llamando a la abstención en el Referéndum y un ejemplar de *Mundo Obrero*. Sobre la base de estos hechos probados, serán condenados a seis meses y un día de prisión menor y una multa de 10.000 pesetas con accesoria de pago de costas.[152]

Los encontronazos de la familia Braña Sirgo con la represión no se agotan en Alfonso y Anita sino que se hacen extensivos a su hija mayor. En el tiempo que ella permanece encarcelada, Telvi toma parte en un intento de manifestación en Langreo con motivo del 1.º de Mayo de 1967 que la acabará llevando ante el Tribunal de Orden Público. Se ven encausadas dos mujeres —Celestina Baragaño, de 36 años, y Eufrasia Albes, de 30— y tres jóvenes —Juan Ignacio Baragaño, de 16 años; José Manuel Bonilla, de 17, y Etelvina Braña, de 17—. Según el recuerdo de Telvi, Bonilla trató de desplegar una pancarta, momento en el cual el jefe de policía, al que conocen como Joselón, arremete contra él y Telvi se interpone para evitar la descarga de golpes. Llegado el juicio, al año siguiente, Telvi contará con Antonio Rato como abogado defensor y los cinco acusados serán absueltos porque, según establece la sentencia, la eficacia policial había logrado impedir la manifestación y, por tanto, la comisión del delito, puesto que en ningún momento había habido más de cinco personas concentradas. No habiendo manifestación no había tampoco delito

---

[151] Dirección General de la Guardia Civil, Nota informativa, 17/12/1966, Destino: Excelentísimo señor ministro de Información y Turismo, AGA, Gabinete de Enlace, exp. 6. Anita Sirgo, Signatura 42,08846.

[152] TOP, Sumario 401/1966, Sentencia 40/67. Reproducida en Juan José del Águila: *TOPDAT...*

que juzgar. Por una vez, la pericia policial impidiendo el ejercicio de libertades fundamentales se volvía a favor de los detenidos propiciando su absolución.[153] Incluso en estos conatos frustrados de protesta, de exigua concurrencia y nulos resultados, como lo es el 1.º de Mayo del 67 en Langreo, cabe resaltar el arrojo, la determinación y la dignidad que desprende el empeño de un puñado de personas por desafiar a la dictadura y enfrentarse a la represión sin más armas que sus propios cuerpos, cuya integridad y libertad arriesgan tanto más cuanto más solos se encuentran.

El año 1967 está resultando especialmente agitado para la familia. Cuando Anita recupera la libertad, el 14 de junio, Alfonso acaba de ser condenado y Telvi está encausada tras haber sido detenida. Nada de eso los va a arredrar. La reincorporación a la lucha será inmediata. En las cuencas, una de las reivindicaciones que vienen alimentando la conflictividad gira en torno a los despedidos de la huelga de 1964 que, tras ser incluidos en una lista negra, permanecen sin trabajo. Su readmisión ha estado en el origen de la gran manifestación que dio origen al asalto a la comisaría de Mieres en marzo de 1965 y nuevamente del encierro protagonizado en febrero de 1967 por once de los mineros despedidos en el interior de Mina Llamas, sita en Ablaña (Mieres). Por su naturaleza, esta demanda involucra tanto al colectivo de trabajadores despedidos, que se han dotado de una comisión específica, como a los que están en activo, agregando un motivo más de conflicto en las minas, y a las mujeres, que ya habían sido muy activas en el pasado y se mantienen en primera línea. Las acciones en pro de los despedidos incluyen tanto protestas como gestiones ante las autoridades y cualquier medio de difusión del problema. Sus movimientos están bajo permanente vigilancia, como muestra el seguimiento que realiza la Guardia Civil de la concentración de mujeres acaecida ante el Ayuntamiento de Langreo el 6 de marzo de 1968. Una semana antes ya ha sido detectado que un grupo de mujeres de despedidos se propone concentrarse coincidiendo con un pleno municipal e interrumpirlo «para exponer la situación en que se encontraban sus maridos, que no les dan trabajo y les impiden pedir a los trabajadores en las explotaciones mineras el día de abono de salarios».[154] En efecto, llegado el día un total de veinticuatro mujeres intentaron acceder al alcalde, quien se negó a recibirlas siguiendo órdenes del Gobernador Civil. Al frente del grupo e identificadas como cabecillas del mismo son señaladas Anita Sirgo y Eufrasia Albes.[155]

A lo largo de ese mismo año 1968, Telvi tendrá dos encontronazos con la represión. A fines de abril, una concentración en el Mayáu Solís —un monte en San Martín del Rey Aurelio no muy distante de El Entrego y de Sama— en la que se

[153] TOP, Sumario 241/1967, Sentencia 33/68. Reproducida en Juan José del Águila: *TOPDAT...*
[154] Dirección General de la Guardia Civil, Nota informativa 7/3/1968, Proyecto de manifestación de esposas de mineros despedidos ante el Ayuntamiento de Sama (Asturias), Destino: Excelentísimo señor ministro de Información y Turismo, AGA, Gabinete de Enlace, exp. 6. Anita Sirgo, Signatura 42,08846.
[155] Dirección General de la Guardia Civil, Nota informativa 11/3/1968, Presentación en el Ayuntamiento de Sama de 24 mujeres esposas de mineros despedidos, Destino: Excelentísimo señor ministro de Información y Turismo, AGA, Gabinete de Enlace, exp. 6. Anita Sirgo, Signatura 42,08846.

pretende preparar la movilización del 1.º de Mayo se salda con medio centenar de detenciones a manos de la Guardia Civil, que se despliega fuertemente armada y copa a los reunidos. El incidente le costará varios días de reclusión en Oviedo y una multa de 5.000 pesetas. En noviembre será nuevamente detenida tras irrumpir la policía en casa de Celestina Marrón, abortando una reunión de jóvenes en la que estaba presente también un cuadro clandestino del Partido: Julio Gallardo. La tenaz resistencia de Celestina a franquear la entrada a los policías que llegaban con una orden de registro, forzándolos a buscar testigos, permitió ganar tiempo y que la mayoría saltaran por una ventana trasera y huyeran, no sin percances porque hubo quien se rompió una pierna en la caída. El revuelo que logra armar causará, además, nerviosismo a los policías y quizá hace fracasar el registro domiciliario, pese a haber en la casa materiales comprometedores. Al día siguiente tanto Telvi como Nori Marrón son detenidas, pasando varios días en la cárcel de Laviana.[156]

El año siguiente comenzará con un salto cualitativo en el repertorio de las resistencias de mujeres de clase obrera en Asturias. El 8 de enero de 1969, un grupo de catorce mujeres se encierra en la catedral de Oviedo, en tanto que otras ocho son detenidas cuando trataban de hacer entrega de un escrito. Tras permanecer tan solo 24 horas, nuevamente el lunes 13 un grupo más numeroso que finalmente queda en una veintena vuelve a encerrarse en el mismo recinto y allí permanece hasta la madrugada del sábado 18. El contexto general es descrito sumariamente por el entonces arzobispo, rememorando uno de sus últimos avatares en Asturias, pues estaba a punto de ser nombrado para ocupar la diócesis de Toledo. Monseñor Vicente Enrique y Tarancón sitúa este episodio entre los que dan inicio a «la utilización de templos para asambleas obreras que no podían reunirse en ninguna otra parte y la postura general del episcopado de no acudir a la fuerza pública para desalojarlos, antes al contrario, facilitando incluso esas reuniones». En este marco, «En 1968, estando yo todavía en Oviedo, ya ocuparon la catedral y algún otro templo parroquial».[157]

La acción emprendida por las mujeres al encerrarse en la catedral cuenta con un precedente inmediato que Tarancón no menciona. En realidad, minimiza al extremo la relevancia de esta incidencia, que no desvía su atención del inminente ascenso que supondrá su elevación a la categoría de primado de España, dejando definitivamente atrás Asturias, una diócesis que él califica de *compleja y difícil* y que le está generando tensiones de las que logra desembarazarse justo en ese momento. En septiembre del año anterior, a raíz de una caída que arrastra a la cúpula del PCE y las Comisiones Obreras canarias, un grupo de mujeres comunistas se habían encerrado durante tres días en la catedral de Las Palmas, encontrando acogida por parte del obispo Infantes Florido.[158] La de Oviedo será la segunda catedral donde sea

---

[156] Informaciones proporcionadas por Telvi Braña y Nori Marrón.

[157] Vicente Enrique y Tarancón: *Confesiones*, Madrid: PPC, 1996, p. 279. La atención prestada al encierro es mínima y, además, confunde la fecha, algo comprensible porque Tarancón apenas permanece en Oviedo unas pocas semanas del año 1969.

[158] Irene Abad Buil: «El encierro de las mujeres de preso en la catedral de las Palmas de Gran Canaria.

ensayada esta nueva modalidad que está tomando carta de naturaleza: en torno a las mismas fechas habrá un encierro en una iglesia valenciana, en dos vascas y en varias madrileñas, antes de que se produzca en la capital el mismo intento en la catedral de San Isidro. Se trata de una táctica promovida por el Movimiento Democrático de Mujeres, impulsado por el PCE, y cuyo objetivo primordial es dar altavoz a la reivindicación de la amnistía para los presos políticos.[159]

El contexto en que se producen estos hechos es el de la huelga de hambre iniciada en diciembre del año anterior por reclusos de la cárcel de Soria en demanda del estatuto de preso político, el fin de los tribunales de excepción y la amnistía. Y al hilo de esto, la denuncia de la práctica habitual de la tortura por parte de un millar y medio de firmantes del ámbito intelectual y profesional y la petición del Colegio de Abogados de Madrid, aprobada por amplia mayoría, de supresión de los tribunales especiales, derogación del decreto sobre bandidaje y terrorismo y reconocimiento de derechos a los presos políticos.[160] A esta campaña se suman las mujeres que ocupan los templos tratando de involucrar con sus acciones a la Iglesia. La inspiración comunista es clara y las organizadoras no pueden dejar de tener presente el encierro de Las Palmas, por más que la decisión sea tomada en una reunión de militantes asturianas y Anita no tuviera conciencia del precedente canario. Su relato parte de la decisión colectiva de encerrarse y cómo sortean los obstáculos para llevarla a cabo primero y para sostenerla después:

> Entonces de ahí salió, de… un encierro en la catedral. Salió entonces. Se barajó las mujeres que no tenían muchos hijos, o sea las mujeres que podían buenamente entrar en la catedral porque no tenían hijos. Yo, por ejemplo, teníalos, pero teníalos en casa con mi madre, y tenía con quién los dejar, y otros pues… Entonces decidimos encerranos en la catedral.
>
> De ahí decidimos de ir, seríamos unes treinta, porque no necesitábamos más, con unes treinta, les que mejor pudieran estar allí, porque no sabíes los días que ibes a estar y entonces decidimos de ir, señalamos el día y decidimos entrar de dos en dos, no ir todes [juntes]… y después de estar adentro fue cuando vien el conserje. Nosotres entramos, nos sentamos en los bancos y vien el conserje a la hora de cerrar pa que salgamos. Entonces nosotres explicamos lo que había y él dijo que, claro, que tenía que consultalo. Entonces él fue a hablar con Tarancón… ¡No!, Tarancón ye el obispo de Toledo, que también fui a hablar con él… no, cómo se llama esti, Merchán.[161] Esi fue. Entonces ye cuando él vien y explicamos-y. Y él claro… pues tratan de decítelo, pero sin apurate ¿no?, que no era el sitio adecuado pa que nosotres estuviéramos allí. Y nosotres dijimos que sí, que era el sitiu

---

Pionera de un nuevo mecanismo de oposición al franquismo», en Francisco Morales Padrón (ed.): *XVIII Coloquio de Historia Canario-americana*, Las Palmas: Casa de Colón, 2008, pp. 1468-1478.

[159] Francisco Arriero Ranz: *El Movimiento Democrático de Mujeres, del antifranquismo a la movilización vecinal y feminista. Ideología, identidad y conflictos de género*, Tesis doctoral, Madrid: Universidad Autónoma, 2015, pp. 218-220.

[160] *Mundo Obrero*, 7 y 24/1/1969.

[161] Claramente es un error. Anita sitúa a Tarancón en Toledo porque es el lugar donde fue recibida por él en una ocasión posterior. En ningún caso puede haber estado presente Gabino Díaz Merchán, que en enero de 1969 es todavía obispo de Guadix-Baza y no llegará a Oviedo hasta septiembre de ese año.

adecuáu y entonces mandó-y al conserje que cerrara la puerta. Y entonces nosotres allí teníamos, donde ye la calefacción, en una cuartín que hay, pues teníen la caldera y una pila de coque. Y allí era donde dormíamos, en aquella pila de coque en aquel cuartucu y pola mañana pues salíamos al bancu. Cuando ya abríen les puertes pa que entrara la gente, pues ya salíamos al bancu a sentanos. Estábamos to'l tiempu, pero siempre hablábamos que pacíficamente... y si iba alguien a provocanos, que nosotres no diéramos contestación, porque sabíamos que iba a haber provocaciones... Entonces, pues estábamos sentades y estábamos todo el día así... andábamos a relevos pa comer un bocadillo, metíaste allí, otres quedaben allá y así estábamos y allí decidíes lo que ibes a hacer al otru día. Entonces ya allí decidimos también de poner unos carteles, que eren de cartón, grandes, metidos por la cabeza atrás y adelante y poníamos 'libertad para todos los presos políticos y deportados'. Eso es lo que teníamos, un letreru delante y otru atrás. Y estábamos to'l día sentaes en aquel bancu con esi letreru.[162]

Los encierros sucesivos de enero de 1969 en la catedral no parecen haber dejado ningún rastro escrito en los archivos de la diócesis. Aun cuando las mujeres eran portadoras de un escrito con sus demandas para entregar al arzobispo y su presencia dio lugar a contactos entre la jerarquía religiosa y las autoridades, no nos consta la existencia de documentación al respecto.[163] El asunto sí encuentra reflejo en la prensa asturiana, generalmente a través de escuetas notas de muy corta extensión excepto en el caso del diario *La Voz de Asturias*, que se extiende en mayor medida y le dedica, además, dos comentarios editoriales. De esta fuente es posible extraer no solo una cronología precisa y una cuantificación del número de encerradas sino también el motivo que las mueve y algunas pinceladas que en lo sustancial vienen a corroborar el relato que Anita repetiría en multitud de ocasiones. En concreto, su recuerdo de una primera conversación con el arzobispo -aun cuando confunda a la persona, identifica acertadamente el cargo- se vería confirmado por la referencia a que el primer día Tarancón se acercó en persona para dirigirles «una paternal exhortación para que depusiesen su actitud y buscasen otro medio de realizar las reclamaciones».[164] También el incidente en que son provocadas y la forma en que evitan caer en la provocación concuerda en el relato de Anita con la crónica periodística, que refiere

[...] un pequeño incidente en el interior de la iglesia que no adquirió más graves consecuencias debido a que las recluidas no han respondido a las molestias. Hay que decir también que su comportamiento es correcto y respetuoso manteniéndose firmes en cuanto a no responder a las provocaciones.[165]

---

[162] Entrevista realizada a Anita Sirgo por la Fundación 1.º de Mayo.

[163] Agradecemos particularmente a Juan José Tuñón, director del Archivo Diocesano, sus pesquisas en pos de cualquier documento que hubiera podido hacer referencia al encierro de mujeres y cuyo resultado infructuoso nos lleva a suponer que quizá todo se sustanció en su momento de forma verbal, ya se trate de las gestiones realizadas por el arzobispo o por el vicario.

[164] «14 mujeres se encerraron ayer en la catedral», *La Voz de Asturias*, 9/1/1969.

[165] «Persisten en su actitud las mujeres recluidas en la catedral», *La Voz de Asturias*, 16/1/1969.

En palabras de Anita:

> Llegó una provocadora, una paisana, coincidió que se sentó detrás de mí y con el para-gües estaba pinchándome por atrás. Claro, al ver los letreros y eso, me estaba pinchando por detrás. Entonces yo miré, hice así... miré y con la mirada que-y eché ya supo lo que-y estaba diciendo. Levanteme y fui a sentame a otru lao sin decir ni media palabra.[166]

Aun cuando las mujeres presentaran sus reivindicaciones por escrito y a la redac-ción de los periódicos llegaran copias de documentos referidos a presos y despedidos y a pesar de que durante los días que permanecieron encerradas eran fácilmente contactables puesto que cada mañana permanecían en lugar visible en los bancos de la catedral durante las horas que permanecía abierta al culto y las visitas, no hay reflejo alguno de la voz de las encerradas. Ni los escritos son reproducidos o extrac-tados, ni se consigna diálogo alguno con ellas por parte de periodistas. Son, por el contrario, silenciadas o censuradas, como muestran los dos editoriales de *La Voz de Asturias*: el primero sentencia que «Ni la fuerza ni el espectáculo de más o menos resistencia pueden proporcionar una fórmula positiva» y sugiere que sería deseable «que se utilizasen las vías que seguramente existen», en tanto que el segundo eng-loba el comentario bajo el epígrafe de «Gesto poco recomendable».[167]

En un afán de rendir pleitesía a las autoridades, la preocupación por las moles-tias causadas al arzobispo se convierte en *leit motiv*, junto con el énfasis en que en ningún momento han sido molestadas por la policía y han podido regresar a sus hogares libremente una vez depuesta su actitud. Si inicialmente se da cuenta de que el arzobispo, tras su breve diálogo con las encerradas, se puso en contacto con el director general de Prisiones, la reedición del encierro días después se convierte en un acto cuya «intransigencia puede malograr la buena disposición del señor Arzobispo, atento a todas las inquietudes humanas como corresponde a su condi-ción de buen Pastor».[168] Esta línea llega al extremo de interpretar —de forma un tanto inverosímil— la decisión de poner fin al encierro «por comprender que no querían causar más molestias al señor arzobispo, siendo este el principal motivo por el que daban por finalizada su reclusión». Tal desenlace pone fin a un «incidente, lamentable por muchos conceptos» respecto al cual cabe resaltar «la comprensión y paciencia de la Curia, cuyas jerarquías llevaron al ánimo de las 18 mujeres el convencimiento del error en que concurrían con semejante determinación». A partir de ahí, se espera:

> [...] una homilía para ser leída en las misas que se oficien hoy en las iglesias de las Cuencas Mineras. En dicha homilía el señor arzobispo hace un llamamiento a la concordia, a la serenidad y a la comprensión de los sectores laborales, entre otras exhortaciones enca-

---

[166] Entrevista realizada a Anita Sirgo por la Fundación 1.º de Mayo.
[167] *La Voz de Asturias*, 14 y 16/1/1969.
[168] «20 mujeres se encerraron de nuevo ayer en la catedral», *La Voz de Asturias*, 14/1/1969.

minadas al logro de la tan ansiada paz de los espíritus y a que reine la concordia entre empresarios y los trabajadores.[169]

Si bien la homilía del 20 de enero incide en «el reconocimiento ideal y la instauración efectiva de los derechos del hombre» y muestra preocupación por «los paros producidos en las minas, los despidos y detenciones» reclama también serenidad «y comprender que la violencia, por una u otra parte, nunca puede ser elemento de verdadera paz». Resulta insatisfactoria para las pretensiones de las encerradas, puesto que mantiene una actitud de equidistancia y elude la mención expresa de sus reivindicaciones. Más éxito han tenido en cambio al servir de revulsivo a los sectores más activos del apostolado obrero y de los católicos progresistas, de quienes emana un documento suscrito por 700 firmantes, seglares y sacerdotes de Oviedo, Gijón, Avilés y las cuencas mineras que reclaman del arzobispo un compromiso más firme con la libertad sindical y con la situación de presos y despedidos.[170]

En cuanto al tratamiento informativo recibido, en la prensa lo habitual han sido pequeños recuadros de unas pocas líneas. Las informaciones no son propias sino recibidas a través de agencia y llega a darse la paradoja de que haya días en que *La Nueva España* o *El Comercio* dediquen menos espacio a esta noticia que el que le otorgan el barcelonés *La Vanguardia* o el castellonense *Mediterráneo*.[171] Ni siquiera el diario asturiano que más espacio les concede resulta favorable, pues censura su actitud y sugiere que existen otras vías que, por otra parte, no son concretadas. Pero, a pesar de ello, ha proporcionado visibilidad al encierro, lo que supone en sí mismo un éxito. La prensa ha enfatizado también la cautela policial y la ausencia de detenciones, focalizando esta afirmación en las encerradas, pese a que varias mujeres fueron detenidas coincidiendo con el inicio del primero de los encierros y posteriormente lo fueron también los primeros firmantes de un escrito de apoyo. La versión de Anita discrepa en parte: «Otra vez fue Ramos[172] —el jefe de la Social— y otros tres más, también a insultanos, a decinos que cuando saliéramos, que nos preparáramos».[173]

La vigilancia policial será una constante a lo largo de todo el encierro, aunque el espacio proporciona un resguardo frente a posibles acciones represivas y la mediación de la jerarquía eclesiástica parece haber ayudado a que las encerradas no fueran detenidas a su salida. La génesis comunista de la iniciativa resulta evidente, dados los antecedentes de buena parte de las participantes. La síntesis que la Jefa-

---

[169] «Las 18 mujeres abandonaron ayer la catedral basílica», *La Voz de Asturias*, 19/1/1969.

[170] José Luis Fernández Jerez: *La Iglesia en Asturias (1957-1978). El fin del nacional-catolicismo y los orígenes de una Iglesia conciliar*, Oviedo: RIDEA, 2011, pp. 294-297.

[171] Basta comparar las 80 líneas dedicadas por *Mediterráneo* el 9/1/1969 con las 6 de *La Nueva España* en la misma fecha —ambos diarios de la cadena de prensa del Movimiento— o las 30 de *La Vanguardia Española* el 15/1/1969 con las 14 de *El Comercio* —de titularidad privada ambos—.

[172] Claudio Ramos Tejedor, jefe de la Brigada de Investigación Social - habitualmente conocida como Brigada Político Social - de Oviedo y máximo responsable de la represión política en Asturias.

[173] Entrevista realizada a Anita Sirgo por la Fundación 1.º de Mayo.

tura Superior de Policía realiza del episodio de la catedral resume lo sucedido en los siguientes términos:

> Secundando la campaña contra la represión que alcanzaba virulencia en toda España, en el mes de enero se produjo reiteradamente el enclaustramiento en la Catedral de Oviedo, de mujeres en relación directa con la actividad comunista, para pedir el 'Estatuto de Presos Políticos', la readmisión de los Despedidos y otras reivindicaciones del momento. La continuada vigilancia que fue permanente, impidió que se comunicaran directamente con el exterior y hubieron de salir voluntariamente, sin lograr sus propósitos, más que el de la publicidad y el escándalo.[174]

En realidad, el pretendido fracaso no es tal, puesto que nunca estuvo en la mente de las encerradas la perspectiva de arrancar el reconocimiento de la condición de presos políticos o lograr la readmisión de los despedidos de forma inmediata, sino crear una caja de resonancia para hacer oír sus reivindicaciones precisamente a través de la publicidad y el escándalo que la versión policial les reconoce haber logrado. De ahí que Anita relatara el encierro como una acción saldada con éxito:

> Nosotres, ¿qué pretendíamos con eso? Nosotres éramos conscientes de que no nos mandaban a los nuestros maridos pa casa, ni los presos ni los desterraos, por estar nosotres allí. Nosotres lo que pretendíamos era que esta lucha de Asturias saliera fuera, al extranjero y que el mismo Asturias se enterara de lo que estaba habiendo, porque la mitad no lo sabían tampoco…
>
> Entonces nosotres era lo que pretendíamos, de que llegase al extranjero y que espabilara la gente. Y lo conseguimos, lo conseguimos porque de aquella gente que vino a llevarnos coses allá, comida… Bueno, qué sé yo. Llegó la gente a informase…[175]

Esta impresión se ve confirmada por el reflejo obtenido en la prensa asturiana y por el arrope ofrecido por sectores activos del antifranquismo ovetense. En particular, militantes estudiantiles que se aproximan a la catedral y personas que aprovechan que el templo sigue abierto al culto con normalidad para llevarles provisiones. Desde la organización universitaria del PCE se recauda dinero y se aportan paquetes de comida, artículos de higiene y libros. Una comisión de la que forman parte integrantes del Comité Universitario como Matilde Rodríguez Castellanos, Virginia Buznego Escobio, Aurora Moro Baizán y Mari Luz Fernández —hija de Encarna Álvarez, una de las encerradas— se dirigió al Arzobispado para trasladar su apoyo.[176] A su vez, la búsqueda de adhesiones fructifica en la recogida de firmas, tal como la propia memoria policial consigna al dar cuenta de las represalias sobre los primeros firmantes:

---

[174] Jefatura Superior de Policía: Evolución de los servicios de esta Jefatura Superior durante el quinquenio 1964-1968, Oviedo, noviembre 1969, AHA, Sección Gobierno Civil, c. 25004.

[175] Entrevista realizada a Anita Sirgo por la Fundación 1.º de Mayo.

[176] Claudia Cabrero Blanco: ««El ejemplo de las asturianas». Género, clase e identidad a través de la cultura política del PCE (1937-1975)», en Rubén Vega (ed.): *El movimiento obrero en Asturias durante el franquismo 1937-1977*, Oviedo: KRK Ediciones, 2013, p. 137.

Al mismo tiempo en las asociaciones culturales, se recogieron firmas y se enviaron pliegos a las Autoridades, sobre los mismos asuntos, y al haber hecho entrega en el Gobierno Civil de Oviedo, de escrito irrespetuoso y en el que abiertamente se amenazaba con la rebeldía, se procedió a la detención de los tres presentantes, que al mismo tiempo encabezaban las firmas y fueron puestos a disposición de la Autoridad Judicial.[177]

El encierro se había saldado con éxito para las participantes y su última decisión una vez le ponen fin es no quedarse con nada de lo recibido y que ninguna obtenga beneficio personal, por exiguo que sea, de la solidaridad. En consecuencia, donarán lo que no han consumido:

[...] ya pues decidimos salir. Entonces la comida que recibimos, que había mucha comida que nos llevaban de todos los sitios, gente que no conocíamos que nos llevaban mucha comida, en vez de traelo, decidimos llevalo pa Cáritas, mandalo a Cáritas. ¿Por qué hicimos eso también? Porque si lo íbamos a traer nosotres, les otres que quedaban afuera, que estaben pasando también necesidades, que tenían los hombres también presos y eso, pues entonces... pa ninguna. Y se dio a Cáritas y nosotres no trajimos nada, con la necesidad que teníamos... pero no trajimos nada.[178]

La no particularmente satisfactoria relación establecida con el arzobispo con ocasión del encierro tendrá, no obstante, continuación, puesto que Anita recuerda haber sido recibida junto a otras mujeres por Tarancón en Toledo, donde este permaneció entre comienzos de 1969 y finales de 1971.

El año 69, que había comenzado para Anita con el encierro en la catedral, terminará con un viaje a Madrid para arropar a Horacio Fernández Inguanzo en su juicio ante el Tribunal de Orden Público. *El Paisano* había sido condenado en rebeldía a veinte años en 1964 y se enfrentaba ahora, tras su detención en el mes de mayo, a un nuevo juicio por recurso de revisión en el que se esforzará por defender y exponer *in extenso* la política del Partido. La estrategia adoptada por Horacio y su abogado, Manolo López, viene respaldada por una campaña previa y reúne el día de la vista a centenares de personas concentradas en su apoyo. Tal como relata la crónica de *Mundo Obrero*:

[...] ante el Palacio de Justicia, en las calles de Madrid, trabajadores, estudiantes, jóvenes, mujeres, demócratas sostenían con su presencia, sus gritos y sus canciones la lucha que reñían en la sala del Tribunal el dirigente obrero asturiano y su letrado defensor.

Desde las 5 de la mañana había comenzado a formarse la que habría de ser, en el momento de abrirse las puertas del Tribunal, una compacta concentración ciudadana [...] Destacando particular y emotivamente la presencia de numerosos trabajadores asturianos que se habían trasladado desde su región en varios autobuses y por tren. ¡A saludar, a

---

[177] Jefatura Superior de Policía: Evolución de los servicios de esta Jefatura Superior durante el quinquenio 1964-1968, Oviedo, noviembre 1969, AHP, Sección Gobierno Civil, c. 25004.
[178] Entrevista realizada a Anita Sirgo por la Fundación 1.º de Mayo.

defender al 'paisano'! como cariñosamente llaman los mineros y trabajadores asturianos al hombre que inquebrantablemente desde los años más duros de la represión fascista, ha compartido con ellos los sufrimientos, las esperanzas, las luchas.

Pocos pudieron entrar en la sala. Ya al abrirse ésta se hallaba ocupada en buena parte por agentes de la Brigada Político-Social. Algunos familiares, numerosos abogados, los que estaban en los primeros puestos de la cola. En el exterior resonaba, entre otros, el canto ¡Asturias patria querida! [...]

Los guardias cargan, pero la gente se reagrupa, se rehace la cola, se pugna por entrar. Y así hasta pasadas las seis de la tarde. [...] numerosas mujeres y jóvenes empujaron a los guardias para poder llegar a Horacio, estrecharle la mano, entregarle los claveles rojos que mujeres madrileñas y asturianas le ofrecían.[179]

Entre las integrantes de la nutrida expedición asturiana en apoyo de Horacio se cuenta, por supuesto, Anita, cuya relación con *El Paisano* es muy estrecha desde hace años:

También estuve en Madrid, que ahí también las llevé, cuando estuve en Madrid, que fue el juicio de Horacio, yo ahí lleveles también. Estaba metida en todo. Llevamos un autocar a Madrid y entonces ahí como había que estar en la cola, una cola muy grande y después no te dejaban, unos entraban y otros no, no dejaban entrar. Sí, después entramos. Y ahí pues vino la policía y empezó a dar palos.[180]

Nuevos espacios para la militancia femenina

Nos hemos preguntado aquí si se esperaba que estas mujeres mineras, a lo largo de su activismo, asumieran un papel central junto a los hombres en la lucha política o más bien simplemente un papel tradicional al atender las necesidades de hombres y niños. La respuesta debe ser que hicieron ambas cosas. [...] esto se articuló como un análisis político sofisticado. Las mujeres [...] también asumieron un papel de liderazgo central en la comunidad [En disputas posteriores] no sólo dieron apoyo a sus maridos y parejas durante la lucha, sino que también idearon sus propias formas de unir a la comunidad e iniciar sus propias acciones de protesta. [...] La clave es que la respuesta de las mujeres al sufrimiento y la adversidad que caracterizaron la vida de estas comunidades mineras del carbón fue luchar de maneras similares y diferentes que estaban en gran medida restringidas por las normas de su época sobre el papel de la mujer».[181]

[179] «Horacio Fernández Inguanzo reafirma los objetivos de lucha de los comunistas», *Mundo Obrero*, 5/12/1969.

[180] Entrevista realizada a Anita Sirgo por la Fundación 1.º de Mayo.

[181] Georgina Murray y David Peetz: D. 'Women Miners and Miners' Women: their activism in the 1952 stay down strike' in *Public Sociologies: TransTasman Comparisons*, joint conference of The Sociological Association of Australia and Sociological Association of Australia and New Zealand [CD] Auckland 5, December, 2007. Cita traducida del inglés por los autores.

El cambio de década coincide con la apertura de escenarios nuevos en la militancia de las mujeres comunistas de la cuenca minera. Por un lado, la confluencia con militantes de otras tendencias alcanzará formas estables y de creciente pluralidad. Por otro, en el propio ámbito de las militantes comunistas se abren debates y preocupaciones renovadas que llegan de la mano del crecimiento numérico, la implantación en nuevos espacios y la renovación generacional. La agenda feminista, hasta entonces ausente, toma carta de naturaleza, revelando sensibilidades dispares.

Para estas fechas, tanto la amplitud como la diversidad del colectivo de mujeres que vienen sosteniendo la resistencia y la acción reivindicativa en las cuencas se ha ampliado notablemente. Las tradicionales tareas de solidaridad con presos y despedidos o desterrados, recogida de firmas y presentación de escritos y las reuniones en domicilios particulares en torno a una mesa con café y galletas para hacerlas pasar por veladas privadas en caso de irrupción de la policía están dando paso a propaganda escrita de temática específicamente «femenina» y a reuniones en espacios más amplios, de concurrencia más numerosa y con cierta diversidad ideológica. Fundamentalmente las comunistas han dejado de estar solas y convergen con militantes a las que genéricamente identifican como «cristianas», aunque la etiqueta se rige más por su origen que por su adscripción en el momento. Desde fechas tempranas ha habido militantes tanto de la Juventud Obrera Cristiana (JOC) como de la Hermandad Obrera de Acción Católica (HOAC) que han estado presentes en las movilizaciones y la solidaridad. Su participación había sido muy activa en las huelgas de 1962 y años posteriores. Los caminos más bien paralelos de estas mujeres, agrupadas según su adscripción ideológica, van confluyendo en el terreno concreto de la acción. A su vez, buena parte de las «cristianas» han roto amarras con la Iglesia y se encuadran en organizaciones clandestinas como la Unión Sindical Obrera (USO). Del mismo modo que los mineros de una u otra pertenencia han coincidido en la Comisión de Despedidos las mujeres comenzarán a hacerlo de manera más informal pero efectiva.

En el caso de Anita, ya una veterana fogueada en cien batallas, el cambio no se referirá tanto al contenido de su actividad militante como a los entornos en que esta se desarrolla. Tanto de puertas adentro del Partido como en la convergencia con otras fuerzas, una mayor pluralidad y una creciente diversidad de perfiles abren debates y espacios nuevos, al tiempo que la incorporación de jóvenes marca distancias generacionales que se hacen notar en las preocupaciones y las prácticas militantes. Las reuniones tienen ahora lugar a menudo en locales parroquiales —la iglesia de El Entrego se convierte en habitual— y culturales —Amigos del Nalón ofrece el espacio más propicio— en vez de en casas particulares. En cuanto a los cauces de esta renovada y ampliada militancia, el Movimiento Democrático de Mujeres y la Asamblea de Mujeres del Valle del Nalón se convierten en las principales expresiones. Anita se ve inmersa en las dinámicas de colectivos más amplios, que exceden los confines de la militancia en el Partido e introducen agendas que hasta entonces le habían resultado ajenas. Pero también de puertas adentro el Partido se está transformando y renovando. Las juventudes, los estudiantes, el asociacionismo cultural, el feminismo… van cobrando presencia. Y, al mismo tiempo, la vieja guardia de la dirección comunista en Asturias cae en sucesivos reveses represivos, de modo que la responsabilidad se desplaza de los veteranos cuadros clandestinos con los que Anita, Celestina Marrón y otras han tenido estrecho contacto en la medida que sus casas les han servido en numerosas ocasiones de refugio —Horacio F. Inguanzo, Ángel León, caídos en 1969 y 1971— y toma el relevo un nuevo perfil de dirigente que mantiene una vida legal con domicilio conocido —*Pin* Torre, *Tini* Areces—, con quienes el trato no será tan frecuente y cuya sensibilidad conecta menos con la militancia tradicional de las cuencas.

El gran contenedor de la sociabilidad antifranquista langreana pasa a ser en este tiempo Amigos del Nalón, una asociación cultural que se enmarca en una red de entidades de la que forman parte también Amigos de Mieres, La Amistad de El Entrego, las culturales Gijonesa, Natahoyo y Pumarín de Gijón, el Club Cultural de Oviedo y algunas otras posteriores creadas —con la salvedad de Gesto en Gijón— bajo el aliento de la militancia comunista pero abiertas a otras presencias. Todas ellas ofrecen propuestas culturales, alternativas de ocio y espacios de relación en un ambiente de relativa seguridad y libertad. Se convierten en reductos donde realizar actividades y convivir sin las rígidas cautelas de la clandestinidad, por más que estén sometidas a vigilancia y no exentas de incidencias represivas. La hegemonía comunista en sus juntas directivas y en el grueso de quienes las frecuentan no impide otras participaciones y genera parcelas que permiten respirar un aire menos asfixiante. Para militantes del perfil de Anita ofrecen un contacto con asuntos abordados en las charlas, referencias musicales y relaciones personales. Amigos del Nalón había tenido un proceso de gestación peculiar en comparación con otras sociedades culturales afines, provocando la paradoja de que la implicación de Telvi sea anterior a la de su madre. La asociación nace en 1969 como heredera directa de Juventud Norteña, que venía desarrollando actividad entre los jóvenes langreanos. Con sede inicial en La Felguera y posterior en Sama, en el núcleo promotor el peso de las jóvenes de Lada resulta patente, comenzando por la presidencia de Nori A. Marrón y la presencia en la directiva de María Luisa Díaz Marrón. Telvi Braña será también muy activa. Organizan actividades de ocio y cultura para una juventud sin apenas oportunidades de satisfacer ambas inquietudes y llegan a desarrollarse considerablemente, siempre bajo una manifiesta hegemonía de las Juventudes Comunistas. Forman parte de sus filas, aparte de las ya citadas, otras hijas e hijos de veteranos militantes como Encarnita Márquez, José Luis Arenas, Horacio Estepa, Adelina Ronderos… Con el cambio de denominación viene también una transformación en asociación cultural ya no juvenil y entran tanto numerosos mineros como mujeres adultas. Anita pasará a ser de las habituales y el local de Amigos del Nalón un espacio de sociabilidad antifranquista que crea una parcela de libertad donde los comunistas son claramente mayoritarios.[182]

---

[182] Benigno Delmiro Coto: *La rebelión de la cultura…*, pp. 323-352.

De forma más directa afecta a los frentes en que se desenvuelve la militancia de Anita la progresiva configuración de un espacio de confluencia de mujeres de la cuenca de diversas tendencias que acaban por encontrar su lugar de encuentro en los locales parroquiales de El Entrego. La presencia de mujeres vinculadas a la Iglesia y la aparición de curas obreros ensancha las oportunidades de usar sus locales y reunirse bajo el amparo del fuero eclesiástico con mucha mayor amplitud que las antiguas reuniones en torno a una mesa camilla en domicilios particulares. Las «cristianas» siempre han tenido a su disposición locales parroquiales, pero no así las comunistas. Al mismo tiempo, este espacio configura un ámbito de militancia específicamente femenina donde los hombres no tienen cabida.

En la memoria de Anita, para la militancia de las mujeres comunistas este nuevo escenario se vincula a la necesidad de abrirse a otras fuerzas y era recordado por ella siempre como ligado a la pluralidad y a la participación:

> A medida que iba pasando el tiempo nosotras veíamos que nos teníamos que abrir más, que nos teníamos que poner en contacto con otras mujeres progresistas, ¿no? Y entonces ya nos poníamos en contacto con mujeres y después ya hacíamos las asambleas con mujeres en El Entrego, en la casa del cura, una sala grande que tenían. Entonces allí hacíamos las asambleas y de ahí, bueno… participabas, dabas la palabra, una daba una iniciativa, otra daba otra y la que mejor encajaba era la que llevabas adelante (…) Porque ahí había las socialistas, había las de USO, las de la ORT, las comunistas, había de muchas ideologías.[183]
>
> — ¿Reuniones de mujeres me estás diciendo?
> — Mujeres que nos reuníamos. Nos reuníamos como cien o así mujeres en aquella época, tábamos más organizáes que ahora.[184]

Pero la transformación más profunda y de compleja asimilación para la vieja militancia femenina del comunismo asturiano, un nutrido plantel de luchadoras rayanas en el heroísmo que han plantado cara a los más duros cercos represivos, vendrá de la mano de la renovación generacional y los desafíos que esta conlleva. El marco organizativo en que se desenvuelve una no siempre armónica convivencia es el MDM, un instrumento promovido por el PCE con el fin de trascender los límites de sus propias filas y atraerse a otros sectores hacia una lucha antifranquista conjunta. No forma parte, por tanto, de las estructuras del partido y no todas sus militantes pertenecen al mismo. De hecho, carecería de sentido si así fuera puesto que su propósito es crear marcos unitarios donde sumar fuerzas con otros sectores, incorporar a independientes sin adscripción y salir del aislamiento al que a menudo son sometidos por el resto de organizaciones. Pero en la práctica —y Asturias es un claro ejemplo— las comunistas son abrumadora mayoría. Su creación ofrece, de todos modos, un espacio autónomo donde van madurando conciencias y se abren debates no siempre gratos

---

[183] Entrevista realizada a Anita Sirgo por la Fundación 1.º de Mayo.
[184] Entrevista a Anita Sirgo, serie Huelgas de 1962, AFOHSA.

para una dirección integrada exclusivamente por hombres y focalizada en la lucha contra la dictadura como objetivo único. De hecho, en el desarrollo del MDM emergerán dos concepciones de difícil conciliación: la de quienes entienden el papel de las mujeres al modo tradicional, supeditado a las luchas de los hombres y centrado en tareas de apoyo o en labores de politización de la vida cotidiana relacionadas con el coste de la vida, la vivienda, los equipamientos en los barrios… y la de aquellas que paralelamente van planteando inquietudes de corte feminista que suponen un cuestionamiento de los roles tradicionales, la subordinación de las mujeres y las propias estructuras del Partido. A grandes rasgos, esta dualidad encierra un componente generacional, puesto que son las jóvenes las más propensas a cuestionar los moldes tradicionales y a prestar oídos a los postulados feministas.

Asturias forma parte de los focos iniciales del MDM. La existencia previa en las cuencas mineras de un nutrido colectivo de mujeres involucradas en la lucha ayudaría a su puesta en marcha.[185] El centro de gravedad residirá, sin embargo, en Gijón, donde suelen celebrar las reuniones, revelando la incorporación de mujeres jóvenes, a menudo universitarias, que aportarán una impronta renovada. Niveles de conciencia, sensibilidades, culturas militantes… separan a las veteranas de las cuencas de las jóvenes de ambiente universitario y planteamientos feministas más o menos explícitos. Los primeros pasos tienen lugar a mediados de los años sesenta. En enero de 1968 aparece el primer número de su órgano de expresión: *Mundo Femenino*, que a lo largo de dos épocas —1968-69 y 1970-72— expresa sendos estadios de maduración, desde una primera etapa en la que los asuntos abordados se ciñen a las reivindicaciones tradicionales a otra en la que se introducen nuevos temas hasta el punto de convertirse, según el cualificado juicio del historiador Gabriel Santullano, en «uno de los periódicos más interesantes de la clandestinidad. La variedad de cuestiones sobre las que trató, la competencia con que lo hizo, los aspectos nuevos por los que se interesó, y todo ello sin olvidar las cuestiones habituales de la prensa obrera».[186] La redacción recae, lógicamente, en gran medida sobre las jóvenes: Amelia Miranda, Marisa Castro, Nieves Álvarez Areces, Marisa Escandón, Luisa A. Marrón… para quienes los asuntos relacionados con el coste de la vida, la solidaridad, los conflictos laborales y la lucha antifranquista no agotan el repertorio y la denominada «liberación de la mujer» adquiere importancia.[187]

La situación asturiana es a este respecto peculiar porque existe un núcleo previo de mujeres de las cuencas mineras bregadas en la lucha y consolidadas en el seno de la organización. Los nuevos aires que aporta el feminismo encuentran acogida en los

---

[185] Francisco Arriero Ranz: *El Movimiento Democrático de Mujeres. De la lucha contra Franco al feminismo*, Madrid: Catarata, 2016, p. 94.

[186] Gabriel Santullano: *La prensa clandestina en Asturias*, Oviedo: KRK Ediciones/Fundación Juan Muñiz Zapico, 2005, p. 334.

[187] Francisco Erice: «Mujeres comunistas. La militancia femenina en el comunismo asturiano, de los orígenes al final del franquismo», en Francisco Erice (coord.): *Los comunistas en Asturias 1920-1982*, Gijón: Trea, 1996, p. 340.

ambientes universitarios o en medios juveniles, pero chocan con la sensibilidad más tradicional de aquellas mujeres cuya jerarquía es incuestionable dada su trayectoria. Las prioridades de unas y otras divergen y la tensión resulta inevitable. Las dos principales obras de referencia sobre el Movimiento Democrático de Mujeres y sobre el feminismo asturiano, debidas respectivamente a Francisco Arriero y a Carmen Suárez, coinciden en situar a Anita Sirgo y a Marisa Castro como exponentes más representativas de los dos polos que se generan en el seno del MDM en Asturias.[188] Los testimonios orales de ambas corroboran claramente ese desencuentro. Para Anita

> Aquí en Asturias, nosotras lo que planteamos era sólo la lucha de los obreros, de feminismo nada. Recuerdo reuniones que teníamos las mujeres en las que no se llegaba a nada, quizás es porque en aquel momento éramos 'cerradas' y cuando se nombraba aquello del aborto, nos parecía algo extraño. Me acuerdo de una camarada Marisa [Castro], mujer muy activa, que ella sí se lo planteaba, pero nosotras lo veíamos muy extraño. Te repito que para nosotras era más necesario luchar por los derechos de los obreros, que plantearnos lo de la mujer.[189]

> Gente de la Universidad que venía… porque claro, teníen otra mentalidad que no teníamos nosotres y teníes que tener mucho cuidao en ese sentido […] Era gente buena, sí, era gente luchadora […] Era coses de reivindicar por ejemplo el aborto… y nosotres, la nuestra lucha […] Yo, con Marisa, Marisa Castro, que ye diputada… pues ahí está ella que lo puede decir. ¡Cuántes veces nos reuníamos en Gijón!
> Eso ye cuando ya reivindicaben les muyeres eses el aborto… que siempre se hablaba de eso. Yo era una que no estaba de acuerdo de aquella. Estaba de acuerdo con el aborto, como estoy hoy a mis años, yo estaba de acuerdo. Pero yo veía que en aquella época había otros coses prioritaries que no el aborto. ¡Y en la situación que estábamos! Pues entonces… eren mujeres feministas o yo qué sé […] Marisa ahí estaba. Marisa fue una luchadora, eso que conste. Siempre fue muy luchadora. No tenía miedo.[190]

El recuerdo de Marisa Castro resulta más conflictivo. Desde el reconocimiento absoluto del valor y la entrega militante de aquellas veteranas luchadoras, entre las cuales se encontraba su propia madre, el choque sostenido desde su incorporación al MDM al regresar a Asturias en 1969 no deja de resultar traumático:

> Creían que con acabar con la dictadura se iba a acabar […] y que íbamos a vivir en un paraíso de paz maravilloso. Y entonces era difícil plantearles otras cosas. Y en esta movida yo tuve gente que me ayudó, que estuvo a mi lado y tal, que eran mujeres que eran estudiantes, pero teníamos muchas dificultades objetivas, o sea, horrible, horrible. Y que tenías que ser muy hábil en las reuniones para acabar hablando de lo que te interesaba.[191]

---

[188] Francisco Arriero Ranz: *El Movimiento Democrático de Mujeres…*, pp. 94-96. Carmen Suárez: *Ciudadanía desigualitaria. El feminismo asturiano en la transición*, Oviedo: Trabe, 2014, p. 209.

[189] Fernanda Romeu Alfaro: *El silencio roto. Mujeres contra el Franquismo*, 1994, ePub: jasopa1963, p. 194.

[190] Entrevista realizada a Anita Sirgo por la Fundación 1.º de Mayo.

[191] Citada en Francisco Arriero Ranz: El Movimiento Democrático de Mujeres, del antifranquismo…, pp. 261-262.

Anita guardaba un recuerdo también edulcorado del papel que les correspondía a los dirigentes y la autonomía de que gozaban las mujeres, en contraste con los roces que refieren las más jóvenes. En la medida que ellas no participaban de esa aspiración a zafarse del control del aparato del Partido, tampoco perciben su tutela:

> Si te digo la verdad, casi nunca nos daban órdenes. Éramos nosotres, éramos nosotres les que decidíamos. El Partido nunca nos daba órdenes. Ahora que nosotres, cuando íbamos a hacer algo, que creíamos que íbamos a hacer algo bien, consultábamos con el Partido […] porque a lo mejor nosotras creíamos que teníamos una cosa bien y a lo mejor era mal y consultábamos, pero la iniciativa era nuestra.[192]

La raíz de las discrepancias reside en buena medida en lo que Marisa Castro resume como un trabajo ideológico en el que estaba casi todo por hacer y que dificulta tanto la apertura hacia mujeres no pertenecientes al Partido y la autonomía respecto al aparato como la asimilación de reivindicaciones propiamente femeninas —y más aún feministas— que escaparan a las prioridades de la lucha de los hombres y de la resistencia antifranquista. Se añade a ello una brecha generacional que guarda relación con la moral y las costumbres. La longitud de las faldas, fumar, frecuentar bares, cambiar de novio, abogar por el divorcio, los anticonceptivos o el aborto… engendran desencuentros que a veces se ciñen a la escasa sintonía personal y en otros se traducen en divergencias políticas. En el recuerdo de Anita no es tanto un rechazo por cuestiones de principios como de prioridades: «Nos reuníamos y siempre con el aborto y siempre con aquello. Y yo ya me cansaba, que siempre estaban… Y yo decía, pero bueno ¿qué ye que no hay otros problemas que el aborto? ¡Tantos problemas como tenemos!».[193]

El primer contacto de Anita y el nutrido colectivo de militantes veteranas de extracción obrera del que forma parte con el feminismo resulta, por tanto, conflictivo, aun cuando esa percepción es menos intensa en ellas que en las jóvenes con las que chocan. El feminismo no es para ellas rechazable *per se*, pero plantea retos que no consideran prioritarios y adaptaciones para las que no están preparadas. De algún modo, el feminismo sigue siendo visto como un movimiento «burgués» que distrae de la lucha fundamental e introduce una agenda que afecta a los roles y las convenciones morales en las que han sido educadas. Por origen y por edad no les resulta fácil replantearse cuestiones que, además, desvían el acento hacia asuntos que no son propios del movimiento obrero ni parecen eficaces de cara a la lucha antifranquista y, por añadidura, siembran discordia en las propias filas, comenzando por los mismos maridos de la mayoría de ellas.

La tensión no resulta, con todo, infructuosa. Tal como señala F. Arriero, si unas consiguieron atraer a las jóvenes universitarias a campañas de apoyo a los presos, denuncia de la carestía y conflictos laborales, las otras congregan a las veteranas en

---

[192] Entrevista realizada a Anita Sirgo por la Fundación 1.º de Mayo.
[193] Entrevista realizada a Anita Sirgo por la Fundación 1.º de Mayo.

torno a actos de perfil feminista. Más allá de esto está la admiración por la fuerza y el tesón militante, un ingrediente de gran importancia en aquel contexto y que, lejos de perder vigencia, ha adquirido nuevos sentidos con el paso de los años. Si, por un lado, Anita ha insistido siempre en la reivindicación del papel de las mujeres en la lucha, lo que le granjeaba la simpatía de cualquier auditorio con sensibilidad feminista, por otro las diferencias ideológicas han perdido vigencia en la medida que Anita se convertía en un símbolo y lo que emergía no era su militancia concreta en tiempo presente sino su enorme figura de luchadora casi atemporal. Toda su biografía se ha movido entre el desempeño de un rol tradicional que nunca ha cuestionado y la permanente transgresión de ese mismo rol para desafiar y trascender los espacios y las tareas que le correspondían. En ese continuo esfuerzo por ensanchar la libertad de otros y de irrumpir en la esfera pública latía una conquista de territorios que parecían vedados a mujeres de clase obrera, amas de casa sin acceso a la educación ni la cultura que, sin embargo, habían sido capaces de romper barreras. A medida que iba cumpliendo años, Anita se iba convirtiendo, para las generaciones más jóvenes, en un referente que podía ser resignificado y adoptado también por el movimiento feminista. Hasta el punto de que su inspiración haya estado presente en la convocatoria del Día de la Mujer en el año en que falleció, tanto por el lema de ese 8 de Marzo de 2024 —A golpe de tacón— como por el hecho de trasladar la manifestación a su localidad, Llangréu.

El final de la dictadura estuvo jalonado por una oleada de conflictividad obrera que ejerció un influjo difícil de sobreestimar a la hora de convertir la continuidad del franquismo sin Franco en una vía muerta. Asturias ocupa por derecho propio un espacio en este escenario y la minería no podía estar ausente. En medio de la escalada de huelgas que marcan el invierno de 1976, los mineros asturianos sostienen un paro de tres meses contra el que la prohibición de las asambleas, el vasto despliegue policial, los impedimentos a la libre circulación de personas y la ausencia de cauces de negociación se revelan inútiles. La huelga dará paso a la amnistía laboral y al reconocimiento de los sindicatos de clase mucho antes de que la readmisión de los despedidos y la legalización de las centrales sindicales sean un hecho en el conjunto del país. Las mujeres desempeñarán en esta huelga un papel que muestra tanto continuidad respecto a su ejecutoria bajo la dictadura como un cierto salto cuantitativo y cualitativo en cuanto a su capacidad de acción y una notoria ampliación de su visibilidad mediática.

Desde muy pronto, las mujeres asumen tareas relacionadas con la difusión y la solidaridad, realizando visitas masivas a periódicos, radio, gobierno civil… y organizando la recogida de fondos para las cajas de resistencia. El curso de la huelga se vio alterado por la detención de seis mineros, provocando una reacción inmediata en la que las mujeres adquieren el mayor protagonismo. Un hecho tantas veces repetido en conflictos anteriores da lugar, en el nuevo escenario abierto tras la muerte del dictador, a una acción espectacular que reedita el encierro de 1969 en la catedral, pero involucrando a un número mucho mayor de participantes. Las reuniones

—ahora ya asambleas— que se vienen manteniendo en El Entrego y otras paralelas en Mieres crean el caldo organizativo indispensable del que emana la decisión del encierro. Primero las de El Entrego y seguidamente las de Mieres se constituyen en la autodenominada Asamblea de Mujeres de las Cuencas Mineras, una instancia autónoma y paralela a la de los sindicatos que logra reunir semanalmente durante el transcurso de la huelga en torno a dos centenares de participantes en cada cuenca. De acuerdo con el relato de una de sus artífices, Aida Fuentes:

> Se creó la Asamblea de Mujeres del Valle del Nalón. Yo creo que fue, al principio, iniciativa de Comisiones, que empezó a convocar a la gente. Entonces, ahí había gente del Partido Comunista, del PSOE, de UGT, de Comisiones Obreras, y gente que todavía no estaba... Y, bueno, nosotros. Yo, por ejemplo, de aquella era de USO y también asistía a la Asamblea. Nos declaramos como Asamblea permanente y nos reuníamos todos los jueves en El Entrego, en la parroquia, que nos dejaben un salón. Y, bueno, eren asamblees multitudinaries de mujeres.[194]

El primer escrito que suscriben viene avalado por un total de 412 mujeres que se presentan como «esposas, madres y familiares de mineros asturianos en huelga». En él denuncian que existen detenidos que han sido físicamente maltratados y reclaman la puesta en libertad de los seis que permanecen en prisión. Se adhieren al mismo tiempo a las reivindicaciones de la huelga: descongelación salarial, actualización de las pensiones, readmisión de todos los despedidos de conflictos anteriores, reconocimiento de la comisión elegida por los trabajadores, derechos de huelga, reunión... y amnistía general.[195]

Este documento pretende ser entregado por sendas marchas a pie hasta Oviedo, intento que será frustrado por la Policía Armada. Anita se cuenta entre las que parten de El Entrego y se topan con cargas policiales que las dispersan:

> En el pasu nivel ahí en El Entrego ya no pudimos pasar porque ahí estaba la policía armada con metralletes y todo que no nos dejaron pasar. Pero vinimos todo ese trayecto desde el Entrego hasta Sama y no pudimos.
> Pero nada más llegar allí, ahí sí que ye cuando dieron pero a muerte. Tiraron unos tiros al alto pa que nos disolviéramos y como no nos disolvimos pues empezaron a actuar. Allí no repararon. Les muyeres, los vecinos... tirándo-yos los tiestos, a la policía ¿eh? Y entonces un bar que había allí, que era donde paraban los mineros a tomar el porrín de vino, el Bodegón, que se llamaba, entraron allí y dieron palos sin parar. Deshicieron el bar, dieron-y al dueñu... allí nos metimos como pudimos. Yo metime en un bar y en vez de quedame en medio del bar entré hasta la cocina, porque entraben polos bares y no miraben si estabes en la manifestación, en la concentración o estabes en aquello. A todo Dios daben. Aquello fue horrible.[196]

---

[194] Entrevista a Aida Fuentes Concheso, serie Historias de Vida, AFOHSA.

[195] Asamblea de Mujeres de las Cuencas Mineras, escrito con fecha 9 de febrero de 1976, facilitado por Francisco Fernández Corte, APRV.

[196] Entrevista realizada a Anita Sirgo por la Fundación 1.º de Mayo.

Aida Fuentes, veterana militante «cristiana» y por entonces enrolada en la USO e integrante de la Asamblea de Mujeres, guarda un recuerdo similar:

> Dijimos: 'Pa ir a la catedral vamos salir les de El Entrego toes juntes andando y les de Mieres desde Mieres'. Pero, claro, namás salir a la plaza, en El Entrego, la policía estaba allí. Y uno de los policías dijo: '¡Al culo, al culo, dai-yos al culo'. Y allí sí que nos tocaron a varies. Sí que nos dieron un toletazu. Pero bueno, ná, dispersámonos rápidamente y fuimos a buscar el Carbonero pa Oviedo. Entonces, pasamos toes ya pa Oviedo y no pasó nada. Son coses que cuando había pasao mucho tiempo, les recordábemos y nos reíamos. Pero bueno, en aquel momento, para nosotras, representaba una tragedia. Y sobre todo, un pavor…[197]

Dispersadas por la intervención policial, fueron llegando por diversos medios a Oviedo con la intención inicial de encerrarse en la catedral conjuntamente con las que llegaban de la cuenca del Caudal, que también habían sido obstaculizadas en su salida. Así lo recuerda Magaly Suárez:

> Me acuerdo, de una persona que nadie se acuerda de ella que era Manolita, la mujer de Barbón el abogáu, que era un encanto de mujer; ahí estaba María Jesús, la de Villa; estábamos gente del PC, bueno, María José de Pablo, Norina la Marrona, Luisina la Marrona, Carmina la Marrona, o sea, les Marrones, todes; bueno, había mucha gente. Llegamos a la catedral y nos sorprendimos porque empezó a venir gente… mujeres de todos los puntos de Asturias. Llegaba gente de Mieres, gente de Gijón, gente de Oviedo, bueno, estaba Nita la Perruca también, por supuesto, y… nos sorprendió la cantidad de mujeres que llegaron. Y la gente que iba llegando, y cada vez más y cada vez más.[198]

«La calefacción está rota y aquí hace frío. Es mejor que vayan ustedes al Arzobispado», cuenta la crónica del periodista Javier Ramos que les dijo un cura, ya fuera por ayudarlas o por quitárselas de encima. Reconducidas por este consejo, se encaminan a la Corrada del Obispo y una comisión logra entrevistarse con el vicario y con el arzobispo, que les franquea la entrada. Es la mañana del 11 de febrero y son más de doscientas las que celebran una primera asamblea en el patio del Palacio Episcopal. Otras rezagadas irán llegando en un goteo que aprovecha cada apertura de las puertas para entrar hasta superar las 250: el escrito presentado en el Gobierno Civil y dirigido a Gobernación, Justicia, Tribunal Supremo y Fiscalía está suscrito por doscientas cincuenta y ocho firmantes.[199]

Las encerradas ocupan el patio, que sirve para las asambleas y para moverse durante el día, y la primera planta, donde buscan espacio para dormir. Desde el arzobispado se decide mantener encendida la calefacción durante la noche y el vicario les franquea acceso a salones alfombrados en los que Anita siempre ponía énfasis

---

[197] Entrevista a Aida Fuentes Concheso, serie Historias de Vida, AFOHSA.

[198] Entrevista a Magaly Suárez realizada por Uriel Bonilla. Agradecemos a ambos la autorización para reproducir el testimonio.

[199] Asturias Laboral, crónica de Javier Ramos en *Asturias Semanal*, n.º 350, 21 a 28/2/1976.

al contrastar este encierro con el duro suelo en que había dormido años antes en la catedral:

> Allí había calefacción, allí había alfombres, nosotres, porque subíamos arriba nos dejaben toa la sala y nos echábamos en suelu pero eren alfombres calentino, por la noche. Por el día había un patio grande adentro y nosotres bajábemos al parque y teníamos que estar en la puerta pa los que venían, porque venían a traernos comida también, una solidaridad… fueron hasta unos gaiteros a tocanos allí delante del Obispao.[200]

> Aquello fue como pasar a un hotel de cuatro estrellas: había unas moquetas gordísimas y unos sillones comodísimos, y dormías donde te apetecía. Si querías estirar las piernas, dormías en el suelo la mar de a gusto, y si no dormías en los sillones.[201]

Las muestras de apoyo abundan y refuerzan la decisión de prolongar el encierro, que inicialmente se había anunciado de 24 horas. El comunicado que emiten el segundo día comienza reconociendo las expresiones de solidaridad recibidas de estudiantes —cuya concentración en el exterior será disuelta con contundencia por la Policía—, funcionarios, profesores, sacerdotes y trabajadores. A su vez, el arzobispo habla el primer día con el ministro de Justicia y con el gobernador civil para interesarse por los detenidos y los despedidos e informa de sus gestiones a las encerradas esa misma tarde. No será la única conversación tanto con el arzobispo —Gabino Díaz Merchán— como con el obispo auxiliar —Elías Yanes—, que mantienen en todo momento una actitud de diálogo y de acogida. Tanto por el recibimiento que encuentran como por los apoyos que reciben, el encierro resulta un éxito. Tan solo tres de ellas —dos embarazadas y otra presa de una crisis nerviosa— abandonan. Pero su prolongación se revela insostenible si se quieren evitar los roces de una convivencia de dos centenares y medio de personas confinadas en un recinto. De ahí que la asamblea decida ponerle fin al tercer día:

> Iba mucha gente, familiares y eso, a llevanos ropa. ¡Date cuenta, doscientes cincuenta muyeres cola regla lo que era aquello! Compreses, comida, y bueno, fue una cosa espantosa. No sé cómo pudimos aguantar allí tanto.[202]

> Pasamos aquel día, pasamos aquella noche y yo fui consciente de que no se podía estar más porque nos comíamos. Porque llegamos a ser, yo no sé si… igual éramos trescientes mujeres. ¿Tú sabes lo que son trescientes mujeres juntes? ¡Aquello era brutal! Aquello era brutal. Cuando quisimos hacer, cuando salimos… fueron dos noches, lo que estuvimos allí; entramos un día, estuvimos un día enteru, o sea una noche, un día enteru y otra noche, cuando salimos éramos un montón de mujeres. Pero un montón de mujeres que nos matábamos allí metides, ¡que no podíamos estar! [risas]. Porque aquello era, era un hervideru.[203]

[200] Entrevista a Anita Sirgo, serie Huelgas de 1962, AFOHSA.
[201] Declaraciones de Anita Sirgo en Pablo Batalla: «Entrevista Anita Sirgo», *El Cuaderno*, 17/12/2018.
[202] Entrevista a Aida Fuentes Concheso, serie Historias de Vida, AFOHSA.
[203] Entrevista a Magaly Suárez realizada por Uriel Bonilla.

En los comunicados que diariamente transmitían las encerradas se trasluce claramente la continuidad en cuanto al tradicional planteamiento de la movilización de las mujeres como fuerza de apoyo a los conflictos laborales sostenidos en último extremo por los mineros y no se atisban reivindicaciones específicamente femeninas. Más aún, el del segundo día contiene una *excusatio non petita* que puede parecer incluso extemporánea: «Consideramos que la lucha de los trabajadores es de todos y nuestra postura está en ese contexto y no responde a ningún movimiento de tipo feminista o similar».[204] Se trata del último punto y guarda escasa relación con los anteriores, que desgranan reivindicaciones relativas a la huelga, la solidaridad, la represión, la ausencia de libertades y la manipulación informativa. Parece más bien un intento de desmarcarse de una etiqueta, la del feminismo, que o bien suscita recelo o bien se entiende como distracción respecto a las prioridades del momento. No obstante, hemos encontrado ese mismo documento reproducido de modo incompleto, omitiendo este apartado final, lo que podría revelar la existencia de discrepancias que llevaron a difundir dos versiones, con y sin negación de cualquier veleidad feminista, aunque sin duda esa negativa estaba contenida en la versión aprobada mayoritariamente.[205]

La Asamblea de Mujeres de las Cuencas Mineras entrará en declive tras el final de la huelga minera y, aunque existen intentos de darle un carácter permanente, finalmente acaba por extinguirse. En su desarrollo y desaparición reedita viejas tensiones entre la autonomía de la organización de las mujeres y la primacía de los partidos y los aparatos. El carácter unitario y plural que presentaba encerraba a su vez una debilidad, al depender de decisiones políticas externas a la propia asamblea. Como otros movimientos unitarios del período, estaba determinada en gran medida por las necesidades inmediatas de la lucha, pero carecía de una estructura capaz de darle permanencia. Para los socialistas nunca había sido una fórmula deseable y para el PCE dejará de serlo a medida que se vislumbra un cambio de escenario. Los grupos en su seno que tratan de prolongar su vida son demasiado minoritarios y tanto la frecuencia como la afluencia decaen rápidamente. Un documento de la época que realiza balance de la Asamblea del Valle del Nalón reconoce que las comunistas habían sido «las primeras en todo» y que cuando se retiraron la experiencia quedó «reducida a la nada».[206]

Concluida la huelga se intenta derivar la acción de la Asamblea hacia las asociaciones vecinales y de amas de casa, incidiendo en las carencias de equipamientos y servicios en las barriadas mineras: viviendas sociales, ambulatorios, centros escola-

---

[204] Manifiesto de la Asamblea de mujeres encerradas voluntariamente en el Arzobispado de Oviedo, 12/2/1976, Archivo JOC 168 213.

[205] La referencia a la desvinculación del encierro en el palacio arzobispal con cualquier planteamiento feminista es recogida en la crónica de Javier Ramos en *Asturias Semanal*. Se omite, en cambio, en la reproducción —en apariencia, presentada como íntegra— del documento contenida en «Asamblea de Mujeres de las Cuencas Mineras», documento mecanografiado sin fecha ni firma facilitado por Francisco Fernández Corte.

[206] «Asamblea de Mujeres de las Cuencas Mineras», documento mecanografiado sin fecha ni firma facilitado por Francisco Fernández Corte, APRV.

res, espacios culturales… Aun cuando ese esfuerzo se extingue relativamente pronto, dejará huella en el asociacionismo vecinal, donde las mujeres participan de forma destacada. La última acción de resonancia notoria tendrá lugar con ocasión de la visita a Asturias de los reyes de España, que incluye una bajada al pozu María Luisa. Suscrito por una «Representación de Mujeres de Asociaciones Familiares y de Amas de Casa» de la Cuenca del Nalón, un escrito dirigido al Rey señala los problemas derivados de la inflación y la congelación salarial, la insuficiencia de las pensiones y la ausencia de libertades hasta el punto de que «ser ciudadano se ha convertido para nosotras en la reivindicación más elemental». En consecuencia, aspiran «a una vida más digna, a una sociedad democrática» y concluyen: «Es bien triste para nosotras tener que recurrir a medios, como esta carta —que ni siquiera sabemos a donde irá a parar— porque significa la no existencia de unos cauces democráticos que canalicen nuestras aspiraciones».[207]

---

[207] «A Su Majestad el Rey Juan Carlos I», Cuenca del Nalón, 17/5/1976, documento facilitado por Francisco Fernández Corte, APRV.

6

Siempre echando una mano: «¡Luchay, que va a venir gorda!»

> Hay un poso tremendo, terrible, de frustración, que tratamos de ocultar todos, en toda esta generación que vivimos la crisis del Partido [...] el partido que tanto costó generar, que pasó por dictaduras, revoluciones, clandestinidad, el monte... y que todo eso derivase en lo que derivamos en el 82.[208]

La conquista de las libertades democráticas, la legalización de las diferentes organizaciones y la posibilidad de elección de representantes legítimos supondrán un cambio de paradigma considerable que se dejará sentir, sobre todo, en las fórmulas de acción colectiva. Si entre 1936 y 1977 las instituciones, moldeadas a imagen y semejanza del régimen, se han caracterizado por su papel coercitivo, a partir de la primavera de 1977 se irán convirtiendo, al menos sobre el papel, en instrumentos accesibles y representativos para el conjunto de la población, aun con evidentes limitaciones. Esto provocará un importante cambio en las dinámicas de organización, participación y movilización de los diferentes actores sociales, que pasarán de estrategias de presión y confrontación permanente para poder ser reconocidos como interlocutores a poder plantear sus demandas con naturalidad.

El ejemplo más claro a este respecto lo constituye el eje central de esta biografía: el movimiento obrero. La legalización de partidos y sindicatos, el reconocimiento de los derechos de asociación, reunión, manifestación o huelga y la posibilidad de elección democrática de los representantes políticos y sindicales provocan una disminución automática de la presión ejercida por los trabajadores sobre el Estado. Superados los conflictos sobre la legitimidad de los representantes obreros y de las instituciones, la conflictividad se desplaza rápidamente hacia el terreno de lo exclusivamente laboral y económico. Esto no se traducirá en la disminución de la conflictividad, al contrario, con la llegada de la democracia aumentará y en los años ochenta, aun siendo menor, las movilizaciones y medidas de presión serán tan contundentes como espectaculares. Sin embargo, su significación política y los discursos que impugnan el sistema democrático, devendrán en marginales con ex-

---

[208] Entrevista realizada a Benigno Delmiro Coto con ocasión de esta biografía.

traordinaria rapidez.[209] Y es que el nuevo régimen tendrá que hacer frente a una de las mayores deudas heredadas de la dictadura: la necesidad de una reconversión industrial, pospuesta casi una década por motivos políticos, que se traducirá en la desindustrialización de numerosos tejidos productivos y territorios.

Para el PCE, la conquista de la democracia deja un sabor agridulce que se torna amargo a medida que transcurre la Transición. Si bien la dictadura desemboca en un régimen de libertades, el Partido deviene rápidamente en una fuerza política secundaria que actúa a la sombra de la Unión de Centro de Democrático (UCD) y, sobre todo, de un PSOE que crece en presencia al mismo ritmo que decrece la del PCE, erigiéndose en fuerza hegemónica de la izquierda. La legalización y la democracia serán triunfos que apenas pueden ser disfrutados y que, al contrario, vienen acompañados de profundas crisis internas. Una muy corta euforia inicial ha de dejar pronto paso a la discordia, contra la que de nada servirá el tradicional sentido de la disciplina imperante en la cultura comunista.

El 9 de abril es un día que todos los militantes comunistas coinciden en señalar como uno de los mejores de su vida. Tras 38 años de clandestinidad el PCE se convierte en una organización legal. Anita recibe la noticia, como era de esperar, militando:

> ¡Buf, una fiesta…! Nosotros, de aquella, teníamos asociaciones de vecinos que utilizábamos para hacer reuniones y el trabajo del partido. En la de Lada habíamos puesto un bar para recaudar dinero. Yo llevaba tortillas y callos de mi casa, sin cobrar nada, para poner unos pinchinos por la mañana y sacar para pagar la renta. Y cuando se legalizó el partido estábamos en la de Sama, en la calle La Nalona, haciendo una espicha. Estando allí nos dijeron que se había legalizado el partido, y entonces cerramos el local y todos los camaradas salieron con las banderas y los coches a anunciarlo por todo Langreo.[210]

Aquella tarde, todas las cuencas mineras —por no decir España entera—, se llenan de caravanas de coches con banderas del Partido que festejan y proclaman la legalización y que, como recuerda Vicente Gutierrez Solís, dieron lugar a algunas situaciones cómicas y muy ilustrativas del hito y de las esperanzas del momento:

> Convocamos a la gente muy rápido, hicimos una caravana de coches de Sama a Laviana, dando-y al claxon. Nos encontramos con el sargento Vallejo en Laviana, yo iba tocando-y el pito con la bandera del Partido. Yo levante-y el puño y él hízome el saludo fascista. Ahí nos dijimos cuatro tonterías [risas].[211]

---

[209] Sebastián Balfour: *La dictadura, los trabajadores y la ciudad. El movimiento obrero en el Área Metropolitana de Barcelona (1939-1988)*, Valencia: Edicions Alfons el Magnanim, 1994 y José María Marín: *Los Sindicatos y la Reconversión Industrial durante la Transición*, Madrid: Consejo Económico y Social, 1997.
[210] Declaraciones de Anita Sirgo en Pablo Batalla: «Entrevista Anita Sirgo», *El Cuaderno*, 17/12/2018.
[211] Entrevista realizada a Vicente Gutiérrez Solís en el marco de su biografía. Depositada en el AFOHSA.

Esta alegría se verá acompañada de un enorme crecimiento. El PCE pasa, apenas en un par de años, de unos cuantos cientos de afiliados en Asturias a aglutinar la cifra de 10.974 en abril de 1978, lo que la convierte en una de las organizaciones más grandes del partido.[212] A esta explosión de militancia hay que sumar los multitudinarios mítines celebrados con ocasión de las Elecciones Generales del 15 de junio de 1977. Las intervenciones de Dolores Ibárruri en un abarrotado estadio Suárez Puerta de Avilés ante cerca de 30.000 personas, de Santiago Carrillo ante 15.000 en la plaza de toros de Gijón o nuevamente de Dolores en el campo de Ganzábal en Langreo ante 10.000 asistentes, constituyen auténticos actos de masas, festivos y reivindicativos. El partido, recién legalizado, se da baños de multitudes que hacen concebir grandes esperanzas.

Sin embargo, la felicidad solo duraría hasta el día 15 de junio. En la primera cita electoral, las ya de por sí moderadas expectativas del PCE, que apuntaban a los 50 diputados,[213] se verán truncadas con un resultado mucho más modesto. Apenas 1.718.026 votos —el 9,4 %— para un total de 20 diputados en el Congreso y cinco senadores. La democracia sitúa a los comunistas muy por detrás de los 165 diputados de la UCD, de los 118 del PSOE —que obtuvo 5. 371.866 votos— y demasiado cerca de los 16 de AP.[214] Aunque en Asturias los resultados son algo mejores —60.153 votos, 10,44 %—, solo Dolores Ibarruri puede conseguir uno de los diez escaños disponibles. En definitiva, las primeras elecciones suponen un jarro de agua fría que, posteriormente, será acompañado de otros muchos.

El 1 de marzo de 1979 tendrá lugar la segunda jornada electoral de la democracia y aunque el PCE mejora levemente sus resultados, cosechando 1.938.487 votos —el 10,77 %— para un total de 23 diputados, las cifras seguirán siendo muy inferiores a las que el Partido y sus militantes consideran como justas.[215] Por Asturias, Horacio Fernández Inguanzo obtendrá su acta de diputado con 73.744 votos —un 13,75 %— que representan una clara mejoría respecto a los primeros comicios, a pesar de que la crisis del comunismo asturiano ha estallado ya un año antes en la Conferencia de Perlora, anticipando las tensiones que han de venir por doquier en el Partido. Un mes después, el 3 de abril de 1979, se celebrarían las primeras elecciones municipales. Los resultados globales mejorarán los obtenidos el mes anterior, logrando 2.139.570 votos y un 13,06 %, y en Asturias serían aún más satisfactorios, con 81.831 votos y el 16,6 %.[216] La firma de un pacto poselectoral con el PSOE para apoyar a la lista más votada de ambas organizaciones y facilitar así el acceso de

[212] Archivo Personal de Vicente Gutiérrez Solís (APVGS) «Evolución afiliativa del PCA. Periodo 78-85», s/f.

[213] Julio Anguita y Juan Andrade: *Atraco a la memoria. Un recorrido histórico por la vida política de Julio Anguita*, Madrid: Akal, 2015. p. 72.

[214] Junta Electoral Central, «Elecciones Generales. 15 de junio de 1977. Resultados», p. 5. Disponible en <http://www.juntaelectoralcentral.es/cs/jec/documentos/GENERALES_1977_Resultados.pdf>.

[215] Junta Electoral Central, «Congreso, marzo de 1979». Disponible en <http://www.juntaelectoralcentral.es/cs/jec/documentos/GENERALES_1979_ResultadosCongreso.pdf>.

[216] Junta Electoral Central, «Municipales, abril de 1979». Disponible en <http://www.juntaelectoralcentral.es/cs/jec/documentos/LOCALES_1979_Resultados.pdf>.

la izquierda a los diferentes ayuntamientos, permitirá que el PCE consiga además un puñado de alcaldías. En Asturias serán ocho, cinco en pequeños concejos como Yernes y Tameza, Candamo, Teverga, Quirós y Proaza y tres en lugares de mayor enjundia: Bimenes, Carreño y sobre todo, Grado, en donde el PCE cosecha más del 42 % de los votos. En las cuencas, sin embargo, a pesar de los buenos resultados —28.947 votos, el 27,20 %, y 50 concejales— solo será posible la obtención la alcaldía de Bimenes, aunque en Caso y Mieres estarán cerca de lograrlo.[217] A pesar de la sólida base comunista, el PCE no podrá hacer frente a lo que comenzará a ser, hasta bien entrado el siglo XXI y con escasas excepciones, la apisonadora socialista.

Langreo se configura, como cabía esperar y como sucede en general en las cuencas mineras, como un territorio de implantación de los comunistas, que vienen a obtener porcentajes en torno al doble de los cosechados a nivel regional: 21,3 % en las generales de 1977, 25 % en las de 1979 y 25,7 % en las municipales de ese mismo año, un porcentaje muy similar al obtenido en otros concejos mineros como Lena, Caso y Laviana e inferior a los de Morcín, San Martín del Rey Aurelio y, especialmente, Mieres, donde alcanzan el 33 %.[218] En la corporación democrática langreana salida de las primeras elecciones municipales desde 1931 el alcalde socialista —Maximino González Felgueroso— tendrá como primer teniente de alcalde al comunista Vicente Gutiérrez Solís, quien acabará ejerciendo largamente como alcalde en funciones ante la enfermedad del primer regidor.

Estos primeros resultados electorales, en gran medida decepcionantes para el que ha sido el Partido por antonomasia del antifranquismo y se ve relegado a una posición secundaria en el nuevo escenario democrático, vienen acompañados además del inicio de una profunda y prolongada crisis. No se trata de una cuestión exclusiva del PCE. De hecho, salvo el PSOE —cuya crisis en torno al abandono del marxismo puede ser interpretada como de crecimiento— todas las organizaciones de izquierdas sufren notables convulsiones internas que no pocas veces las llevarán a la desaparición. Tal es el caso de partidos minoritarios, pero con una notable implantación en ciertas zonas como la Organización Revolucionaria de Trabajadores (ORT) o del Partido de Trabajo de España (PTE), que ante los magros resultados electorales cosechados se fusionan primero y se autodisuelven casi de inmediato.[219] Sin embargo, la del PCE será, por la trascendencia del partido y por su duración, una de las más notables.

Los problemas comenzarán a raíz de los modestos resultados electorales de 1977, la consiguiente frustración y la necesidad de realizar autocrítica y corregir el rumbo. El primer escenario de esta crisis se produciría en Asturias, cuando en marzo de 1978 en la III Conferencia Regional del que justo entonces pasa a denominarse Partido Comunista de Asturias (PCA) un nutrido grupo de militantes

---

[217] SADEI, «Elecciones municipales 1979. Votos a candidaturas. Concejos». Disponible en <https://www.sadei.es/sadei/resultados-electorales/elecciones-municipales_250_1_ap.html?f=19__06$$190604.px>.

[218] SADEI: *Atlas electoral de Asturias*, Oviedo: Servicio de Publicaciones del Principado de Asturias, 1988.

[219] Gonzalo Wilhelmi: *Romper el consenso. La izquierda radical en la transición (1975-1982)*, Madrid: Siglo XXI, 2016, pp. 91-100.

—más de un centenar de delegados, entre los que destaca el anterior dirigente de la organización asturiana, Vicente Álvarez Areces— abandona el Partido aduciendo carencias de democracia interna. Las tensiones que se habían venido incubando en el núcleo de dirección de los comunistas asturianos afloran bruscamente y en los meses siguientes se traducen en un reguero de bajas que incluyen el grueso de la organización universitaria y buena parte de los cuadros en los sectores profesionales e intelectuales. Por contra, la base obrera permanece, con excepción de una parte de la militancia gijonesa, fiel a la nueva dirección encabezada por Gerardo Iglesias.[220] Así sucede muy mayoritariamente en las cuencas mineras. Anita, ajena a las disquisiciones ideológicas y estratégicas, se mantendrá de forma natural integrada en la organización langreana de la que tanto ella como Alfonso son piezas ineludibles. No sucede así, entre las compañeras de fatiga de los tiempos más duros de la dictadura, con Celestina Marrón ni con su hija Nori, que abandonarán el partido, aunque no la adscripción ideológica.

El problema de fondo incluye, no obstante, desajustes entre las estrategias seguidas y los resultados cosechados, malestares respecto a las señas de identidad y las definiciones ideológicas, críticas acerca de la falta de democracia interna y desconcierto respecto a la política de moderación seguida. La democracia parece estar recompensando muy escasamente el enorme precio pagado por los comunistas en la lucha antifranquista y la convivencia en el seno del partido ha perdido el aglutinante que proporcionaba la dictadura. El IX Congreso del PCE decide abandonar una de sus principales definiciones: el leninismo. Los argumentos esgrimidos por la dirección encabezada por Santiago Carrillo girarán en torno a la incompatibilidad que supone para emprender el camino al socialismo a través de la democracia burguesa. Asimismo, se defienden los Pactos de la Moncloa, de octubre de 1977, que establecen topes salariales para frenar la inflación galopante. El fondo de ambas decisiones es la elaboración de una estrategia de moderación que hiciera más atractivo el voto comunista para el conjunto de la sociedad.

Esta política crispa enormemente el ambiente interno y se asume, no sin fuertes discusiones, por pura disciplina. Pero dentro de los cuadros y las bases se comienza a producir una reacción a una serie de abandonos de las que habían parecido señas irrenunciables, entre las que destacan el distanciamiento de la URSS, la aceptación de la Monarquía y la bandera, la moderación política y económica, la nueva definición eurocomunista, etc. Y que, sin embargo, no se han traducido en una mayor aceptación por parte del electorado. La respuesta de la dirección a estas críticas será una escalada de sanciones y expulsiones contra una parte del partido en Euskadi y Cataluña y contra los militantes que muestren su apoyo a los expulsados en otras latitudes como Madrid.[221]

---

[220] Rubén Vega: «El PCE asturiano en el tardofranquismo y la transición», en Francisco Erice (coord.): *Los comunistas en Asturias. 1920-1982*, Gijón: Ediciones Trea, 1996, p. 188 y ss.

[221] Carme Molinero y Pere Ysás: *De la hegemonía a la autodestrucción. El Partido Comunista de España (1956-1982)*, Barcelona: Crítica, 2017, pp. 343-392.

Con este ambiente, el PCE tiene que hacer frente a las Elecciones Generales del 28 de octubre de 1982 en las que, como hace presagiar la crisis de los años previos, los resultados son catastróficos. Agrava el desgaste el hecho de que el PSOE catalice las esperanzas de cambio y se perfile como seguro ganador de unas elecciones que prometen dar paso a un gobierno de izquierdas. Con 846.515 votos —un 4,02 %— el PCE apenas obtiene cuatro diputados, quedando relegado a ser la quinta fuerza política del arco parlamentario tras un PSOE que arrasa —202 escaños y más de 10 millones de votos— gracias a la expectativas y la ilusión que despierta en amplias capas de la sociedad.[222] En Asturias se podrá contener la debacle, lo que permitirá conservar el escaño de Horacio Fernández Inguanzo, si bien cayendo a los 53.017 votos y un 8,2 %. Como dato significativo cabe señalar que en las cuencas mineras el PCE será capaz de retener prácticamente toda su influencia, ya que obtendrá 22.387 votos, un 18,1 % del total, acreditando en la peor de las coyunturas la fidelidad del voto comunista en ese espacio.[223] En resumen, como expresa de modo contundente un militante langreano: «¡En el 82 sufrimos la mayor hostia de la historia!».[224]

Los conflictos previos y los pésimos resultados electorales provocan el relevo de la secretaría general del PCE. La relativa solidez del partido en Asturias en medio de la debacle generalizada influirá en la salida que se improvisa: Santiago Carrillo es sustituido por Gerardo Iglesias —a la sazón secretario general del PCA— con una maniobra en la que el primero pretende mantener su influencia a través del segundo. Pero Iglesias, forjado en las huelgas mineras, los penales franquistas y acostumbrado a ejercer labores de dirección, romperá rápidamente con Carrillo, lo que ahonda en la crisis del partido. Estos enfrentamientos se saldarán con la exclusión del «zorro rojo» de la dirección del partido en abril de 1985, bajo la acusación de promover una ruptura interna.[225]

La crisis es de tal magnitud que el PCE deberá reinventarse para seguir presente en la política nacional, hasta tal punto que no volverá a concurrir a unas elecciones bajo sus siglas sino en coalición. A partir de 1986 la travesía del desierto se irá superando a través del reciclaje del partido en Izquierda Unida (IU). En los años previos, la campaña contra la OTAN, las luchas contra la reconversión industrial o la huelga general contra la reforma de las pensiones impulsada por CC. OO. ponen de manifiesto la apertura de un espacio a la izquierda del PSOE. Las elecciones andaluzas de junio de 1986, en las que el PCE logra duplicar sus resultados respecto a la anterior legislatura a través de una candidatura unitaria denominada Izquierda Unida-Convocatoria por Andalucía, marcan el camino.[226]

[222] Junta Electoral Central, «Municipales, octubre de 1982». Disponible en <http://www.juntaelectoral-central.es/cs/jec/documentos/GENERALES_1982_ResultadosCongreso.pdf>.

[223] Rubén Vega: «El PCE asturiano…», p. 214.

[224] Entrevista realizada a Juan Ignacio Castaño con ocasión de la biografía de Vicente Gutiérrez Solís.

[225] Fernando Jauregui: «Santiago Carrillo y 18 de sus seguidores, expulsados de los órganos de dirección del PCE», *El País*, 20/4/1985.

[226] Boletín General de la Junta de Andalucía, n.º 78. «Disposición generales», 9-VIII-1986. Disponible en <http://www.juntaelectoralcentral.es/cs/jec/documentos/ANDALUCIA_1986_ResultadosyElectos.pdf>.

El objetivo de esta iniciativa, cuyo principal valedor será Gerardo Iglesias, es aglutinar a diferentes fuerzas políticas de izquierdas de cara a las Elecciones Generales del 22 de junio de 1986. Los resultados serán modestos, pero el cambio de dinámica es un hecho: 935.504 votos —4,63 %— y 7 escaños en el Congreso. Desde entonces y durante la siguiente década, IU irá consolidándose primero como candidatura y luego como organización, llegando a cosechar unos resultados parecidos a los de la Transición. No obstante, tanto la fundación de la coalición como su evolución a partido político estarán salpicados de polémicas. Abandonar la cultura de partido hegemónico en la izquierda no es un cambio menor y genera fuertes tensiones entre quienes defienden la idea de la coalición electoral con fuerte impronta comunista y los partidarios de diluir al PCE en favor de una nueva organización.

Pero esta revitalización no evitará el surgimiento de problemas internos a distintos niveles con una matriz común: qué relación debe establecerse con el PSOE. El sector encabezado por Julio Anguita plantea la necesidad de acuerdos programáticos que, en caso de no aceptarse y cumplirse, sitúen a IU en la oposición. Por otro lado, el sector crítico de Nueva Izquierda, defiende una colaboración más cercana con los socialistas para evitar gobiernos del Partido Popular (PP). Tras sucesivos encontronazos, esta última opción acabará abandonando IU y, tras un breve periplo como partido, se integrará en el PSOE.[227]

Asturias no estará tampoco exenta de problemas. Tras su dimisión como coordinador general de IU, Gerardo Iglesias recala en Asturias —y en la mina— a finales de 1989. Cuando se valora la posibilidad de que éste sea el cabeza de lista para las Elecciones Autonómicas de 1991, en lugar de un joven Gaspar Llamazares, coordinador general de IU Asturias, se reabrirá la caja de los truenos. Tras meses de debates sobre los modos de colaboración con el PSOE —con el que el sector de Llamazares defiende un mayor entendimiento—, Iglesias declina encabezar la lista a las autonómicas, lo que provoca el alejamiento de las cuencas mineras de la vida orgánica del PCA e IU durante cierto tiempo.[228]

Mucho mayor será la crisis con la que el PCA e IU estrenan el siglo XXI. En las Elecciones Generales de 2004 la coalición apenas obtiene 3 diputados, lo que provoca que se reaviven los debates acerca de la línea política a seguir respecto al PSOE. Desde el PCE se criticará duramente la estrategia de Llamazares, coordinador federal de IU por aquel entonces, al que se acusa de entregarse políticamente a los socialistas. El debate cobrará en Asturias, lugar de procedencia de Llamazares, una especial virulencia. Los enfrentamientos internos llegan a las manos y tras éstas, arrecian las expulsiones: los críticos, mayoría dentro del PCA, expulsan a los oficialistas del Partido. IU, por su parte, excluye a los críticos de las listas electorales y los expulsa de la coalición.[229]

---

[227] Julio Anguita y Juan Andrade: *Atraco a la memoria…*, pp. 218 y ss.

[228] Pablo Batalla: *Si cantara el gallo rojo. Biografía social de Jesús Montes Estrada, Churruca*, Oviedo: Trea, 2017, pp. 306-308 y Blanca Gutiérrez: «Llamazares: `Iglesias ya no es el candidato idóneo del PCA ni es imprescindible para IU´», *La Nueva España*, 17/5/1990.

[229] Pablo Batalla: *Si cantara el gallo rojo…*, p. 375.

Esta última gran crisis —posteriormente vendrían otras de menor enjundia—supondrá toda una tortura emocional para los viejos militantes que, tras décadas de lucha, se encontrarán ante una situación en la que serán expulsados y deberán expulsar a compañeros de trinchera de los que realmente no quieren separarse. Anita y la inmensa mayoría de los militantes históricos del PCE en las cuencas mineras se verán a la postre fuera del PCE después de toda una vida dedicada al mismo:

> Acompañé a una investigadora japonesa, que venía a hacer una serie de entrevistas orales, a hablar con Anita […] hubo una cosa que me sorprendió […] contaba todas las desgracias que le habían pasado en su vida, y todas las grandezas de la lucha, con todo el sufrimiento… tan tranquila. Y, sin embargo, cuando ya nos íbamos a ir, se puso a contarle como unos ´malvados´ habían tomado el PCA y los habían expulsado y que resultaba que ella, que toda la vida había estado en el PCA ahora no lo estaba… y se puso a llorar con un sufrimiento tan grande que me conmovió el corazón y me hizo replantearme muchas cosas de la militancia y ver el amor y la identificación con el Partido de esta gente que al final vivían la lucha por la transformación social como una lucha mesiánica y realmente, el PCA era algo a lo que había dedicado toda su vida y si le quitaban eso estaban quitando algo de lo que más sentido le había dado a su vida.[230]

Como señala Vicente Gutiérrez Solís: «tú fíjate, después de to la vida… al final Marcolina y yo pasamos la cuota entera para IU. Ye lo mismo, qué más da, pero mira qué situación».[231]

En definitiva, ser militante comunista en dictadura había sido un compromiso cuasi heroico, pero en democracia se constituyó como un drama en no pocas ocasiones. Y en esas se verán al menos dos generaciones de militantes. Pero vivir en las cuencas mineras asturianas ha traído, paradójicamente, varias satisfacciones a nivel político. Durante los años ochenta y parte de los noventa, estas son el feudo político de la FSA y desde donde el PSOE y el SOMA ejercen un poder casi omnímodo en Asturias y no poca influencia a nivel estatal.[232] Son, además, tiempos de crisis y unas reconversiones que el PCE-IU y CC. OO. cuestionan en fondo y forma, pero contra las que no pueden oponer suficiente presión.

El paso del tiempo y la desindustrialización generarán un desgaste socialista que sin resultar alarmante es notorio y abre paso a otras formaciones políticas. Y en contra de lo habitual en otras zonas azotadas por el declive industrial, desde Inglaterra hasta Francia y pasando por Bélgica o Alemania, con los cercanos ejemplos del suroccidente asturiano y el norte de León; el electorado no virará, a nivel local, a la derecha sino que, merced a la fuerte y nutrida implantación comunista, mira hacia la izquierda.

---

[230] Entrevista realizada a Amaya Caunedo Domínguez con ocasión de esta biografía.
[231] Entrevista realizada a Vicente Gutiérrez Solís en el marco de su biografía. Depositada en el AFOHSA.
[232] Rubén Vega: «El sindicalismo socialista en la Asturias de la transición», en Eduardo Abad, Carmen García, y Francisco Erice (coords): *El antifranquismo asturiano en (la) Transición*, Oviedo: Trea, 2021. pp. 272-277.

La espita se abrirá en las elecciones municipales de 1995, cuando IU se hace con el gobierno de cuatro concejos mineros: Bimenes, Langreo, Morcín y Riosa.[233] Langreo constituirá el principal bastión del comunismo asturiano, revalidando la mayoría cuatro años después. Con la llegada del nuevo siglo y, sobre todo, a partir de la crisis económica de 2011, esta situación se irá convirtiendo en cotidiana hasta el punto de que en la cuenca del Caudal IU está adquiriendo en los últimos años tintes de fuerza hegemónica, sobre todo en Mieres. La multitudinaria despedida a Anibal Vázquez, Alcalde de Mieres por *aclamación popular* desde 2011, da buena prueba de ello. Las elecciones municipales de 2023 no dan lugar a la especulación: Langreo y Mieres, los principales municipios de las comarcas mineras asturianas, y Lena y Morcín están bajo alcaldías de IU. Por su parte, CC. OO. ha recuperado con el tiempo la influencia perdida décadas atrás en favor de UGT.

Aunque los resultados no tienen traslación ni equivalencia en el ámbito regional —en el terreno político, no así en el sindical—, esto constituye una auténtica excepción en las zonas desindustrializadas de toda Europa y erigen a las cuencas en referente y bastión del PCE-IU a nivel estatal. En ninguna otra zona de España se produce una situación siquiera parecida. Así, aunque con casi medio siglo de retraso, las *viejas* comarcas mineras han adquirido el color rojo que los militantes comunistas esperaban en los albores de la democracia, aunque la transformación de las cuencas ha sido notable: de minas a museos, de industria a turismo y servicios. Y esto ha sucedido en medio del declive de IU, el debilitamiento del movimiento obrero y el ascenso de nuevas fuerzas como Podemos o Sumar que apuntaban primero a fagocitar y más tarde a diluir la presencia de IU. Anita no ha sido mera espectadora de este proceso de revitalización, pues nunca ha dejado de volcarse en las campañas electorales ni de vivir con intensidad reveses y alegrías en las urnas. La última conversación que tuvimos con ella, unos meses antes de fallecer y con sus facultades mentales ya mermadas, versó en parte sobre la amenaza de la ultraderecha, cuyo ascenso le producía auténtica angustia, pero también sobre los éxitos electorales de Langreo y Mieres, de los que era muy consciente. No todo iban a ser malas noticias.

Dispuesta para lo que se necesite

> Yo la recuerdo siempre cocinando en las fiestas del Partido. Cocinando siempre pa hacer dinero. En les fiestes del PCE, en la fiesta del Carbayu… siempre cocinando. Era una mujer que daba pa todo. Yo alucinaba, no sé cómo lo hacía ¡Es que era terrible! Siempre dispuesta a todo, con una resistencia poco común y siempre-y daba tiempo a todo, no sé cómo lo hacía.[234]

[233] SADEI «Elecciones municipales 1995. Votos a candidaturas». Disponible en <https://www.sadei.es/sadei/pxweb/es/01/19__06/190612.px/>.

[234] Entrevista realizada a Magaly Suárez Pérez con ocasión de esta biografía.

La llegada de la democracia difumina la figura de Anita, así como la de decenas de veteranos militantes comunistas que han sido fundamentales en los duros tiempos de la clandestinidad. El Partido se convierte en un auténtico fenómeno de masas, muy rejuvenecido y aun en las sucesivas crisis que lo azotan, el volumen de afiliación y militancia es mucho más elevado que en los difíciles tiempos de la dictadura. Anita ha sido siempre una militante de base y nunca ha aspirado ni deseado ser otra cosa. Fueron las aciagas circunstancias de la lucha y su tesón inquebrantable las que la fueron convirtiendo en una lideresa de su comunidad.

Pero en el contexto democrático las cualidades requeridas para la militancia evolucionan rápidamente. Si durante el franquismo es necesario tener habilidades —y, sobre todo, valentía— para impulsar movilizaciones, organizar piquetes, elaborar y distribuir propaganda y, en definitiva, asumir un sinfín de riesgos, en la democracia las cualidades requeridas están más relacionadas con actividades de despacho: cargos públicos en las instituciones y orgánicos en las estructuras del partido, congresos y mítines, debates, elaboración de programas, propuestas y políticas, etc. La burocracia se abre paso a costa de la movilización, que es precisamente donde Anita podía desplegar todas sus virtudes.

Durante un tiempo, los locales del Partido una vez legalizado, se asemejaron —particularmente en las cuencas mineras— a las antiguas casas del pueblo y actuaron como espacios de sociabilidad y cohesión para una militancia que frecuentaba la sede. No faltaron incluso casos en los que se contaba con un bar y un espacio habilitado para comidas o celebraciones, lo que reforzaba ese carácter de punto de encuentro cotidiano. Anita conservó ese hábito toda su vida y cuando los avatares de las crisis intestinas la situaron temporalmente fuera del PCE o en mala relación con la dirección local de IU del momento, siguió encontrando en la Unión Comarcal de CC. OO. el lugar de acogida que necesitaba, hasta el punto de frecuentar sus locales casi a diario. De este modo, cuando su cuerpo fue velado y su féretro sacado a hombros de la sede de CC. OO. puede decirse con propiedad que estaba en su casa.

La militancia de base, tanto en el PCE como en CC. OO., será su seña de identidad a partir de la legalización de ambos. Tan dispuesta como había estado siempre, lo único que cambia son las tareas concretas, que ahora han dejado de entrañar riesgo pero siguen requiriendo tesón. Acudir a las asambleas y reuniones, participar en las protestas y movilizaciones «que mandara el Partido», difundir propaganda, ayudar en las campañas, echar una mano en todas aquellas cuestiones e iniciativas para las que fuera requerida y, con la llegada del siglo XXI, participar en las diferentes iniciativas de recuperación de la memoria democrática ocuparán su vida.

Ocasionalmente formará parte de órganos partidarios o sindicales, siempre en niveles locales, del mismo modo que su nombre figura a veces al final de las candidaturas como forma simbólica de apoyo en puestos de imposible elección. En 1983, la Conferencia Comarcal del PCA del Valle del Nalón la elige, junto a los veteranos Luis Adenso González Antuña y Saturnino Márquez Amaro como integrante de la

Comisión de Garantías del partido. Se trata claramente de un «cuadro de honor» que reconoce a lo más granado de la militancia en los tiempos de la dictadura.[235] El mismo sentido, reforzado por la solemnidad del momento, cabe atribuir al papel que se le asigna en la despedida de Dolores, de quien ella siempre recordaba que había estado en su casa de Lada —seguía estándolo, en realidad, a través del retrato que colgaba de sus paredes— comiendo su fabada. Además de ser portadora de una piedra de carbón para colocar en su tumba como ofrenda de los comunistas langreanos, formará parte de la militancia selecta que la vela:

> El cadáver de Dolores Ibárruri, «Pasionaria», será velado hoy en Madrid por seis históricos militantes del Partido Comunista de Asturias (PCA) y por el comité central del mismo. Horacio Fernández Inguanzo, Ángel León, Mario Huerta, Anita Sirgo, Valeriano Lorenzo, Manolín Alonso y Vicente Gutiérrez Solís viajarán hoy por la mañana a la capital de España para velar de cuatro a cuatro y media de la tarde, el cadáver de la que fuera presidenta del Partido Comunista de España (PCE) y diputada por Asturias en 1936 y 1977.[236]

En los años noventa formará parte de la Ejecutiva de la Federación Regional de Pensionistas, un órgano del que formará parte también y durante más tiempo, Celestina Marrón. En esa condición la encontramos participando en una rueda de prensa dentro de una campaña contra la pérdida de poder adquisitivo de las pensiones.[237] No es una reivindicación circunstancial sino que se la podrá seguir encontrando aferrada a pancartas con la misma exigencia cuando, en la segunda década del siglo XXI, los recortes vuelvan a amenazar la revalorización automática de las pensiones para recortarlas como parte de las muchas medidas de ajuste social adoptadas. Con la misma determinación tomará el camino de Madrid para manifestarse en defensa del derecho al aborto cuando el Gobierno de M. Rajoy plantee su reforma, formando parte de la marea feminista que se opone al retroceso en lo ya conquistado y alcanza el éxito provocando la caída del ministro de Justicia y la retirada del proyecto. Se trata, de algún modo, de un reencuentro con la agenda feminista que en otro tiempo le había suscitado recelos o le había parecido no prioritaria cuando la lucha contra la dictadura parecía eclipsarlo todo. Pasados los años, Anita está al pie del cañón y se convierte en figura a la que rendir pleitesía, la que anima con su energía y vitalidad los viajes en autobús y con la que todo el mundo quiere hacerse una foto en la manifestación.

En realidad, el carácter de revulsivo y la capacidad de infundir estados de ánimo de Anita se expresa de múltiples modos con su mera presencia. Valga como ejemplo el que relata el dibujante Alberto Vázquez al dar cuenta del viaje hasta León para asistir al entierro de Víctor Bayón, el que fuera marido de su inseparable Tina, ca-

---

[235] *La Nueva España*, 25/1/1983.
[236] *La Nueva España*, 15 y 16/11/1989.
[237] *La Nueva España*, 22/1/1994.

marada y amigo personal de ella y de Fonso: «voy sentáu atrás con Anita, que viaxa puñu en altu y echando cagamentos nuna especie de rebeldía que reconforta».[238]

El mejor ejemplo del tipo de militancia que desarrolla y de su tenacidad lo constituye su labor propagandística durante las campañas electorales:

> Díbemos puerta por puerta, dando la propaganda en mano, casa por casa. No era meter en buzones, era darlo personalmente casa por casa, en los bajos ¡pero también en los quintos sin ascensor, eh, que hay que subilos! Díbemos por Lada, Villa, lo que podíamos de La Felguera. Antes hacíase mucho, pero yéremos poca gente los que lo hacíamos porque era muy esclavo, por la mañana, por la tarde, sin parar. Y Anita siempre yera que había que hablar con la gente. Llegar, picar y da-ylo a la gente en la mano: `oye, vengo a traete del votu del Partido´. Y si no querían, que lo rompieran delante de ella, no se enfadaba, pero no quería dejalo en el buzón porque la gente no leía. Ahora sigo haciéndolo yo sola.[239]

Pero de todas las actividades, la que mejor pone de manifiesto su calidad humana es su faceta más desconocida: la solidaridad vecinal. No es que a estas alturas esta no sea de dominio público, pero probablemente no se conozca en toda su plenitud. De Anita —y de Fonso— sabemos que dieron soporte y cobijo a militantes clandestinos, que acogieron en su casa durante cierto tiempo a compañeras, como Carmen Antoñana, que recaudaron y repartieron dinero para los represaliados políticos, que se preocuparon por los presos y por sus compañeros de organización. Sin embargo, resulta mucho menos conocido que, sobre todo de mayor, apoya económicamente a diferentes personas —incluso a espaldas de su propia familia— o historias como la que sigue a continuación.

La llegada de la democracia y la década de los ochenta serán años muy duros. Lejos de los relatos que blanquean aquella etapa por el supuesto florecer de libertad y modernización lo cierto es que trata de una época de crisis y de quiebra de las comunidades obreras. A día de hoy podemos afirmar que la reconversión industrial no ha sido una política de tierra quemada y devastación social como lo fuera en otros lares donde imperó un neoliberalismo descarnado, pero este resultado no estaba escrito de antemano. Las medidas que la distinguen de la Inglaterra de Margaret Thatcher son arrancadas a través de una enorme presión sindical y de intensas movilizaciones, desarrolladas en muchas ocasiones al margen de la legalidad.

A principios de 1980 los trabajadores de Duro Felguera convocan una huelga indefinida, que se extiende durante más de dos meses, en apoyo a los trabajadores de la gallega CENSA. La empresa ha sido adquirida un lustro antes por la siderúrgica asturiana, que dentro sus planes de reconversión pretende cerrarla. La respuesta de la plantilla de la Duro, tanto en las cuencas como en Gijón, será expeditiva y durante de más de ocho semanas mantendrán una huelga salvaje para salvar los puestos de

---

[238] Alberto Vázquez García: *Los llazos coloraos*, Oviedo: Trabe, 2019, p. 64.
[239] Entrevista realizada a Isabel Jardón Carbajal con ocasión de esta biografía.

trabajo de unos compañeros a los que, por cierto, no les unen más lazos que la pertenencia al mismo grupo empresarial. Asambleas diarias, encierros de diverso tipo en la empresa, bancos y consulados; manifestaciones, saltos y barricadas constituirán el repertorio de movilización de un conflicto con connotaciones épicas.

Uno de aquellos huelguistas es Paulino Argüelles, joven de Lada, recientemente casado con Isabel Jardón, y con la que comparte la paternidad de una niña, Aida, de seis meses. En las movilizaciones de apoyo a los huelguistas Paulino «siempre me decía: `arrímate a Anita, da igual que no la conozcas, donde esté ella vete tú, que ahí estás bien´».[240] Isabel, de solo 22 años, apenas conoce a Anita, pues lleva viviendo en la barriada de Lada el tiempo transcurrido desde su boda: tan solo un año.

Durante una de las jornadas de movilizaciones, Paulino sufre un infarto que lo deja hospitalizado durante meses y que a la postre le costará la vida. Las características de la huelga provocan que, en el primer momento, quede despedido y sin cobertura de la Seguridad Social, dejando a la familia en una situación de total precariedad. Anita, como resulta fácil deducir, tampoco conocía más que de vista a Isabel. Sin embargo, eso no fue óbice para que se volcara con ella:

> Al mí hombre dio-y un infarto durante una huelga ilegal en la Duro, en 1980, y quedó muy mal, despedíu y sin Seguridad Social, ni paro ni nada y con 22 años quedé a cargo de él y de la mi nena, que tenía seis meses. Yo no hacía más que llorar por los hospitales, llegábenme les factures, no teníamos sueldo, no teníamos nada… y así estuvimos nueve meses, hasta que lo arreglamos. Pero mientras tanto llegaben les factures del hospital, mientras él taba en la UVI, una de ciento y pico mil pesetes. Ella no me conocía na más que de la barriada y volcose conmigo, siempre estaba encima de mí. Yo llegaba por la noche del hospital y cuando era pol invierno siempre me dejaba una potina en el felpudu, pa que cuando llegara pudiera tener una cena caliente. Es que me emociono… […] Y cuando tenía que tar en el hospital, o trabayando, quedábase con la nena […] Siempre me decía: `Isabel, tú no te preocupes, to lo que se puede pagar con dinero ye barato, lo caro ye lo que no se puede pagar´ […] Era como mi madre, fue una segunda madre pa mí durante cuarenta y pico años. Todo el mundo habla de ella como luchadora, pero como persona… había que quitase el sombrero.[241]

A resultas del fallecimiento de su marido, Isabel cae en una depresión, a la que se sumó, en un principio, la precariedad laboral. Unidas ya en una relación de amistad que durará toda la vida, Anita encuentra la receta para su situación en el sindicato, procurando asimismo que la militancia de Isabel fuera algo más que un empoderamiento personal, que abriese la puerta al resto de mujeres de CC. OO.:

> Quedé viuda y entré en una pequeña depresión y ella cogiome de la mano y llevome con ella pal sindicato, pa La Felguera. Y de aquella no era como hoy, no había mujeres en el sindicato. Tábamos Anita, Celestina la marrona y yo. No había más. Cada vez que había

---

[240] Entrevista realizada a Isabel Jardón Carbajal con ocasión de esta biografía.
[241] Entrevista realizada a Isabel Jardón Carbajal con ocasión de esta biografía.

una reunión de Secretariado o de Ejecutiva ella protestaba porque quería que estuviese alguna mujer, no ella precisamente —porque ella era muy humilde—, pero una mujer. Y yo como era la más joven de les tres… pues una mujer tenía que estar metida entre aquellos hombres en la mesa. Siempre una mujer. La prubina siempre luchando para que hubiera alguna mujer en los órganos y luego, cuando ya vio que aquello se cumplía, parece que ya fue respirando un poco.[242]

Pelear por los demás sin buscar nada para sí es una constante en la vida de Anita. Del mismo modo que se recuerda a sí misma repartiendo clandestinamente ayudas a familias huelguistas y represaliados pero nunca recibiéndolas, muchos años después, ya en la recta final de su vida, nos contaba lo ofensivo que había resultado para ella que una productora audiovisual pretendiera pagarle por una entrevista. Había concedido centenares y jamás concibió que pudiera cobrar por ello. Como tampoco le pareció correcto cobrar lotería cuando resultó agraciada en un sorteo de la Cruz Roja. Comprar papeletas para ayudar a la ONG era una cosa, pero cobrar el premio que le correspondía no entraba en sus cálculos, de modo que les dijo taxativamente que donaba el dinero.

Estas conductas, a medio camino entre la actitud personal y la militancia política, orientadas por principios de solidaridad y de compromiso, habían marcado su vida desde siempre. Durante años, los avatares represivos sufridos por ella y por Alfonso y las estrecheces económicas habían estado presentes de modo permanente. A este respecto, la situación mejora ostensiblemente con la llegada de la democracia. No sólo porque sus hijas son ya mayores y muy pronto comienzan a trabajar, sino porque la situación económica familiar se torna favorable. La democracia trae aparejada una medida política, arrancada a través de la presión y la movilización, que en el plano personal supondrá un notable beneficio para el matrimonio. El 15 de octubre de 1977 el Gobierno aprueba la Ley de Amnistía que, entre otras cosas, incluye una amnistía laboral:

> La amnistía deja sin efecto las resoluciones judiciales y actos administrativos o gu-
> bernativos que hayan producido despidos, sanciones, limitaciones o suspensiones de los
> derechos activos o pasivos de los trabajadores por cuenta ajena, derivados de los hechos
> contemplados en los artículos primero y quinto de la presente Ley, restituyendo a los
> afectados todos los derechos que tendrían en el momento de aplicación de la misma
> de no haberse producido aquellas medidas, incluidas las cotizaciones de la Seguridad
> Social y Mutualismo laboral que, como situación de asimiladas al alta, serán de cargo
> del Estado.[243]

Los despedidos deben, por tanto, ser reincorporados a su puesto de trabajo, res-
petando la categoría, la antigüedad y, lo más importante, abonando las cotizaciones a

---

[242] Entrevista realizada a Isabel Jardón Carbajal con ocasión de esta biografía.
[243] Jefatura del Estado, «Ley 43/1977, de 15 de octubre, de Amnistía», *Boletín Oficial del Estado*, n.º 248, 17-X-1977. Disponible en <https://www.boe.es/buscar/pdf/1977/BOE-A-1977-24937-consolidado.pdf>.

la Seguridad Social correspondientes al tiempo de despido. En HUNOSA, además, las huelga del año 76 ya ha logrado imponer, anticipándose incluso a la ley, una amnistía para todos los despedidos de años anteriores, logrando así la readmisión no ya solo de todos aquellos represaliados por la empresa pública sino por aquellas empresas que se habían integrado en hullera pública.[244]

Alfonso Braña se beneficia doblemente de estas medidas. Por un lado, la amnistía de HUNOSA le facilita su vuelta al trabajo, pero tras más de quince años fuera de la mina prefiere continuar trabajando en La Previsora Bilbaína. Esta decisión no es excepcional, otros trabajadores afectados, como Vicente Gutiérrez Solís, también deciden continuar en sus empleos. Sin embargo, con la publicación de la Ley de Amnistía las circunstancias cambian bastante, dado que a su vida laboral hay que sumarle más de 17 años de cotizaciones en el Régimen Especial de la Minería, es decir, con una base más alta que la del Régimen General. Con 55 años Fonso puede jubilarse. La gestión no es fácil y como otros compañeros debe pleitear para que le sean reconocidas las cotizaciones en la Seguridad Social. El 22 de diciembre de 1980 recibe la notificación que estima su reclamación. Tras casi dos décadas, podrá por fin dejar su oficio de vendedor de seguros, salir de las estrecheces y lograr una estabilidad económica.

Sin embargo, esta nueva etapa que se abre para sí y para los suyos se trunca de repente. La semana previa a la Nochebuena de 1980 un temporal de lluvia y viento azota Asturias, cebándose con el concejo de Langreo. El día 20, la parroquia de Barros, pegada a Lada, sufre unas inundaciones que ocasionan que la corporación municipal solicite su declaración como zona catastrófica.[245] Las consecuencias del temporal afectan a las vías de comunicación y provocaron que el día 22 de diciembre de 1980, durante un pequeño trayecto entre La Felguera y Lada, Fonso pierda el control de su vehículo, sufriendo un accidente que le cuesta la vida.

Fallece en circunstancias similares a las de Juan Muñiz Zapico *Juanín*, quien ha muerto del mismo modo apenas cuatro años antes. Su entierro, la tarde de Nochebuena de 1980, es el de un dirigente local querido, respetado y admirado a partes iguales. Aunque tiene escaso eco en la prensa regional, la despedida fue de una notable magnitud, muy en la línea de lo que se viviría en el entierro de Anita 42 años después.[246] Con el especial sentido que la muerte adquiere en una comunidad minera y con una militancia volcada en despedir a uno de los suyos, el entierro se convertirá en una impresionante y multitudinaria manifestación de duelo. Desde su casa de Lada saldrá una comitiva funeraria que llevará a hombros de sus camaradas,

---

[244] Rubén Vega e Irene Díaz:: «Conflictos obreros y movilizaciones sociales en el tardofranquismo y la transición (1965-1977)» en Rubén Vega (coor.): *El movimiento obrero en Asturias durante el franquismo. 1937-1977*, Oviedo: Fundación Juan Muñiz Zapico, Archivo de Fuentes Orales para la Historia Social de Asturias y KRK Ediciones, 2013 , pp. 362-366.

[245] Manuel Álvarez Llana y Manuel López González: «La corporación, reunida en sesión extraordinaria, acordó pedir que Barros sea declarada zona catastrófica», *La Nueva España*, 24/12/1980.

[246] «Expresión de gratitud», *La Nueva España*, 28/12/1980.

hasta el cementerio de Sama, el féretro de Alfonso Braña Castaño, minero, comunista, despedido, torturado, encarcelado, pero nunca doblegado.

Se iba un líder de las Comisiones Obreras y del PCE, pero sobre todo, un esposo, un padre y un abuelo. Se trunca una vida, una relación familiar y un matrimonio que lejos de idealizaciones, todas las entrevistas coinciden en definir como compenetrado y enamorado. Para los muchos que no pudieron conocerlo, Fonso puede llegar a transmitir la imagen del prototipo de dirigente local del PCE en las cuencas: seriedad, dureza, y discreción. Sin duda alguna era así, pero desde luego era también, como suele ser habitual, más complejo y con muchas afinidades con Anita.

Viuda a los cincuenta años, Anita siempre recordará a Fonso con un extraordinario cariño, aun con el paso del tiempo y décadas después de su fallecimiento: «Me impresionó profundamente el amor tan vivo que sentía hacia Fonso, su marido, y cómo se refería a él más de treinta años después de su fallecimiento. Estábamos en su casa, durante la entrevista, y parecía que lo tuviera en la habitación de al lado».[247]

La pérdida repentina y prematura del marido que durante más de treinta años había sido también un camarada en todos los sentidos de la palabra deja un vacío muy difícil de llenar. Unos años más tarde se añadirá la de su madre, sostén indispensable en las luchas y garantía de tener cubierta la retaguardia ante cualquier adversidad, que siempre había convivido con el matrimonio y tantas veces se había hecho cargo de sus nietas. Ana Suárez fallece el 27 de mayo de 1989 tras 79 años de una vida llena de penalidades y trabajo duro que ella había afrontado con un espíritu de hierro.

Huelga decirlo, pero aunque no lo exterioriza y muchos testimonios señalan este particular, de puertas adentro los años posteriores al fallecimiento de su marido son, en la intimidad del hogar, muy duros para Anita: «Después del fallecimiento tuvo unos años muy duros. Fuera no se notaría, pero en casa sí que se notó».[248] «Pasolo muy mal, estuvo siete años que no salía de casa. Ir a trabajar a les fiestes del PCE y ya. No salía de casa, no salía de la cocina. Muy mal lo pasó».[249]

Y es que, si hay un recuerdo unánime, universal, desde los años ochenta en adelante, este es su participación en la caseta de Asturias en la fiesta anual del PCE en la madrileña Casa de Campo, cocinando para todos los asistentes al evento, que no eran precisamente pocos:

> Cuando Gramsci habla de los tres verbos de instrúyanse, organícense, conmuévanse, ahí hay que añadir siempre: diviértanse. Eso era la fiesta del PCE en Madrid y eso era el alma de la caseta de Asturias, el lugar al que todo el mundo quería y tenía ir a comer eses fabes que se comían incluso a la 1 o les 2 de la mañana [...] pues el alma de esta caseta yera Anita.[250]

---

[247] Entrevista realizada a Amanda Castro García con ocasión de esta biografía.
[248] Entrevista realizada a Arturo Carreño Braña con ocasión de esta biografía.
[249] Entrevista realizada a Etelvina Braña Sirgo con ocasión de esta biografía.
[250] Entrevista realizada Benigno Delmiro Coto con ocasión de esta biografía.

El origen de esta fiesta se sitúa en el año 1977, cuando la legalización de partidos y sindicatos, de cara a las inminentes elecciones de junio, da lugar a una breve pero intensa explosión de alegría y optimismo transversal a toda la sociedad. Una efervescencia fruto de la creencia de que por fin se han conquistado las libertades democráticas tanto tiempo añoradas y peleadas. Se abre paso, por tanto, un nuevo escenario que debiera facilitar la construcción de una sociedad más libre, justa, igualitaria y avanzada en términos políticos, sociales y culturales y que rompa con la sociedad franquista.

La alegría durará poco, sobre todo en el caso del PCE, que como ya hemos visto, en las elecciones cosechó unos resultados electorales frustrantes, pero aun así, se abrirán paso diferentes fenómenos y expresiones culturales y festivas que inundan todo el país con el objetivo de hacer suyo el disfrute de la «Libertad». Un buen ejemplo de ello lo constituyen las Jornadas Libertarias Internacionales, celebradas en el Parque Güell de Barcelona entre el 22 y el 25 julio de 1977 y que reúnen a más de medio millón de personas.[251] Otro es la fiesta del PCE, que con mucha mayor fortuna que el resto de iniciativas que surgieron en aquel momento, se viene desarrollando desde 1977 con la sola excepción de 2020, año de la pandemia.

La idea consiste en celebrar las libertades democráticas y plantear reflexiones y debates, sociales y culturales junto con intervenciones políticas. Además, se pretende dar cabida a los diferentes territorios para que estos compartan su cultura y gastronomía con el resto de compañeros. En definitiva, un acto de afirmación política a través de la fiesta y la convivencia. En su primera edición, justo antes de la cita electoral de junio de 1977, llegarán a juntarse unas 300.000 personas y para su segunda, en el mes de octubre, se darán cita más de 500.000. No obstante, será septiembre el mes en el que arraigue finalmente el evento.[252]

La caseta de Asturias se convierte rápidamente en un referente de la fiesta. Ayuda a ello el enorme ascendente que el PCA tiene sobre sus camaradas por su largo historial de luchas bajo el franquismo y la imagen mitificada del colectivo minero. También, por supuesto, que en los años ochenta Gerardo Iglesias sea el secretario general del Partido y el coordinador general de IU. Pero si la caseta asturiana se convierte en parada obligada lo es gracias a la sidra y, sobre todo, a la fabada que Anita cocina diariamente y que se contaba por decenas de kilos: «Hacía fabes para miles de personas. Es que igual hacía 30 kilos de fabada al día ¡Y estaben cojonudes! Eso y arroz con leche, que taba tremendo también».[253] Y es que Anita fue reconocida

---

[251] David Fernández de Castro: *Contracultura, mentiras y Ajoblanco*. Barcelona: Lastor media, 2015. Este documental, sobre el ambiente cultural de carácter libertario en Cataluña, refleja la efervescencia cultural, social y política del año 1977.

[252] Andrés Manzano y José María Baviano: «Trescientas mil personas en la fiesta del PCE», *El País*, 14/7/1977 y «Alrededor de medio millón de personas en la fiesta del PCE», *El País*, 16/10/1977.

[253] Entrevista realizada a Aitana Castaño Díaz con ocasión de esta biografía. La estimación de 30 kilos de fabes cocinados por día se queda probablemente corta. Según la propia Anita refirió en una ocasión a uno de los autores, aquel año habían sido ocho los sacos de fabes que había cocinado en los tres días que duraba la Fiesta y los anteriores, cuando ya estaba instalada y cocinando para los camaradas que trabajaban en los

como una gran cocinera durante toda su vida y, como recuerda su familia, de una manera muy tradicional: «Era una gran cocinera, cocinaba además muy contundente. Hace años una camarada vendió-y una termomix y a los quince días diómela porque ella no se apañaba con aquello, que quería hacelo como siempre».[254]

Pero más allá de la fabada que todo el mundo recuerda, la caseta de Asturias es una parada obligada para saludar y charlar con la cocinera, no por la gastronomía sino por su trayectoria. Y es que hablar con una de las torturadas de 1963 es un compromiso y un placer obligado para toda la militancia, con independencia del lugar que se ocupara: «yo recuerdo que íbamos a la fiesta del PCE y veíamos que venía tol mundo a saludarla, todo el mundo a hablar con ella. Es que pasaba hasta Julio Anguita y se paraba con ella y al final lo normalizabes».[255]

Sin embargo, este hecho, natural entre los militantes que llevan años en el Partido, no tiene, en un principio, el mismo recorrido entre la juventud. Y es que, a falta de iniciativa de recuperación de la memoria, Anita y las luchas de las cuencas mineras comenzarán a ser historias un tanto desconocidas entre la nueva militancia. En este sentido, la fiesta del PCE juega un papel importante en la difusión de la memoria y la trayectoria de los militantes comunistas durante el franquismo entre las nuevas generaciones a través de un contexto informal: «Yo conozco a Anita de mi etapa en las juventudes. Ibas a la fiesta del PCE y Anita siempre estaba ahí. Allí fue donde la conocí y donde conocí la historia de las huelgas del 62, que hasta entonces, a pesar de ser de Avilés, no sabía nada».[256]

Así, Anita irá convirtiéndose en un referente para las nuevas generaciones, que la reconocen como una militante aguerrida y espejo en el que mirarse mientras ella continúa como siempre: militando desde la base y cuidando a la juventud, sobre todo a la que tiene más cerca:

> Taba ya estudiando en Madrid y me llamaron pa ver si podía ir a echar un cable al puestu de Asturies en la fiesta del PCE. Yo llegué allí y era la única camarera que no estaba en el Partido. Toda la gente joven se sentaba junta, pero yo sentábame con la gente mayor, porque yera la única que conocía. Entonces los chavales de juventudes mirábanme raro porque decían: `esta chavala quién ye, porque no ye del Partido, no ye de Juventudes y mírala con quién anda´. Y encima, Anita llamábame, me sentaba al su lado y me daba un poco de arroz con leche pa comer, que eso no se podía porque había poco y yera pa vender, pero a mí, dábamelo.[257]

Con la llegada del nuevo siglo, la fiesta del PCE ha ido languideciendo paulatinamente, en consonancia con la evolución del propio partido, aunque nunca ha dejado

---

preparativos. Se consideraba, además, afortunada porque le correspondía durante esa semana dormir en un pabellón y no sobre el suelo en una tienda de campaña.

[254] Entrevista realizada a Noemí Leal Férrez con ocasión de esta biografía.
[255] Entrevista realizada a Arturo Carreño Braña con ocasión de esta biografía.
[256] Entrevista realizada a Primitivo Abella Cachero con ocasión de esta biografía.
[257] Entrevista realizada a Aitana Castaño Díaz con ocasión de esta biografía.

de celebrarse. Anita, ya anciana, dejará de asistir a un evento que le exige un gran esfuerzo físico durante demasiados días. Sin embargo, no deja de militar en ningún momento. Llega la hora de la reivindicación de la memoria histórica y en ella jugará un papel de base, pero a la vez fundamental: contar su experiencia como niña de la guerra, como hija de «fugao», como mujer de minero y, sobre todo, como militante comunista torturada por la dictadura. Irá así convirtiéndose en un referente, en un eje que dota y vertebra la identidad de sus compañeros de partido, de las cuencas mineras y de la memoria histórica, tanto a través de sus palabras como a través de la inspiración de diferentes expresiones culturales.[258]

La democracia supone también una oportunidad para viajar, en este caso sin pasaportes falsos de por medio. En primer lugar, se presentarán oportunidades de veranear en diferentes latitudes, ya sea León o Alicante, lugares a los que ir a visitar a la familia de Tina, en especial a su hija Blanca Esther. También de viajar Madrid, Barcelona o el País Vasco para participar en actos de reivindicación de la memoria histórica. Pero no solo España constituye destino. Con el colectivo feminista Les Filanderes recorrerá Chile, donde tendría ocasión de visitar el Museo de la Gran Minería del Cobre, situado en el antiguo campamento minero de Sewell en plena cordillera de los Andes a más de 2.000 metros de altitud. En realidad, desde la creación en 1999 de Les Filanderes Anita se vinculará estrechamente al colectivo y con ellas realizará diversos viajes tanto dentro como fuera de España. Aunque no estén exentos de algún modo de militancia, estas singladuras contienen sobre todo la alegría y las ganas de vivir que Anita exhibía. Con el PCE y CC. OO. llegará a Cuba, otrora referencia de la revolución socialista. Este viaje, realizado en compañía de Celestina Marrón y otras compañeras de organización, les dará la oportunidad de conocer un país que idealizaban, de compartir actos con Fidel Castro y de encontrarse en persona, en el Palacio de la Revolución, con José Ramón Fernández Álvarez, más conocido como *Gallego* Fernández, Vicepresidente del Gobierno de Cuba. Un viaje que las dos resistentes antifranquistas llevarán siempre en el corazón.[259]

Pero de todos estos viajes que jalonan su intensa vida de septuagenaria y octogenaria queremos reseñar uno de los últimos: el que la lleva, en marzo de 2019, hasta el Parlamento Europeo. El motivo es la itinerancia de la exposición «Liderazgos Femeninos en Comunidades Mineras» en la que figura junto a otras nueve mujeres que en diversos países se han distinguido por su papel en la lucha por los derechos sociales. Y su disposición, la misma de siempre: «—¿Acuérdeste de la exposición que inauguramos en la Universidad de Oviedo, que estuviste con el rector? Ahora queremos llevala al Parlamento Europeo ¿Anímeste a venir? —Eso ¿ónde ye? —En Bruselas. —¡Cago'n la puta hostia!».

La respuesta significaba que, por descontado, estaba lista para el viaje. Un periplo agotador de vuelos retrasados y horas muertas en aeropuertos no merma su energía

---

[258] Dada la importancia y trascendencia de esta actividad, remitimos al lector a consultar el siguiente capítulo, dedicado exclusivamente a estas cuestiones.

[259] Entrevistas realizadas a Asun Naves y Herminia González Muñiz con ocasión de esta biografía.

cuando ha de contar sus vivencias en la lucha antifranquista en la inauguración y en una sesión para un canal televisivo, acompañada de la mexicana Cristina Auerbach —lideresa de las denuncias y la memoria de las víctimas de la catástrofe minera de Pasta de Conchos— y la escocesa Margot Rusell —integrante de los colectivos de Mujeres contra el cierre de Pozos en la huelga de 1984-1985.

Políticamente se mantiene activa hasta el final de su vida, lo que constituye un total de ocho décadas de militancia. De hecho, su mayor pesar —un auténtico sufrimiento— una vez quedó físicamente impedida en sus últimos años, era no poder asistir a reuniones, actos y manifestaciones. Con insistencia seguía reclamando que la convocaran cuando ya no era materialmente posible que asistiera. Hasta que llegó ese momento, había participado en cuantas luchas y movilizaciones impulsaran sus organizaciones, apoyando siempre aquellas causas que necesitaran de quien les echara una mano. No desfallece nunca en esto. Su único pesar es la falta de unidad, una permanente apelación en su boca que era también un lamento. La democracia, como ya hemos abordado, trae aparejados diferentes problemas internos en los que Anita siempre reivindica como solución la unidad del Partido y de la izquierda, tratando de mantener este discurso hasta sus últimas consecuencias:

> Ella estaba siempre con la oficialidad del Partido, que teníamos que estar todos juntos y unidos con la oficialidad. Ella, lo de Perlora sintiolo como si la hubieran rasgao de arriba abajo, pero nunca habló mal de nadie por ello. Nunca tuvo una mala palabra para nadie, ni una crítica, ni dejó de hablar a alguien.[260]

Esta posición, fácil de enunciar, pero difícil de aplicar y de mantener en el tiempo, no debe confundirse con una postura cómoda, acaso disciplinada. Tampoco debe verse como una forma de rehuir los problemas internos. De hecho, como hemos tenido ocasión de ver, vive con notable frustración la separación entre el PCA e IU en Asturias.

En todo caso, su intención principal, sobre todo según pasa el tiempo, es conseguir que a través de su ejemplo la sociedad y en especial la juventud se involucre en la militancia, la lucha y la protesta como medio para avanzar en la conquista de derechos sociales y políticos o, en todo caso, de no perderlos. Las siguientes intervenciones, realizadas en diferentes entrevistas a lo largo de más de una década, dan buena prueba de ello:

> Mi historia, mi lucha, fue la lucha de tantas y tantas mujeres y hombres que estuvimos luchando contra la dictadura franquista, por conseguir la libertad y la democracia.[261]

> Yo, pa mí, ye importante. Yo tengo el carnet con mucho orgullo, a ver si me entiendes, con mucho orgullo tengo el carnet porque fue con mucho sacrificio. Pero estoy muy contenta con tenerlo. Pero hay gente que lu tien y no-y vale pa nada. Quisiera saber ex-

---

[260] Entrevista realizada a Magaly Suárez Pérez con ocasión de esta biografía.
[261] Conferencia de Anita Sirgo en el máster Historia y Análisis Sociocultural del año 2011. Depositado en el AFOHSA.

plicame de otra manera ¿no? Pero hay gente que se tienen por muy, muy, muy comunistas y yo pa mí no lo son. Porque yo pa mí el ser comunista ye que tengan algo, que piensen algo, por poco, pero que esté ahí y que luche por las injusticias que hay y todo eso. Y yo por eso te digo… yo conozco a gente que tienen a lo mejor el carnet, son votantes, son fieles al voto de uno porque ven… pero no tienen esi espíritu de lucha, no tienen esi sacrificiu, porque ye muy sacrificado… pa estar ahí tienes que estar muy convencido, muy convencido porque no ye como en otros sitios, por ejemplo, que lo tienen todo muy fácil. Pero ser comunista ye difícil, ¿eh?[262]

Cuesta, ye difícil y tienes que tener mucha conciencia y creételo […] Cuando vengo a veces de manifestaciones de Madrid, o de Oviedo, cuando regreso a casa, veo a todes por la barriada, sentaes en corrillo, y me dicen: `¿ónde vendrás ya?´ Porque allí to Dios me conoce. Entonces yo allí ya echo un mitin: `de onde teníeis que tar vosotres´ y empiezo a deci-yos les coses. Pero delles veces pensé: `voy a tirar la toalla porque no lo merez esta gente. Estás luchando por elles y esta gente no se mueve´. Pero, claro, después, cuando ya pasa la hora, ya no tiro la toalla. Que, bueno, ye fácil tirala con 80 y pico años puedo tirala ya, pero no, no, no…[263]

Tenemos que seguir luchando porque muches coses de les que conseguimos, les estamos perdiendo […] ye que no nos movemos. Yo estoy viendo cuando se convoca una manifestación los sindicatos… y tantos paraos como hay y yo no los veo salir y a mí eso me duele, la verdad, porque hoy que sales con una libertad… que no sales con el tolete detrás ¡me cago'n la mar! ¿qué ye que no se sale a apoyar a esa gente que está dando la cara por nuestros derechos? No lo acabo de comprender, porque nosotres… bueno, si tengo que correr ahora ¡mamina del alma! pero daba con los pies en el culo cuando venían. Pero había que ir, yo tenía dos hijas, pero había que lo hacer […] pero hay que salir porque a casa no nos traen nada.[264]

Yo sigo diciendo que hay mucho que hacer todavía, ¡mucho! Porque son otros condiciones, otros formes, pero hay mucho que trabajar todavía. Entre la igualdad de la mujer y el hombre ¡y muches coses! Entonces, no podemos bajar la guardia, tenemos que estar ahí. Yo la pena que tengo, que ya soy vieya y poco puedo hacer, pero hasta que me muera, como si na más que sirvo de parapeto, pero hasta que me muera estaré ahí. Pero hay mucho todavía que hacer, otros condiciones de lucha y otros coses, pero hay que seguir luchando.[265]

Dentro de estas reflexiones e intervenciones, tanto públicas como privadas, siempre está presente, aunque a primera vista pudiera no parecerlo, una gran preocupación y una importante reivindicación de la lucha por la igualdad o, si se prefiere y aunque Anita no utilizara el término, por el feminismo:[266]

---

[262] Entrevista realizada a Anita Sirgo por la Fundación 1.º de Mayo.

[263] Intervención de Anita Sirgo en una charla junto a las Mujeres del Carbón, APRV.

[264] Participación de Anita Sirgo en el máster Historia y Análisis Sociocultural del año 2011. Depositado en el AFOHSA.

[265] Entrevista realizada a Anita Sirgo por el Colectivo Sociocultural Les Filanderes. APRV.

[266] A este respecto ver el capítulo 9 «Tal como era», concretamente el epígrafe: «Anita la morada: el día de la Mujer Trabajadora de 2024».

Nosotras como mujeres, la lucha de les mujeres fue muy importante. Yo no canso de decir lo que es la participación de la mujer y, mirándolo bien, creo que antes nos tenían más en cuenta de lo que os tienen hoy. Yo no sé… hay mujeres que están muy prepara- das, pero yo veo que los hombres quieren ocupar tolos puestos y la mujeres en segundo plano. Tenéis que luchar por esi puestu. Si por ejemplo hay una movilización o una lucha, hay que salir también, sino que quede uno en casa cada día […] la igualdad hay que se la trabajar.[267]

La reivindicación del papel de las mujeres en la lucha se convierte en otra cons- tante de sus intervenciones ante todo tipo de auditorios. Una y otra vez, aderezaba el relato de sus propias vivencias con la insistencia en la dimensión colectiva y la exaltación de la lucha de las mujeres:

Tovía pué ser que hicimos más que ellos todavía, que sufrimos más que ellos ¿eh?. Porque ellos estaben allí, pero nosotres teníamos doble. Porque nosotres teníamos la casa, teníamos los hijos y teníamos les cárceles, que teníamos que ir allá a ayudalos. Y estábamos en la calle luchando por ellos y todo. Eso éramos las mujeres.[268]

En los últimos tiempos, la preocupación por el crecimiento de la extrema derecha se abrió paso con fuerza dentro de sus pensamientos, algo muy común entre los vie- jos militantes, que viven con honda preocupación y aun desasosiego el crecimiento de partidos políticos como Vox: «Que no lleguen a pasar la experiencia mía, pero que trabayen, que luchen, porque ahora va a venir muy negro. Que no entre la de- recha otra vez y que no entre Vox. Que vayan a las manifestaciones a reivindicar».[269]

De hecho, en su última intervención pública, realizada el 27 de junio de 2023, con ocasión del acto en el que se renombró con su nombre el centro social de per- sonas mayores de Lada, sito a 100 metros de su casa, Anita insistió en la necesidad de tomar conciencia y de luchar ante una coyuntura política adversa. Advirtió a los presentes de los peligros del crecimiento de la extrema derecha y, sacando las fuerzas que ya no tenía, conminó a los presentes a mantenerse firme y no resignarse con unas palabras resumen a la perfección tanto sus preocupaciones como su forma de ser y de entender la vida: «¡Luchay, que va a venir una muy gorda!».[270]

---

[267] Participación de Anita Sirgo en el máster Historia y Análisis Sociocultural del año 2011. Depositado en el AFOHSA.
[268] Alberto Vázquez: *Nalón, un riu de combate*, 2016, pieza audiovisual accesible en <https://www.youtube.com/watch?app=desktop&v=oQXeCvpBxVc>.
[269] Maspaz: *Anita Sirgo, `Guerrillera de la memoria´. Mirada Violeta en Memoria Histórica*. 2022, min. 46:59.
[270] «"Cuidao, que vien una mui gorda": La advertencia de Anita Sirgo, la bisabuela antifascista de las huelgas del 62», *Nortes.me*, 28/6/2023.

Anita en 2015. Foto Alex Zapico

I

↑ La casa de El Campurru donde Anita vivió sus primeros años
↓ Campo de concentración de Figueras, donde estuvo internada Ana Suárez, agosto 1942

↑ Fidel Suárez, tío de Anita, enlace de la guerrilla, asesinado en noviembre de 1948
↓ Ana Suárez con compañeros de trabajo

↑ Anita con vecinas en los años cincuenta ↓ Fonso y Anita, todavía novios

↖ Nita y Fonso el día de su boda (24 de septiembre de 1949) ↗ Anita en la
barriada de San José de Lada ↓ Mujeres de presos comunistas de la caída de 1958,
de La Joécara, excepto una de Lada. Agachada Amor Gutiérrez *Morita*

V

↖ Anita con sus dos hijas, Telvi y Sara, c. 1960 ↗ Alfonso Braña (agachado, con sus dos hijas), Tonín Zapico (e hijo), Ful y Juanín *el de la Cantera*. Cárcel de Oviedo, 1960

↗ Olvido con su hijo, Telvi, Ana Suárez, Anita, Sara, Morita y Erundina → Homenaje organizado por la Secretaría de la Mujer de CC. OO. de Asturias en marzo de 2008 a las mujeres de la «Huelgona» del 62: 1.ª fila: María Luisa Vigil *Taína*, Juanita Prieto, Delfina Rodríguez *Finita*, Eloína Zapico, Josefina García Páramo *la Nena*; 2.ª fila: Eufrasia Albes, Encarnita Álvarez, Maruja Ramos; 3.ª fila: Luci Fernández, sin identificar, Esther Amaro, Enedina González Pelaez, Josefa Begega, Pilar Fernández; 4.ª fila: Celestina Marrón, Anita Sirgo, Nieves Ríos, Paquita Posada, Carmen Cuervo; y 5.ª fila: Gregoria Redondo, Carmen Álvarez, Isabel Alonso *la Chamela*

VII

↑ Portu, Jesús, Isabel, Erundina, Morita, Blanca, Anita y Tina. La Xarrota (Llangréu), 1962 ↓ Amor Gutiérrez *Morita*, Blanca Bayón, Erundina Gutiérrez y Constantina Pérez *Tina*. Sama de Llangréu, diciembre, 1962

↑ Reunidos en el parque de Sama el 1.º de Mayo. En primer plano: *Feli* Izquierdo, Anita, *Morita*, Luisa Menéndez, Tina, Blanca Bayón, Mari Juli e Isolina. Detrás: sin identificar, Tino, Fausto Sánchez, sin identificar, José *el Gallegu* y Gloria Díaz ↓ En el parque de Sama el 1.º de Mayo de 1963: Fausto, Luisa, Morita y Tina

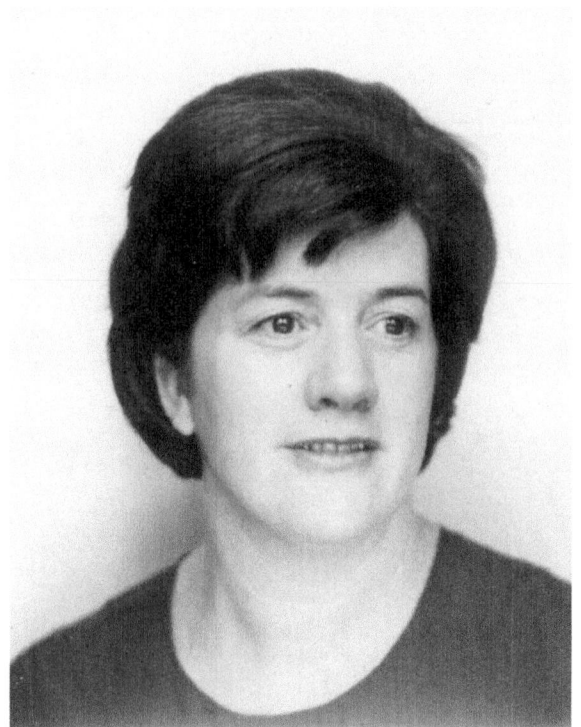

↖ Anita en los sesenta ↗ Constantina Pérez

↗ Anita rapada tras las torturas
de septiembre de 1963
→ Tina durante su enfermedad

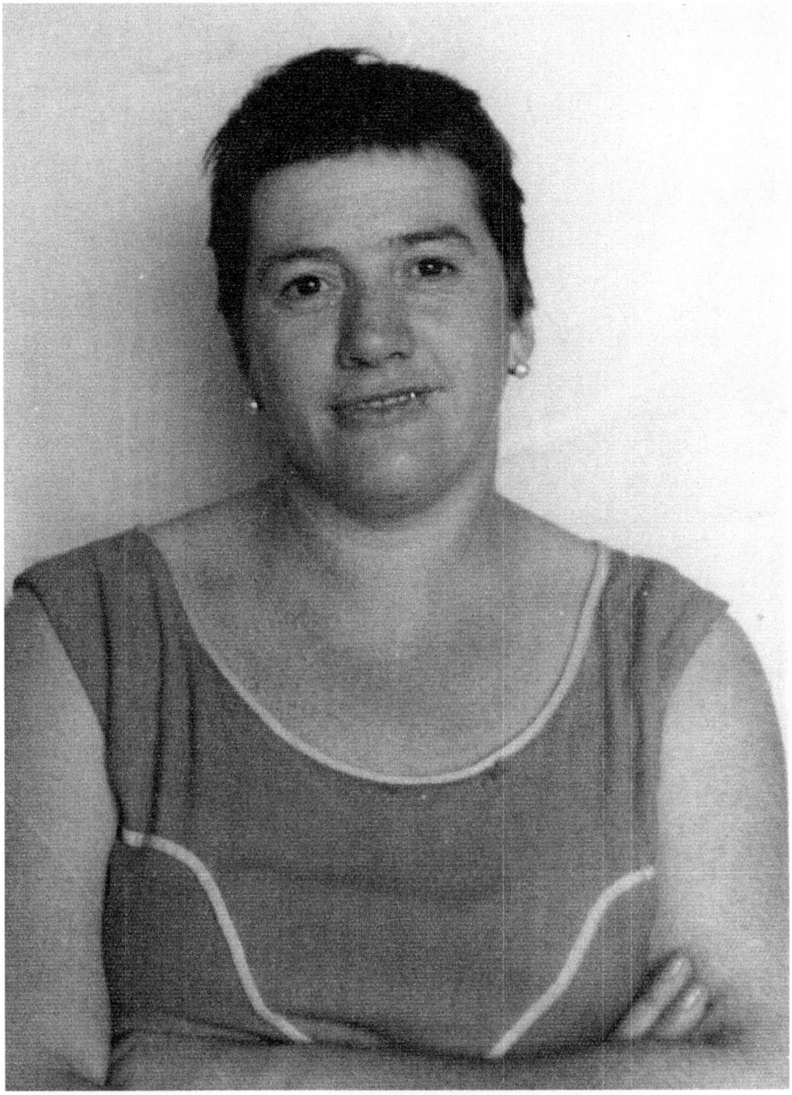

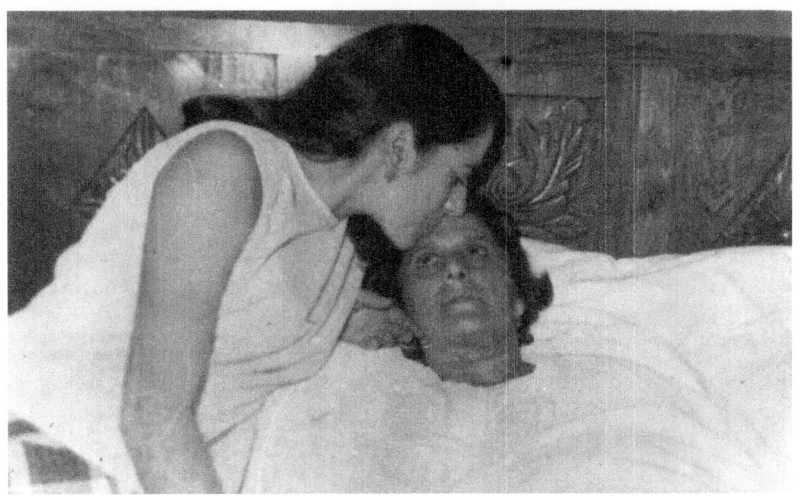

XI

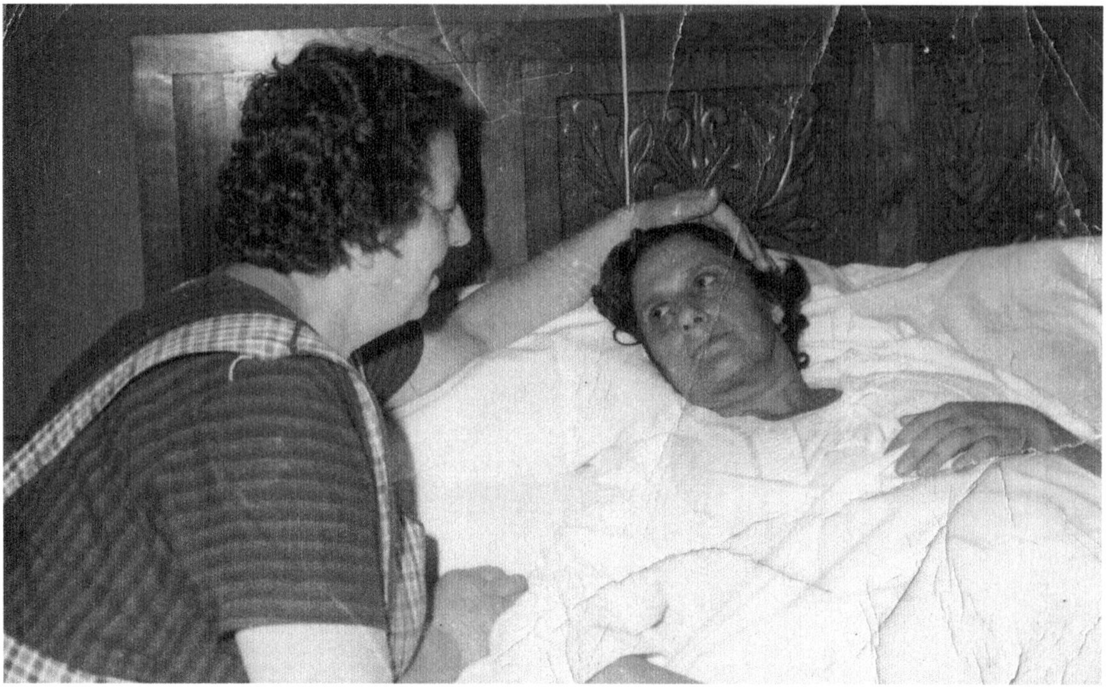

↑ Ana Suárez cuidando a Tina ↓ Concentración en Bruselas ante el monumento a Ferrer Guardia en recuerdo de Tina con motivo de su muerte. De pie a la derecha, Juana San Martín, Juana Calleja y Morita

↑ Anita, Fonso, Blanca y Víctor ↓ Alfonso Braña y Víctor Bayón en París, c. 1966

↑ Durante el exilio en París, c. 1966: Fonso y Anita con Telvi y Blanca Bayón
↓ Anita con Telvi durante el tiempo del exilio

↑ Anita Sirgo, Celestina Marrón y Eufrasia Albes. Foto Alex Zapico
↓ Comunistas de la cuenca del Nalón en torno a Horacio F. Inguanzo para celebrar su libertad.
Tumbada en primer plano, Anita. Julio 1976. Foto Pedro Alberto Marcos

↑ Entrega a los militantes veteranos de los primeros carnets de CC. OO. Gerardo Iglesias hace entrega del suyo a Alfonso Braña ↓ Entierro de Alfonso Braña. Portan el féretro Gerardo Iglesias, Fausto Sánchez y Vicente Gutiérrez Solís

↑ Salida del cortejo fúnebre de su casa de la barriada de San José, Lada (Llangréu), 23 de diciembre de 1980
↓ El cortejo camino del cementerio. En el centro de la imagen, Anita

↑ Ángel León Camblor, Juan Ignacio Castaño, Manuel Nevado Madrid y Horacio Fernández Inguanzo portando la corona del Comité Central del PCA en el entierro de Alfonso Braña ↓ Anita en un congreso del PCA

↑ Anita en un mitin del PCE ↓ Cocinando en una fiesta del partido

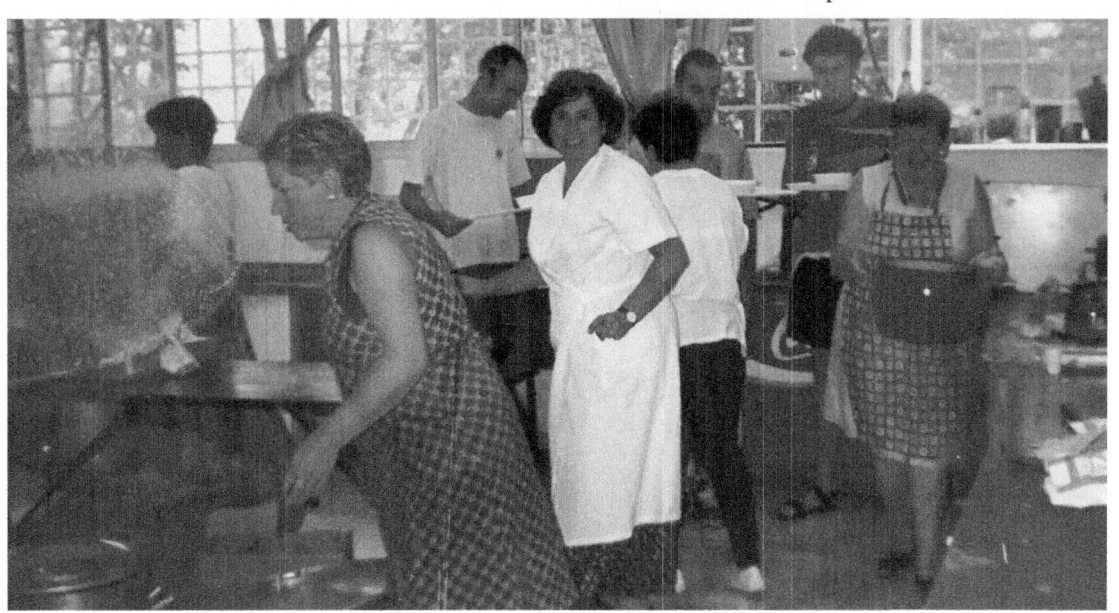

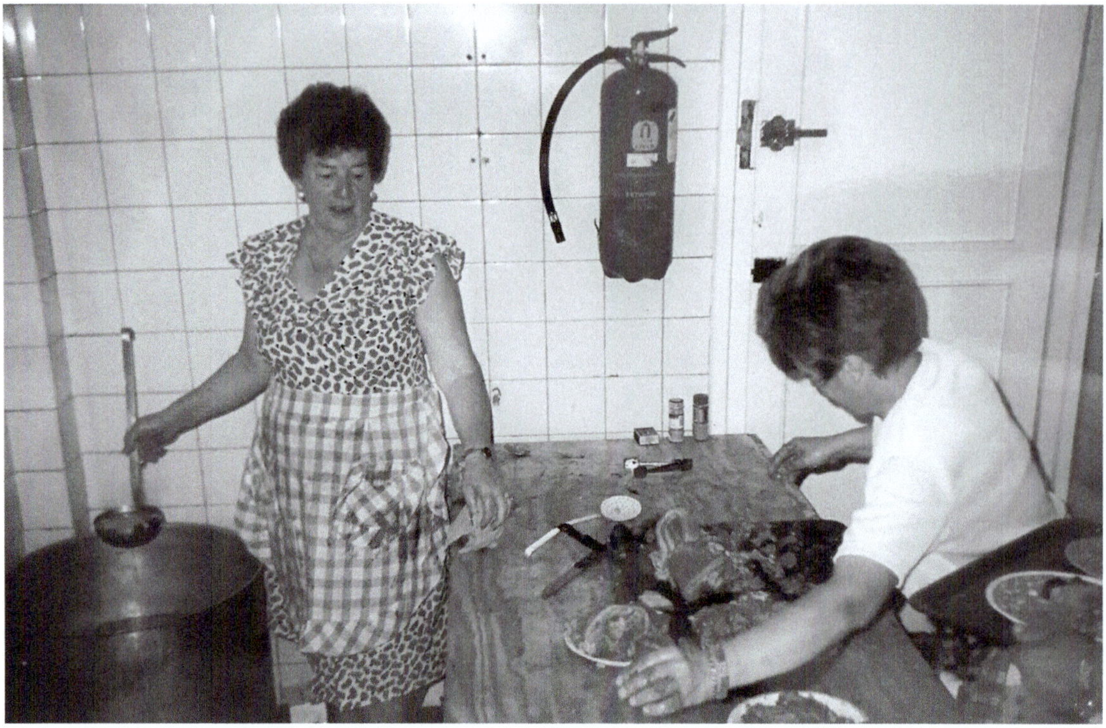

↑ Preparando el *compangu* de la fabada ↓ Trabajando en en la fiesta del PCE en Madrid

↑ Junto a Carmen Garrido con jóvenes de CC. OO. Mayo, 2014
↓ Con las Mujeres del Carbón: Raquel Valbuena (Ciñera, León) Raquel Arce (Mieres),
Anita, Yolanda Fernández (Zarréu, Asturias) y Zano Manzano (Andorra, Teruel)

↑ Anita acompañada de la familia de Tina ante la placa que da nombre a la calle que ambas tienen dedicada en el poblado minero de La Camocha (Gijón) ↓ Con varios asturianos más en un acto de memoria en Larrabetzu (Bizkaia)

↑ Asun Naves, Anita y Laudelino Suárez. Homenaje a guerrilleros, Vegadotos (Mieres), abril 2019 ↓ Junto a Vicente Gutiérrez Solís en el máster Historia y Análisis Sociocultural. Universidad de Oviedo, diciembre 2004

↑ Con integrantes de Les Filanderes en una visita al Museo de la Gran Minería del Cobre en Sewell (Chile) ↓ Relatando su experiencia en el Parlamento Europeo, Bruselas 22 de marzo de 2019

↑ Margot Russell (Mujeres contra el cierre de Pozos, Escocia), Anita, Rubén Vega, Tania González (eurodiputada) y Cristina Auerbach (Organización Familia Pasta de Conchos, México) en la inauguración de la exposición Liderazgos Femeninos en Comunidades Mineras. Parlamento Europeo, Bruselas ↓ Manifestación por unas pensiones dignas. Gijón, 17 de marzo de 2018

↑ Con Isabel Jardón en la Marcha por unas Pensiones Dignas. Madrid, octubre 2019
↓ Grao, 8 de abril de 2022. Foto Eduardo Blanco

↑ Grao, 8 de abril de 2022. Foto Eduardo Blanco ↓ Con el personal sanitario que la curó durante la pandemia y algunas personas más: Pilar Fernández, Anita, Ana Pilar Martínez, Rosa Espiño, Rubén Vega, Elena Rozado, Noemí Leal, Ramsés Ilesies y Xosé Ambás. La Felguera, 9 de junio de 2020

↑ Con la familia al completo con motivo del acto en que se daba su nombre
al Centro Social de Lada (27 de junio de 2023) ↓ Con Rubén Vega

↑ Acto de despedida. Salón de actos de la Unión Comarcal de CC. OO. del Nalón. La Felguera, 16 de enero de 2024 ↓ Comitiva fúnebre

↑ Despedida en el pozu Fondón: «Compañera Anita, gracies por dar tira» ✓ Cartel del cortometraje
A Golpe de Tacón, de Amanda Castro ↘ Cartel del 8 de Marzo de 2024: A golpe de tacón. Dando tira

↑ Zapatos morados jalonando el recorrido de la manifestación del 8-M en Llangréu

↑ Pancarta elaborada por alumnado del IES Santa Bárbara en la manifestación del 8-M
↓ Pancarta en recuerdo de Anita en la manifestación del 8-M 2024

Simplemente Anita:
el referente para las nuevas generaciones

> Se convierte en símbolo porque estaba en todos los sitios. Anita nunca
> dejó de estar, otras marcharon pa Gijón, o se fueron haciendo mayores…
> y ella quedó y tenía una energía y una fuerza que no todo el mundo tiene
> […] Es que te empujaba ella. Íbamos a Madrid de manifestación y salíamos
> de aquí a les tres de la mañana y ahí iba Anita, con tacones, además.[271]

Echar la vista atrás, volver al pasado para recordar episodios individuales y colectivos es una necesidad humana, pero también política. Los recuerdos compartidos construyen identidad y comunidad, es decir, aglutinan. Al ser confrontados con otros, que presentan relatos diferentes e incluso opuestos, se constituyen en objeto de disputa política y en un elemento que refuerza la identidad colectiva.

Por ello, la relación entre la democracia y la memoria histórica resulta siempre y en todo lugar, compleja y complicada.[272] En el caso español, el fin de la dictadura y la transición hacia un régimen democrático están marcados por una correlación de fuerzas muy pareja entre las posiciones continuistas del régimen y las alternativas rupturistas de la oposición. Si bien esta circunstancia da lugar a un diálogo y un entendimiento entre ambas opciones —cuestión que ya hemos señalado que no estaba en la agenda política de ninguno de los actores, en especial de los provenientes de la dictadura— que permite plasmar institucionalmente las libertades democráticas conquistadas en la calle, esta política implica una serie de concesiones de calado. Las más evidentes resultan ser la monarquía y la bandera rojigualda, pero pasado el tiempo han ido aflorando otras que se advierten, en el momento actual, centrales.

Este es el caso de la memoria histórica o democrática. La Ley de Amnistía, del 15 de octubre de 1977, libera a los últimos presos políticos y exonera a los pendientes de ser juzgados. Ese parece ser en aquel momento el sentido de la norma, pero a la larga se revelará también como una ley de punto final que tiene el efecto de dejar impunes los delitos de los servidores y esbirros de la dictadura:

---

[271] Entrevista realizada a Ángeles Fonseca Rodríguez con ocasión de esta biografía.

[272] Francisco Erice: *Guerras de la memoria y fantasmas del pasado. Usos y abusos de la memoria colectiva*, Oviedo: Ekasia, 2009.

e) Los delitos y faltas que pudieran haber cometido las autoridades, funcionarios y agentes del orden público, con motivo u ocasión de la investigación y persecución de los actos incluidos en esta Ley.

f) Los delitos cometidos por los funcionarios y agentes del orden público contra el ejercicio de los derechos de las personas.[273]

De esta manera, los persecutores, torturadores y asesinos franquistas reciben un perdón autootorgado que, pasado el tiempo, se ha dejado sentir en las políticas de memoria y recuerdo de la dictadura, encaminadas a plantear esa etapa como consecuencia de una pelea fratricida entre hermanos que nunca debió ocurrir y en la que ambos bandos cometieron excesos. Las culpas se reparten a partes iguales y el relato oficial debe ser el que emana de la transición: la reconciliación entre hermanos debe sepultar todo lo demás. Este es, ni más ni menos, el argumentario que sustenta las recientes propuestas de leyes autodenominadas «de concordia» en Aragón, Castilla y León y Comunidad Valenciana, en manos de una derecha revisionista. Frente a la *memoria democrática*, que sitúa a las víctimas por encima de los victimarios, la *concordia* que los iguala.

Sin embargo, frente a la amnistía y el discurso oficial consagrados en la Transición, acabó por emerger, desde abajo, un movimiento de defensa de la memoria de los represaliados de la dictadura con una intención muy clara: contar qué fue lo que aconteció durante cuarenta años y dejar testimonio para que esos hechos no volvieran a repetirse.

El punto de partida, en los años de la Transición, fue un pacto tácito que suele denominarse por sus críticos de olvido pero más bien fue de silencio. Los años del *Consenso* estarán marcados por el ruido de sables en los cuarteles y el trauma de quienes han vivido la guerra o sus secuelas. El miedo a una involución política dentro de un Estado que conserva intactos los aparatos de la dictadura y a una reedición del conflicto fratricida pesan en las decisiones respecto a las miradas a dirigir al pasado. Tampoco electoralmente parece conveniente entonces rememorar. O al menos así lo entienden las direcciones de los partidos parlamentarios de la izquierda, tanto socialistas como comunistas. Será al cabo del tiempo cuando esta actitud deje paso a otra más centrada en rendir tributo de memoria a las víctimas y construir una genuina memoria democrática que no olvide a quienes lucharon y pagaron un alto precio por las libertades.

Muchas organizaciones políticas de izquierdas comenzarán pronto a realizar ejercicios de divulgación realizando homenajes y publicando las memorias de sus militantes más destacados —y en muchas ocasiones de los que no lo son tanto—. De esta forma se pretende, además, combatir el discurso memorístico articulado por un PSOE bajo la batuta de Felipe González que, con el respaldo de su imponente pre-

---

[273] Jefatura del Estado, «Ley 43/1977, de 15 de octubre, de Amnistía», *Boletín Oficial del Estado*, n.º 248, 17-X-1977. Disponible en <https://www.boe.es/buscar/pdf/1977/BOE-A-1977-24937-consolidado.pdf>.

sencia institucional, está ganando el terreno de la memoria. A esta labor se suman, con cierto retraso, organizaciones como el PCE, primero, e IU, después, sobre todo a partir de los años noventa. Un repaso a la bibliografía que acompaña a este libro da buena cuenta del esfuerzo realizado en el caso asturiano para publicar memorias y biografías de militantes destacados, pero también y sobre todo, de comunistas con una trascendencia individual más limitada, pero imprescindibles para entender la lucha contra la dictadura.

Habría que esperar hasta el año 2007 para que, fruto de la actividad y la presión ejercida por decenas de asociaciones memorialistas, partidos y sindicatos, y con nuevo ejecutivo socialista, encabezado por Rodríguez Zapatero y lleno de caras nuevas, distanciadas de la línea política de los gobiernos de Felipe González; viera por fin la luz la conocida como Ley de Memoria Histórica. En ella se condenaba la dictadura franquista, calificada como ilegítima, y se establecían vías de reparación moral a través de la investigación y la divulgación histórica, que serían financiadas desde el Gobierno central, pero también desde los autonómicos y locales.[274] Sin embargo, la ley no declaraba al régimen como ilegal, no anulaba las condenas cuando las había y no permitía juzgar a los responsables de los diferentes crímenes cometidos, particulares que provocaron la insatisfacción de gran parte del movimiento memorialista y que la reciente Ley de Memoria Democrática del año 2021, aún representando avances respecto a la anterior, no ha venido a subsanar.[275]

Pero no todo son sinsabores. Las instituciones han ido reconociendo paulatinamente la lucha y el compromiso democrático de quienes se han enfrentado a la dictadura de diferentes maneras. Anita ha sido un buen ejemplo de ello. El 11 de agosto de 1998, el Ayuntamiento de Gijón acordó, a iniciativa de IU, renombrar una calle del minero barrio de La Camocha como calle de «Constantina Pérez y Anita Sirgo», un honor poco común.[276] Tiempo después, el Principado de Asturias cogería el testigo y, en el año 2003, en conmemoración por el 25 aniversario de la Constitución, le concedería, junto a Angela Luzdivina García Fernández *La Capricha*, Manuel García González *Otones* y Marcelo García Suárez, como representantes de colectivo de ex presos/as y represaliados/as políticos/as de Asturias; la Medalla de Plata de Asturias,[277] máxima distinción que otorga el Principado y que «se reservará para premiar méritos verdaderamente singulares que concurran en personas e instituciones cuya importancia y trascendencia para los intereses generales de la

---

[274] Jefatura del Estado, «Ley 52/2007, de 26 de diciembre, por la que se reconocen y amplían derechos y se establecen medidas en favor de quienes padecieron persecución o violencia durante la guerra civil y la dictadura», *Boletín Oficial del Estado*, n.º 310, 27-XII-2007. Disponible en <https://www.boe.es/buscar/pdf/2007/BOE-A-2007-22296-consolidado.pdf>.

[275] Ministerio de Presidencia, Relaciones con las Cortes y Memoria Democrática, «Ley 20/2022, de 19 de octubre, de Memoria Democrática», *Boletín Oficial del Estado*, n.º 252, 19-XII-2022. Disponible en <https://www.boe.es/buscar/pdf/2022/BOE-A-2022-17099-consolidado.pdf>.

[276] Luis Miguel Piñera: *Las calles de Gijón, Historia de sus nombres*. Oviedo: TREA, 1999, pp. 102-103.

[277] «Asturianos de honor», *La Nueva España*, 6/9/2003.

Comunidad Autónoma les haga acreedoras y dignas de tan elevada recompensa».[278] Ya en el año 2019, se le concede el Galardón Pozu Fortuna,[279] un premio otorgado por la Asociación Pozu Fortuna y el Ayuntamiento de Mieres que tiene por objeto: «el reconocimiento a aquellas personas, organismos o entidades que se hayan distinguido en la realización de acciones u obras que realcen los valores de humanidad, libertad, solidaridad, paz y defensa de los derechos humanos».[280] El 27 de junio de 2023 recibirá el que, a la postre, será su último reconocimiento: el centro social de personas mayores de Lada, ubicado a escasos 100 metros de su casa, es rebautizado con el nombre de Anita Sirgo. Pero de todos ellos, quizá sea el premio Diversas e Igual, concedido por la Universidad de León en el año 2021 el que mejor resuma a Anita: «Considerando los valores que representa, simboliza y aglutina en torno a su persona y su lucha dedicada y constante por la instauración y progreso de los principios democráticos de Libertad, Justicia, Igualdad y Pluralismo».[281]

No obstante, son sus compañeros de militancia y el movimiento memorialista quien más y con más insistencia ha reivindicado su figura como espejo en el que mirarse y como figura que resume y aglutina la labor de tantos militantes comunistas y antifranquistas y, en particular, de tantas mujeres. En concreto, sería la generación de jóvenes del PCE y CC. OO. que comenzaron su militancia en la década de los noventa quien se centraran en su figura:

> Empezaron los jóvenes y a partir de ahí vinieron los demás. Les chocaba el empuje y las ganas que veían en una mujer tan mayor. Y ella siempre se apoyó mucho en la juventud, siempre dijo que yera el futuro ¡Pero ya en los 60 lo decía también, eh!. Ella era de mimar a los jóvenes, porque el Partido yera duro.[282]

Así, desde finales de los años noventa y sobre todo con la llegada del siglo XXI, Anita recibe decenas de homenajes y reconocimientos que guardaba con mimo en la salita de su casa. Entre ellos podemos mencionar —porque guardaba de ellos diploma, placa o figura que le habían otorgado— los siguientes: reconocimiento de las Juventudes de CC. OO., homenaje de la Juventud Comunista por toda una vida revolucionaria, reconocimientos de la Unión Comarcal de CC. OO. del Nalón, de IU Langreo, de IU de Laviana, de IU-PCA, del PCA-IU de San Martín del Rey Aurelio, del Centro Asturiano de Barcelona, de la Federació de Pensionistes i Jubilats y de la Fundación Cipriano García de Cataluña, de la Federación de Jubilados y Pensionista de Asturias, de la Asociación Cultural Ochobre o de la Asociación Monumento de la Colladiella «A la Paz y la Memoria» 2019; homenajes de la

---

[278] Comunidad Autónoma del Principado de Asturias, «Ley 4/1986, de 15 de mayo, reguladora de los honores y distinciones del Principado de Asturias», *Boletín Oficial del Principado de Asturias*, n.º 153, 27-VI-1986. Disponible en <https://www.boe.es/buscar/pdf/1986/BOE-A-1986-17092-consolidado.pdf>.

[279] M. Varela, «Anita sirgo y Carmen García, premio Pozu Fortuna» en *El Comercio*, 7-IX-2019.

[280] Galardón Pozu Fortuna. Disponible <https://www.mieres.es/cultura/concursos-certamenes-premios/galardon-pozu-fortuna/>.

[281] APAS, Universidad de León «I Premio Diversa e Igual», 26/4/2021.

[282] Entrevista realizada a Ángeles Fonseca Rodríguez con ocasión de esta biografía.

Asociación Recuerdo y Dignidad de Soria, de CC. OO. de Asturias, junto a otros supervivientes de las huelgas del 62,[283] galardón 2012 «Mª Jesús Suarez Rabanillo» a los valores republicanos, otorgado por la Federación Asturiana Memoria y República (FAMYR) a los luchadores republicanos; Reconocimiento en el marco de las Jornadas Las presas políticas del franquismo, organizadas por el Área Participación Ciudadana, Ayuntamiento Oviedo; Premio 13 Rosas; Premio Juan Ángel Rubio Ballesteros de la Sociedad Cultural Gijonesa; y Reconocimiento de la asociación Más Paz, en 2023, junto con otras doce mujeres asturianas, en la jornada homenaje Miradas Violetas.

Paralelamente se van abriendo paso vías legales para tratar de vadear las limitaciones de la legislación española. Entre los años 1996 y 1998 el juez de la Audiencia Nacional Baltasar Garzón abre causas penales, con desigual éxito, contra las dictaduras sufridas por Argentina y Chile en los años setenta y ochenta.[284] Para zafarse de la legislación que ambos países han aprobado en su momento y que, al igual que en el caso español, imposibilitan la acción de la justicia. Garzón sustentó sus investigaciones en la legislación internacional y en la obligación de perseguir los crímenes de lesa humanidad.

De igual modo, y en cierta reciprocidad, la jueza María Romilda Servini, titular de Juzgado Federal n.º 1 de Buenos Aires, Argentina, abre el 14 de abril 2010, a instancia de diferentes organizaciones memorialistas y de los derechos humanos de España y Argentina, una investigación contra los crímenes del franquismo. En ella se presta especial atención a los testimonios de torturas aportados por diferentes víctimas. En Asturias Gerardo Iglesias, *José el Gallegu*, Fausto Sánchez, Antonio Prieto, Vicente Gutiérrez Solís y Anita Sirgo prestaron su testimonio.[285]

Dentro de este dilatado movimiento, Anita juega un papel sencillo y a la vez central e indispensable: contar su experiencia y su vivencia personal para concienciar de las luchas del pasado e inspirar las del presente:

> Gracies a eso pues entonces tú expliques lo que pasó, lo que muchos tienen guardao y no lo quieren decir [...] y no señora, hay que desplicalo y decilo lo que aquí se hizo durante la dictadura franquista» [...] Tovía hay mieu, porque yo veo hoy mujeres que tienen mucha historia y que no la cuenten, dicen que ¿Pa qué revolver?. Esto no ye revolver, esto ye contar lo que fue, y na más. No hay que olvidar na. Yo a mí no me parece bien que lo quieran tapar. Bien o mal vamos a explicalo [...] como no estás estudiá... pero el

[283] La entrega del recuerdo a Anita corrió a cargo de Unai Sordo, secretario general de CC. OO., en lo que supone una suerte de doble consideración. Por un lado, Anita recibe un galardón de manos de su secretario general quien, a su vez, tiene el honor de poder hacer entrega de dicho recuerdo a una militante que es historia y esencia de CC. OO.

[284] La causa contra la dictadura argentina finalizó con la condena del Capitán de corbeta Adolfo Scilingo por crímenes de lesa humanidad. Sin embargo, la causa contra Augusto Pinochet, dictador chileno, no llegó a juzgarse, a pesar de lograr un arresto domiciliario en Londres, donde el dictador se encontraba de viaje cuando fue ejecutada la orden de detención.

[285] Marcos Paradinas: «Las escalofriantes historias de la represión en Asturias llegan ante la jueza que instruye la querella argentina contra el franquismo», *Elplural.com* 24/4/2014.

contenido ye esi, hay que decilo […] Nunca jamás me negué, ahora podía decir: 'anda-y, dejarme en paz'. No, no lo dejo en paz, esto tien que surgir, tien que se saber, porque la juventud, la mitad de la juventud no se entera, no se enteró de lo que hubo, no lo cree, cree que es mentira.[286]

También para recordar que la reconciliación de la que hizo gala la Transición es una cuestión más compleja de lo que refleja el término, sobre todo cuando se dejan a un lado los grandes discursos de corte generalista: «[Si se encontrase con sus torturadores] no sé cómo reaccionaría, no sé si m'engancharía a ellos. La violencia no me gusta, pero no sé si me aguantaría. Alguna cosina sí que iba deci-yos, eso desde luego».[287] Estas reflexiones no son exclusivas de Anita, de hecho constituyen norma entre los represaliados y torturados. Eufrasia Albes y Martín Fraga: «Cuando vino la democracia, Frasia y Martín vivían aquí en Gijon, y encontraron al cabu Pérez en la playa, se sentaron al lau de él y empezaron a habla-y y a ponelu de vuelta el media y el cabu Pérez iba pa un lau y Frasia detrás… hasta que lu echaron de allí».[288] Por su parte, Vicente Gutiérrez Solís atesora multitud de anécdotas de enfrentarse a los responsables de su represión policial y laboral en democracia, algunas de ellas con puñetazos incluidos:

'¡Coño! ¿Todavía andes por aquí, compañero? ¿Tú crees que hay derecho de que andes por aquí libremente después de haber torturado a la gente? ¿No te da vergüenza?'. Nah, llamelu de todo, que si era un cabrón, que si no tenía que andar por la calle… tuvo que venir Benjamín, que era abogado del Partido: 'Déjalo, Vicente, que ye policía y tienen-lu aquí'.'¡Que ye policía ya lo sé yo!'. Entós metio-se él por medio y lu dejé […] eso ye lo que tuvo uno que pasar, que veas a tíos con el mal que hicieron, con el daño que hicieron, cómo torturaron a la gente, cómo torturaron a la familia, con mensajes hijos de puta y que los tengas que ver… ¡Cago'n Dios![289]

Contarlo siempre, en todo momento y lugar, allá donde fuera requerida y con la misma intensidad. Unas veces con seriedad y angustia, como cuando narra, en el documento *Parias de la tierra*: «que si nosotros cantamos, cae mediu Sama, fia ¡Mediu Sama! Pero yo quería… no sabes lo que un cuerpo resiste. Yo quería más veme muerta, fíjate, que cantar…».[290] Otras con gracia y humor, como cuando habla de su sordera a un grupo de alumnos universitarios: «yo estoy sorda, de los puñetazos, eh, que me lu rompieron. Y ahora ya tengo 81 y va pasándoseme y ya paez que… [risas]

---

[286] Entrevista realizada a Anita Sirgo Suárez. AFOHSA, serie: Represaliados políticos y resistentes antifranquistas.
[287] Entrevista realizada a Anita Sirgo Suárez. AFOHSA, serie: Represaliados políticos y resistentes antifranquistas.
[288] Entrevista realizada a Magaly Suárez con ocasión de esta biografía.
[289] Entrevista realizada a Vicente Gutiérrez Solís con ocasión de su biografía.
[290] Rosa Valiente y Rodrigo Bazzno: *Parias de la Tierra. Documental sobre los 100 años de la historia del Partido Comunista de España*. Madrid: PCE, 2022, min 54:48

o sea que ya… [risas] a mí paez que ya me está llegando todo [al oído]».[291] La combinación de estas facetas, su humildad, su carácter afable y su disposición a colaborar en lo que hiciera falta la irán convirtiendo en un referente político, pero también en términos de memoria porque, paulatinamente, se erigirá como testimonio de una generación de luchadores, emergiendo también como espejo en el que mirarse.

Nunca había dejado de contarlo porque ni el franquismo había podido hacerla callar. En 1976, una vez muerto el dictador, participa en un documental producido por la televisión sueca titulado *Mujeres en lucha*, que aborda, a través del testimonio de ocho mujeres, las experiencias de lucha contra la dictadura franquista, en la resistencia contra los nazis, la lucha comunista y feminista, la lucha sindical y la lucha vecinal. En él Anita y Carmen Marrón explican la represión vivida en las cuencas mineras durante el franquismo y cuentan, desde su experiencia personal, los asesinatos y las torturas.[292] También narra su trayectoria para un folleto publicado por IU con ocasión del homenaje que la coalición le rindió en 2008.[293] Sin embargo, hablar en público no es fácil y cuando desde las Juventudes, el Partido, el movimiento memorialista o las universidades e institutos comienzan a pedirle que compartiera su historia para recordarla y aprender a través de ella, sobreponerse al miedo escénico no resulta sencillo:

> Empezaron a llamala que si quería hablar, pero poníase muy nerviosa, decía: `ye que hay que contalo, hay que contalo, pero póngome muy nerviosa, pónseme una cosa aquí…´. Entonces yo llevela al médico pa que-y diera un lexatín, algo suave que no-y hacía ná, pero bastaba-y pa relajase. Yera más de cabeza que otra cosa. Luego ya no lo necesitó más.[294]

Mucho que enseñar

> —Pero… ¡es comunista por motivos éticos!
> —Pues claro que es comunista por motivos éticos ¿Qué creías, que se había hecho comunista a fuerza de leer a Marx y a Lenin?

El diálogo que abre este epígrafe tiene lugar una tarde en la Facultad de Geografía e Historia de la Universidad de Oviedo. El alumno, a la sazón licenciado y doctorando en Historia, exclama a la puerta del aula, sin salir de su asombro, tras participar en una sesión que ella ha protagonizado. Corre el año 2005 y Anita asiste, como ya empezaba a ser habitual e iba camino de convertirse en cita anual obligada, al entonces curso de doctorado y actualmente máster que en la Universidad de Oviedo

---

[291] Conferencia de Anita Sirgo en el máster Historia y Análisis Sociocultural del año 2011. Depositado en el AFOHSA.

[292] Margareta Hjelm: *Kvinnor i Kamp…*

[293] Anita Sirgo: *Homenaje*. Oviedo: Izquierda Unida, 2008.

[294] Entrevista realizada a Noemí Leal Férrez con ocasión de esta biografía.

impartían unos cuantos profesores de Historia Contemporánea y de otras áreas. El propósito: dentro de una asignatura centrada en los movimientos sociales, poner en contacto al alumnado con las vivencias y el testimonio directo de militantes que transmitieran su experiencia y entraran después en un diálogo cara a cara con estudiantes de Universidad mucho más jóvenes y a menudo muy alejados de sus itinerarios vitales.

De todos cuantos, a lo largo de los últimos 25 años han desfilado por las aulas nutriendo una dilatada nómina de activistas de la más variada condición, Anita ha sido la más habitual. Año tras año, esperaba asomada a la ventana de su piso de la barriada de San José en Lada, perfumaba el coche al entrar cargada de colonia y, una vez llegada a Oviedo, desgranaba en el aula su vida de luchadora ante un auditorio entre sorprendido e hipnotizado. También ha sido quizá la única que no sólo nunca había tenido oportunidad de estudiar, sino que incluso había permanecido analfabeta durante buena parte de su vida, pues, como ya señalamos, rebasaba ampliamente la treintena cuando aprendió a leer y escribir durante su exilio francés.

Hablaba, además, de un modo plagado de incorrecciones. No se trata de que hablara mejor o peor castellano o asturiano. Ni siquiera amestao, que es la forma en la que la mayoría de los asturianos nos expresamos en nuestra vida diaria. Anita hablaba una lengua propia, llena de términos inexistentes y de expresiones gramaticalmente mal construidas. En su verbo torrencial se colaban frases como: «Nosotres éramos les que movíamos el potarru» —cambiando el cotarro por un tipo de pescado—, alusiones a sus dolencias cardiacas, una arritmia que ella etiquetaba como «rimia»… Además, debido a la rotura de tímpano que le había provocado la tortura, se veía obligada a hacerlo en un volumen muy elevado, alejado del tono comedido propio de un aula universitaria y de los ponentes que la visitan.

Pues bien, a Anita se la entendía siempre. La entendían los alumnos universitarios asturianos y los auditorios de cualquier otro rincón a donde fuera, ya se tratara de Madrid, Santiago de Chile, Bruselas o algún pueblo remoto de la geografía mesetaria. Era, con gran diferencia, la persona que peor hablaba y mejor comunicaba que podamos imaginar. Era, en realidad, una consumada oradora. Capaz de captar la atención y meterse en el bote a cualquier auditorio. Como apunta la historiadora Amaya Caunedo, quien la conoció gracias a estas charlas: «La gente alucinábamos con la fortaleza de Anita, la firmeza, la entereza, la constancia en la lucha… el no abandonar nunca».[295]

Tenía la extraordinaria facultad de ganarse simpatías o de desconcertar a oyentes hostiles como el alumno citado al inicio del epígrafe, de ideas liberales e inequívocamente hostil al comunismo, quien, tras buscar el modo de incidir en las contradicciones e incomodar a Anita planteando preguntas acerca de la Primavera de Praga y la dictadura cubana, no pudo dejar de reconocer en ella una fibra ética a pesar de hallarse en sus antípodas ideológicas.

---

[295] Entrevista realizada a Amaya Caunedo Domínguez con ocasión de esta biografía.

Año tras año Anita volvió a esas aulas universitarias a contar siempre la misma historia, conectando con el auditorio desde la humildad y la cercanía:

> Hay mucha historia, mucha historia. Yo no pude, como vosotros, estudiantes que estáis estudiando, vivir en libertad. Yo no pisé un colegio, yo no tengo estudios ninguno, soy un ama de casa. No porque mis padres no quisieran mandame a una escuela. Fue porque mis padres estuvieron donde estuvieron y yo si quería comer tenía que trabajar en les cases por un platu de comida. Ahora, que sí que luchemos pa que vosotros, como estudiantes, estéis estudiando en otras condiciones. Y nos costó mucho sacrificio. Y yo os pido que estudiéis y que estudiéis mucho, que yo eso lo estoy echando mucho de menos ¡mucho de menos! Pero no os dejar avasallar, defender vuestros derechos, que podéis estudiar y defender vuestros derechos. Que hoy podéis defender vuestros derechos con otra libertad que no teníamos antes nosotros. Por eso os digo.[296]

Quienes la escucharon han sido, no pocas veces, conscientes del privilegio que suponía haberla conocido y haber compartido un par de horas con ella:

> Mi primera reacción fue asombrarme de que hubiera un trozo de historia viva que nos conectara directamente con el pasado de la guerra, la guerrilla, como había sido la vida de las personas cercanas y relacionadas con la guerrilla. Y luego las cosas relacionadas con la vida cotidiana que nunca salen en los libros de historia, como su boda […] y el hecho de celebrar lo que debería ser, según el típico cuento de princesa, el día más importante de su vida rodeada por la guardia civil por si su padre iba a asistir.[297]

Dejó de acudir a aquella cita obligada cuando se empezaron a percibir síntomas de un discurso algo más confuso, poco antes de que la pandemia cortara toda posibilidad de seguir recurriendo a su testimonio en vivo. A veces sola y otras en compañía de Vicente Gutiérrez Solís, a quien la unía estrecha amistad y larga vida militante, o compartiendo sesión con algunas de las Mujeres del Carbón, en un ensayo de tender puentes entre distintas generaciones de mujeres de las cuencas que se reconocían mutuamente como referente heroico y admirado la una o como llamadas a recoger el testigo las otras.

Pero no fueron las universitarias las únicas aulas que frecuentó en su vejez. En absoluto. Desde principios de los años 2000, colegios y sobre todo institutos formaron parte de su periplo habitual, de tal modo que aquellos lugares a los que nunca pudo ir a aprender acabaron por convertirse en escenarios frecuentes de lo mucho que era capaz de enseñar. Sus charlas se enmarcan dentro del impulso que la memoria histórica vive desde principios del siglo xxi. Asociaciones memorialistas, partidos y sindicatos se plantean las visitas a los centros educativos como método para mostrar una parte de la historia que, por ser la más reciente —y conflictiva— y por ubicarse

---

[296] Participación de Anita Sirgo en el máster Historia y Análisis Sociocultural del año 2011. Depositado en el AFOHSA.

[297] Entrevista realizada a Amaya Caunedo Domínguez con ocasión de esta biografía.

al final de los temarios, rara vez es trabajada en las aulas con la atención que merece, a pesar del notable interés del alumnado.

CC. OO. es quien ha mostrado mayor dinamismo a la hora de plantear estas actividades, sobre todo en la cuenca del Nalón. Desde la Secretaría de Juventud se concertaban estas charlas para que «la conocieran de boca de una persona como ella, con esa fuerza que tenía, con esa ideología que tenía, que te convencía». El resultado solía ser un auténtico éxito, tanto en términos educativos como personales: «Solo con oírla hablar todos caíamos rendidos a sus pies. Los chavales quedaban con la boca abierta cuando contaba que había quedado sorda de un oído por la paliza que-y habíen metido. Recuerdo una concretamente que lloraba».[298]

La reacción del alumnado de secundaria no difería en absoluto de la del universitario. Lejos de los focos del profesorado, su bisnieto Xurde apunta cuál era la reacción de sus compañeros de aula al conocer la historia de su bisabuela y ver la forma de transmitir sus vivencias:

> En el instituto suele haber cierta admiración por ver todo lo que hizo, que no deja de ser una persona normal, pero que hizo grandes coses y la gente suele sentir admiración porque ye de aquí cerca y no saben que de esto por aquí […] se sorprenden y suelen sentir admiración.[299]

Y en esto llegó el cine y la cultura

> Es fundamental aprovechar este momento para reclamar mayor presencia femenina en los libros de texto, que es donde las mujeres y los hombres del mañana encuentran sus primeros referentes […] Cuando las mujeres consigamos ocupar ese espacio que nos corresponde, en la historia de Asturias su nombre estará escrito con mayúsculas, bajo su foto y su eterna sonrisa, y su figura se estudiará como compendio y símbolo de los avatares y luchas de la segunda mitad del siglo xx.[300]

Convertirse en un referente para la gente cercana, para las organizaciones o para la comunidad en la que vives y te desenvuelves es algo complicado, pero desde luego no imposible. Existen decenas de personas que con mayor o menor trascendencia e intensidad han logrado tal status en sus entornos. Recibir homenajes y ser distinguido con premios es un honor poco común, pero no puede olvidarse que el callejero de está lleno de nombres de personas y los galardones, para poder adquirir prestigio, deben ser periódicos. Erigirse como un ejemplo que recorre institutos y universidades, sin haber podido pisarlos nunca como estudiante, es inusual. Que tu

---

[298] Entrevista realizada a Esther Barbón Barbón con ocasión de esta biografía.
[299] Entrevista realizada a Xurde Carreño Leal con ocasión de esta biografía.
[300] Entrevista realizada a Pilar Sánchez Vicente con ocasión de esta biografía.

figura trascienda a nivel internacional en, al menos, tres ocasiones durante tu vida es algo al alcance de muy poca gente. Aglutinar todo lo anterior en una sola persona es algo extraordinario, pero trascender hacia el cine, la literatura o la música es sencillamente excepcional. Llegados a este punto, no caer en delirios de grandeza por el camino y tener siempre presente que estás representando una lucha colectiva de la que solo eres la cara más longeva y visible es una cualidad muy difícil de encontrar y digna de señalar.

Anita forma parte, desde hace ya dos décadas, de las creaciones culturales asturianas o sobre Asturias. Más allá del entorno comunista, es un referente de la cultura popular que ha trascendido a escenarios internacionales muy diversos. No estamos hablando de formar parte de libros de historia o de actividades memorialistas más o menos exitosas o elevadas, algo que damos ya por descontado, sino de incorporarse al imaginario colectivo de tal que manera que se piense en ella cuando se elaboran relatos corales, cuando se trabajan creaciones culturales que pongan de manifiesto determinadas épocas, lugares, formas de hacer o valores que transmitir. Ser ejemplo y referente para la construcción y divulgación de historias.

Este es un fenómeno gestado de manera paulatina, que no se puede desligar de la acción política y memorialista impulsada a diferentes niveles y que hemos analizado en apartados anteriores de este capítulo. De hecho, ambas facetas se entrelazan, retroalimentan y fortalecen como una trenza, pero su proyección hacia la cultura es una consecuencia de esa relevancia previa aunque el recorrido haya sido, en la mayoría de los casos, simultáneo.

Corría el año 2006 cuando, en pleno auge de la reivindicación por la memoria histórica, Pedro Alberto Marcos, como guionista, y Amanda Castro, como directora, se embarcan en una aventura que será, a la postre, trascendental en el terreno de la memoria y la divulgación de la trayectoria de Anita, Tina y todo el colectivo de mujeres antifranquistas de las cuenca mineras. Se trataba de filmar un corto de 20 minutos de duración que hablara de la lucha de las mujeres de las cuencas mineras contra el franquismo, recogiera las torturas del año 1963, pusiera sobre la mesa el papel de los torturadores, rindiera homenaje a sus protagonistas y, en la medida de lo posible, acercara esta historia al gran público, generando una necesidad de saber más sobre la cuestión. Y *A golpe de tacón* fue todo un éxito.[301]

Para Pedro Alberto Marcos, el trabajo es relativamente fácil, no en vano se ha criado en las cuencas, ha militado en el PCE y conoce muy bien tanto la historia como a sus protagonistas. Para Amanda Castro, joven directora, el asunto revestirá de más complejidad, pero también la ilusión de quien descubría la figura de Anita:

> Su biografía me cautivó, en especial las vivencias y anécdotas relacionadas con sus zapatos de tacón [...] era una mujer extraordinaria, me cautivó esa energía arrolladora que desprendía. Estaba impresionada por su lucha, pero, sobre todo, por su manera de recordar, en la que no percibí rencor ni odio, como es habitual en personas a las que se

---

[301] Amanda Castro: *A golpe de tacón*, Avilés: Por tantas cosas producción audiovisual, 2007.

les ha infligido tanto sufrimiento [...] merecía que se contara la historia de la manera más cinematográfica y mejor posible, porque, además, ella permanecía —y permaneció— activa, apoyando luchas hasta el final y eso nos cautivó también.[302]

El corto se proponía sobrepasar los márgenes de la memoria para adentrarse en el terreno del feminismo: «Sentía un interés especial por las biografías fílmicas y la representación de la mujer en el cine [...] quería contribuir a difundir el papel de mujeres tan valiosas como Anita, tan poco reconocido en los textos históricos».[303] En ello cobraba especial relevancia la feminidad desprendida por su protagonista:

> En las fotografías, me llamaba la atención lo femenina que había sido toda su vida: sus tacones, sus vestidos humildes, pero elegantes, los labios pintados, los pendientes, etc. Me explicó la importancia que tenía ese cuidado de la imagen exterior: `así te ven, así te tratan´, decía a menudo. Era, además, una época en la que parecía que sus ideales entraban en contradicción con este tipo de feminidad, pero no para Anita. El zapato de tacón formaba parte de su ser.[304]

El proyecto contará con un elenco de actores y actrices reputados como Cristina Marcos, en el papel de Anita; Belén Ponce de León en el de Tina, Fernando Andina en el del capitán Caro o Fran Sariego en el del cabo Pérez. Pero sobre ellos destaca la presencia de la ya entonces veterana Lola Herrera que, a pesar de aparecer solo en un cameo, se volcará con el proyecto ya que conocía la historia previamente y consideraba necesario contarla. El rodaje, realizado en Santa Cruz de Mieres en marzo de 2007, durante una semana,[305] contaría con la presencia de una asesora inusual: la protagonista de la historia que le daba sentido: «Anita estuvo con nosotros dos días. Creo fue muy feliz al poder compartirlo, aunque al mismo tiempo le afectaba bastante emocionalmente, porque se removían todos esos recuerdos, algunos tan dolorosos, como la presencia de Fonso».[306]

Su estreno tendrá lugar en el Seminci, la Semana Internacional de Cine de Valladolid, en octubre de 2007, recogiendo una crítica muy positiva. A partir de aquí, el corto triunfará en diferentes festivales internacionales, como el Festival Internacional de Cortos de Olavarría, en Argentina, otorgándole una dimensión internacional.[307] Su participación en más de un centenar de festivales y dos docenas de galardones, muchos de ellos del público, han convertido *A golpe de tacón* en corto muy deseado y valorado. Desde entonces, casi dos décadas de proyección constante en múltiples escenarios y localidades, han ligado la historia de Anita y Tina y de las

---

[302] Entrevista realizada a Amanda Castro García con ocasión de esta biografía.

[303] Entrevista realizada a Amanda Castro García con ocasión de esta biografía.

[304] Entrevista realizada a Amanda Castro García con ocasión de esta biografía.

[305] Lorena Canto: «Amanda Castro convierte Santa Cruz de Mieres en un plató de cine», *La Nueva España*, 26/3/2007.

[306] Entrevista realizada a Amanda Castro García con ocasión de esta biografía.

[307] P. Castaño: «`A golpe de tacón´, el corto sobre la huelga del 62, se estrena en Valladolid», *La Nueva España*, 29/10/2007 y «'A golpe de tacón' triunfa en Argentina», *El Comercio*, 12/11/2007.

torturas de 1963 al imaginario colectivo de diferentes generaciones de jóvenes y adultos que, hasta su visionado, desconocían los sucesos narrados.

Tras el éxito del corto, el cine seguiría fijándose en Anita. El asturiano Ramón Lluis Bande rodará en 2010 el también corto *Una vida contada*, que cuenta con la música de Nacho Vegas para la banda sonora. Alejandro Zapico la incluirá dentro de su documental *Golpe a golpe*, sobre la tortura durante el franquismo, estrenado en 2011. Televisión Española la entrevistará, en 2012, para su documental *La huelga del silencio*, recogiendo el testigo de *Hay una luz en Asturias… Testigos de las huelgas del 62*, realizado en 2003 por Octavio Montserrat, Rubén Vega y Francisco Orejas, al tiempo que Octavio Montserrat cuenta con su testimonio para su documental *Una memoria rebelde. El movimiento obrero antifranquista en Asturias*. Carmen Barrios reproducirá su historia en 2019, en el documental *Por mí y por todas mis compañeras*, editado por la UNED. También aparece, junto a Vicente Gutiérrez Solís, en el reciente documental, *Parias de la Tierra. Documental sobre los 100 años de la historia del Partido Comunista de España*. Por último, el Movimiento Asturiano por la Paz (Maspaz) grabará una entrevista-documental sobre Anita con ocasión del 8M del año 2022.[308] Y mientras esta biografía estaba siendo elaborada, un proyecto cinematográfico a cargo de Teresa Marcos centrado en la figura de Anita pugnaba también por ver la luz.

La segunda década del siglo XXI convierte a Anita en un referente transversal de la cultura minera que despega definitivamente del ámbito de sus organizaciones. Pero los motivos de esta evolución tienen tanto que ver con *A golpe de Tacón* y su actividad en defensa de la memoria histórica como con la experiencia de la clase trabajadora y, más concretamente, de las comunidades mineras.

¿Y qué es eso de la «experiencia»? Las formas en las que se articula la clase trabajadora y el movimiento obrero en términos de identidad, cultura, valores o acciones han sido a menudo entendidas, de una manera un tanto genérica, como unas categorías cerradas y universales en el tiempo y en el espacio. La clase obrera *es* una cosa determinada, se comporta de tal manera, se organiza de esta otra, debe pensar de aquella y tiene una misión histórica que cumplir. Y si no lo es, «debiera» serlo. Aunque hace décadas que estas formulaciones han sido directamente abatidas en el terreno de la Historia, estos planteamientos continúan muy presentes en multitud de organizaciones, colectivos y no pocos análisis históricos. Sin embargo, este planteamiento roza lo metafísico.

[308] Ramón Lluis Bande: *Una vida contada*, Gijón: El comercio TV, 2010; Carmen Barrios: *Por mí y todas mis compañeras*, Madrid: UNED, 2019; Alejandro Caballero: *Documentos TV: La huelga del silencio*, Madrid: TVE, 2012; Maspaz: *Anita Sirgo…*; Octavio Montserrat: *Una memoria rebelde. El movimiento obrero antifranquista en Asturias*, Oviedo: Universidad de Oviedo y Archivo de Fuentes Orales para la Historia Social de Asturias, 2013; Octavio Montserrat, Rubén Vega y, Francisco González Orejas: *Hay una luz en Asturias… Testigos de las huelgas de 1962*, Oviedo: Fundación Juan Muñiz Zapico y Productora RTV Asturias, 2002; Rosa Valiente y, Rodrigo Bazzano: *Parias de la tierra…*; y Alejandro Zapico: *Golpe a golpe. Queda la palabra*, Gijón: Pensar audiovisual, 2011.

Lo cierto es que la clase trabajadora, y por lo demás cualquier otra, no se presenta nunca como se supone que debiera hacerlo sino que está atravesada por multitud de factores históricos, políticos, culturales, religiosos, etc. Algunas expresiones son universales: la asunción de una identidad propia y diferenciada o la formación de sindicatos son las más evidentes. En las comunidades mineras, la hombría también está muy presente como parte de la construcción de un sujeto colectivo que a menudo aparece como el epítome del obrero y particularmente del obrero consciente. Pero otras son muy particulares y explican que, por ejemplo, en las cuencas mineras asturianas arraigaran el PSOE y el PCE, se extendiera un fuerte anticlericalismo y protagonizasen varios movimientos revolucionarios y/o de índole política mientras que los mineros de Kentucky —con una nada desdeñable trayectoria de luchas a sus espaldas— hayan acabado siendo integristas religiosos, fervientes anticomunistas y muy violentos en sus formas de movilización, pero políticamente contrarrevolucionarios y orgullosos patriotas americanos.[309]

Lo que media entre un comportamiento y otro es la experiencia de cada comunidad, es decir, las trayectorias colectivas previas, comunes, compartidas y en muchos casos heredadas que dan lugar a formas de hacer, entender e interpretar el mundo y lo que es clase obrera que dan lugar a posiciones comunes, pero también a notables diferencias.[310]

Cuando en el año 2012 las cuencas mineras se ven abocadas a revolverse como gato panza arriba contra las medidas decretadas por el gobierno de Mariano Rajoy, que precipitan el cierre anteriormente pactado de la minería, y que se entiende, por tanto, como un ataque frontal contra todo el colectivo minero, en términos económicos y de modo de vida, pero también políticos e históricos, la comunidad minera hace lo que su experiencia centenaria le dictaba: movilizarse de forma radical. Lo lleva a cabo con fórmulas ancestrales, como la huelga; con otras un poco menos antiguas, los encierros; y con algunas que apenas databan de cuatro décadas de recorrido: las barricadas de neumáticos, los cortes de carretera y las marchas a pie. Se añadirán además nuevas dinámicas: realizar los cortes de vías de las vías de comunicación fuera de las cuencas mineras. En lugar de carreteras nacionales, colapsar autovías.[311]

Las mujeres de las comunidades mineras, más allá de participar en los cortes de carreteras, recurren también al repertorio de movilizaciones que ofrece la experiencia de clase y de género: complementar las acciones de sus hombres. Y al mismo tiempo lo renuevan dotándose de autonomía y voz propia de un modo nuevo. Los antecedentes las llevan directamente a los años sesenta. Y Anita está allí, tanto en 1962 como en 2012, participando de todas las iniciativas que sus 82 años le permi-

---

[309] Alessandro Portelli: *Dicen en el condado de Harlan…*

[310] El concepto de experiencia fue acuñado por el historiador británico E. P Thompson a principios de los años sesenta y desde entonces ha tenido un largo recorrido.

[311] «España: la última gran huelga de mineros», en Salvador Aguilar (ed.): *Anuario de conflictos 2012*, Barcelona: Observatori del Conflicte Social, 2013, pp. 831-854.

ten. De esta manera, queriéndolo o sin querer, Anita emerge como referente, como mujer que conecta una lucha agónica del presente con la heroica del pasado, que salió bien aun cuando todo jugaba en contra. Y lo hace, precisamente, impregnando la lucha de vitalidad: «Te contagiaba, con esa chispa que lo contaba, te contagiaba que sentías: 'yo quiero ser Anita'».[312]

Cuando el colectivo informal pero firmemente establecido de las autodenominadas inicialmente Mujeres del Carbón en Lucha se encontró con Anita allí donde no podían sino encontrarse —la calle y la movilización— para muchas de ellas era ya un nombre que resonaba con connotaciones de mito. Pero la mayoría no la conocían o no habían tenido trato personal con ella. Y de pronto Anita emergió ante sus ojos como la gigantesca figura de la luchadora que, al modo brechtiano, había peleado toda su vida. Pero también como la abuela que todas hubieran querido tener. Tenerla a su lado, codo con codo, significaba entroncar con generaciones de mujeres que las habían precedido, con las historias que se contaban de tiempos heroicos, con un pasado que se hacía presente en su persona.

El canto de cisne de la combatividad minera, mientras paralelamente empiezan a emerger nuevos conflictos obreros feminizados y el feminismo comienza a convertirse en el movimiento social más combativo y mayoritario de España, impulsa nuevos intereses y nuevas creaciones culturales en las que Anita se integra ya de una manera central: no se puede soslayar a Anita si vas a hablar de las cuencas, de la lucha obrera o de feminismo.

En este contexto emergen diferentes iniciativas que combinaban lo divulgativo, lo académico y lo reivindicativo y que ponen de relieve el papel y el liderazgo ejercido por las mujeres en la lucha de clases y en la conquista de derechos sociales y políticos aun en entornos fuertemente masculinizados como el minero. El equipo de Archivo de Fuentes Orales para la Historia Social de Asturias (AFOHSA), fundado hace más de un cuarto de siglo por Rubén Vega, precisamente para hacer una labor de investigación y difusión de las diferentes memorias y culturas de la clase trabajadora asturiana, elaborará tres productos que recorrieron las cuencas primero, Asturias después y, en alguna ocasión, España y Europa.

El primero de ellos nace el 8 de marzo de 2015 y cuenta con el apoyo de la Secretaría de la Mujer de CC. OO. de Asturias. La exposición *Mujeres de Carbón* recogía sucesivas generaciones de militantes de las cuencas mineras asturianas, desde la miliciana Ángeles Flórez *Maricuela* a las que se habían movilizado al calor de la última huelga minera, pasando por Anita Sirgo, Celestina Marrón y Eufrasia Albes como exponentes de la resistencia antifranquista y por alguna de las primeras en recuperar el derecho a trabajar en la mina, ya en democracia. Conectada con la itinerancia de esa exposición, Irene Díaz y Amaya Caunedo elaborarán en 2016 una unidad didáctica titulada *Mujeres de mina. Liderazgos femeninos en la conquista de derechos sociales*, cuyo objetivo es contribuir a la divulgación y concienciación del alumnado de ba-

---

[312] Entrevista realizada a Silvia Salamanca Ordiz con ocasión de esta biografía.

chillerato combinando referentes asturianos con otros internacionales. Finalmente, *Liderazgos femeninos en comunidades mineras*, en 2018, ampliará el objetivo poniendo el foco en el plano internacional. En ella se realiza una exposición multimedia que combina el material fotográfico con el audiovisual, recuperando tanto retratos e imágenes de las luchas en que han tomado parte como las voces originales de las mujeres representadas en el proyecto. A modo de recorrido biográfico y militante, se recogen destellos de mujeres nacidas o vinculadas a comunidades mineras como Dolores Ibárruri —Euskadi—, Domitila Barrios —Bolivia—, Margot Russell —Escocia—, Marilyn Haddington —Inglaterra—, Jutta Schwinkendorf —Alemania—, Cristina Auerbach —México—, Carmen Allenza —Italia—, Silvia Lasek —Brasil—, Mother Jones —USA— y, por supuesto, Anita Sirgo. Resulta impactante y a su vez revelador, el ramillete de nombres que rodean el de Anita y más aún que esta exposición llegara a estar alojada en el Parlamento Europeo. En los materiales anexos pueden consultarse el texto de presentación de la exposición así como semblanza biográfica de Anita que contenía.

Asimismo, las investigaciones académicas sobre franquismo y la clase trabajadora en Asturias cuentan, desde hace años, con Anita como testimonio de obligada consulta, estudio y referencia. En 2014, el libro colectivo *De la posguerra al presente. Testimonios orales del movimiento obrero*, contó un capítulo dedicado a su trayectoria. A su vez, la graduada en Historia Romina Criado Cardín, dedicó a Anita tanto tu trabajo de fin de grado —*Biografía de Anita Sirgo*— en 2016 como su tesis de fin de máster —*Anita Sirgo, una trayectoria vital referente de la memoria histórica*— en 2019.[313]

Paralelamente, se ha ido desarrollando una literatura en la que la figura de Anita ha ido emergiendo con fuerza. *Los llazos de coloraos*, del dibujante y cineasta Alberto Vázquez García, reconstruye, a partir de testimonios orales, la vida de los luchadores antifranquistas, viajando adelante y atrás en el tiempo.[314] En este cómic, del año 2019, Anita se erige como uno de los personajes centrales, que ordena y da sentido a la historia. Otros libros de indudable éxito editorial dentro y fuera de Asturias como *Los niños de humo* o *Carboneras*,[315] de la periodista y escritora Aitana Castaño, tienen al conjunto de mujeres mineras como su propia razón ser: «en el libru de Carboneras, es una mezcla entre Maruja, la jefa de Carboneres, y Tina la gaitera, a la que-y rapan el pelo».[316] Cabe preguntarles por qué estos autores, hijos todos de las cuencas, recuperan, a través de la literatura, la historia de personajes tan cercanos y cotidianos. La respuesta no deja lugar a dudas: puro de deber de memoria —y de orgullo— de comunidad minera:

---

[313] Señaldá: *De la posguerra al presente. Testimonios orales del movimiento obrero*, Oviedo: Laria, 2014, pp. 99-116 y Romina Criado: *Anita Sirgo, una trayectoria vital referente de la memoria histórica*, TFM, Universidad de Oviedo, 2019.

[314] Alberto Vázquez: o. cit.

[315] Aitana Castaño: *Los niños de humo*, Oviedo: Pez de plata, 2018 y Aitana Castaño: *Carboneras*, Oviedo: Pez de plata, 2020.

[316] Entrevista realizada a Aitana Castaño Díaz con ocasión de esta biografía.

Les cuenques mineres van a pasar a la Historia, pero qué va a pasar a la Historia, pues los grandes hitos ¿Qué pretendemos Alfonso[317] y yo? Que pasen les pequeñes historias de nuestros güelos. Cuando yo empecé a escribir Carboneras, sabía que iba a tener una escena en la que unas mujeres fueran torturadas, pero salieran orgullosas de no haber cantado, estaba claro que lo iba a poner [...] No está en mi mano que los libros de Historia recojan estes coses, pero sí que la literatura minera recoja estos hechos.[318]

Por otro lado, dentro la ampliación de las políticas de memoria de CC. OO., que tienden a la divulgación de sus valores y su historia a través de textos literarios que superen los contenidos historiográficos, ha visto la luz el cómic *O todos o ninguno. Historias de CC. OO.*, un conjunto de siete episodios en uno de los cuales Ángel de la Calle ilustra las huelgas del 62, otorgando un papel central a los piquetes de mujeres y lo que él interpreta como una performance de carácter artístico: el maíz arrojado a los pies de los esquiroles.[319]

La música está siendo, por último, otra de las expresiones artísticas que se han ido generando a lo largo de estos años, dando voz a lo que Víctor Manuel calificó, en la banda sonora de *A golpe de tacón* como: «mujeres sepultadas en rutinas [...] sin voz ni voto hicisteis el camino al caminar».[320] En términos colectivos, grupos como los asturianos Dixebra y los valencianos —e internacionales— Los Chikos del Maíz han ido generando canciones que relatan estas luchas mineras y que ponen en valor el papel de las mujeres.[321]

Cantaba Víctor Manuel que «la historia os ha pasado por encima». Sin embargo, el tiempo ha venido a demostrar lo contrario en el caso de Anita hasta el punto de haberse convertido en un símbolo que trasciende con mucho sus ámbitos territoriales y organizativos, de tal manera que pasa por encima de su propia persona y es un referente mucho más amplio que aquellas causas o siglas con las que ella se identificó. Esta dimensión hace que sea incluso susceptible de ser utilizada como arma arrojadiza contra las organizaciones con las que siempre ha mantenido vinculación y a las que siempre ha defendido a capa y espada, en un uso que a ella la hubiera violentado de haber sido consciente. El disco de Dixebra *Tiempos modernos*, en 2013, contiene el tema «A golpe de tacón», en el que Anita ocupa, como ya deja traslucir el título, un papel central: «¿Qué foi del sindicatu? / ¿Qué de la unidá? / Acuérdate d'Anita cuando vayas a firmar / a golpe de tacón. / Acuérdate de Lada nel 62, / muyeres en comuña dándo-y vuelta al esquirol / a golpe de tacón».[322]

---

[317] Alfonso Zapico, ilustrador de los libros de *Los niños de humo* y *Carboneras*, y autor de la novela gráfica *La balada del norte*.

[318] Entrevista realizada a Aitana Castaño Díaz con ocasión de esta biografía.

[319] VV. AA.: *O Todos o ninguno. Historias de las CC. OO.*, Madrid: Claves de gestión, 2021.

[320] Víctor Manuel: «Mujeres», en Amanda Castro: *A golpe de tacón*, Avilés: Por tantas cosas producción audiovisual, 2007.

[321] Dixebra: «Esta mañana», en *Ente la niebla*, Oviedo: Goxe, 2022 y Los Chikos del Maíz: «Pan y Rosas», en *Yes future*, Madrid: BOA, 2022.

[322] Dixebra: «A golpe de tacón», en *Tiempos modernos*, Oviedo: Goxe / L'Aguañaz, 2013.

La autoridad moral de Anita es puesta al servicio, en esta ocasión, de un ataque a su sindicato. Como explica Primitivo Abella, autor de la canción, se pretendía una crítica frontal contra la estrategia de CC. OO. durante la crisis económica desatada a partir de 2008:

> En el contexto de 15M hubo una acción que consistió en ir a la sede de CC. OO. y UGT a tirayos maíz, como en el 62. Era una forma de deci-yos que con la que estaba cayendo no estaban haciendo nada y lo estaben firmando todo. Entonces, súmalo todo y ahí tienes la canción. Es una canción de la actualidad de aquel momento, de decir: `mirar en qué quedasteis con to lo que peleó gente como Anita para construir este sindicato´.[323]

La abuela del PCE

> Yo pensaba, cuando yera guaja, que lo normal era tener a gente como Anita en la tu vida. Gente torturada y que te contaba las cosas naturalidad […] luego fui dándome cuenta de que no, de que yera una suerte.[324]

¿Y qué dicen sobre ella quienes la conocieron? ¿Qué opinan quiénes la trataron como amiga o compañera y quienes la consideraron como un ejemplo a seguir y un referente? En las siguientes páginas podríamos hacer un ejercicio de reconstrucción del discurso general que opera sobre Anita, tanto en el PCE como entre quienes convivieron con ella en otros ámbitos y por supuesto, entre su familia. Sin embargo, tras valorarlo, consideramos más adecuado invertir el espacio en transcribir directamente las declaraciones recogidas en las diferentes entrevistas, ordenadas de manera que proyecten un breve relato coral sobre su figura:

> Fausto[325] siempre habló de que había que valorar y hablar de la lucha de les muyeres. Decía: 'de mí no hablar, hablar de les muyeres'. Ye que por les muyeres pasaba todo, les que te decíen dónde podíes ir a dormir, les que pasaben más desapercibides para avisar, etc. Y ni siquiera los compañeros eran conscientes.[326]

> Son gente que son la modestia en lo personal, y es algo que los acompaña a todos […] Anita Sirgo es un símbolo más, es un eslabón más de esa cadena de cuadros comunistas. Ellos tienen el protagonismo que sea, lo ejercen, son buenos comunicadores ¡solo faltaba! Pero nunca están pensando en sí mismos. No hay ningún tipo de narcisismo ahí.[327]

---

[323] Entrevista realizada a José Primitivo Abella Cachero con ocasión de esta biografía.

[324] Entrevista realizada a Aitana Castaño Díaz con ocasión de esta biografía.

[325] Fausto Sánchez, minero, fue militante del PCE desde los años cincuenta, llegó a ser responsable de la organización comarcal del Nalón, y fundador de las comisiones obreras en la minería, en donde destacó por ser uno de los militantes más activos. Benigno Delmiro Coto: *Fausto Sánchez García. Una vida comprometida con la clase obrera*, Oviedo: Ediciones Trabe, 2019.

[326] Entrevista realizada a Aitana Castaño Díaz con ocasión de esta biografía.

[327] Entrevista realizada a Benigno Delmiro Coto con ocasión de esta biografía.

Ella fue la que se prestó a hablar, porque alguna vez trataron de convencer a otras y cerráronse en banda y no quisieron hablar [...] Ella amoldábase, en les manifestaciones, a cualquier cosa que-y mandabes, fuese lo que fuese.[328]

Nunca quiso protagonismo y tengo escuchado que sí, pero jamás buscó protagonismo.[329]

Tendemos a ir al yo, a ella, pero Anita siempre iba al `nosotros´, huía de la personalización.[330]

Hubo figures tan importantes o más que ella, eso no lo voy a poner en duda, pero es que hablar de Anita ye hablar de toes, de toda esa generación que nos ayudó a traer la democracia a este país [...] Mujeres que tuvieron un papel fundamental durante la dictadura, pero luego muchas de ellas volvieron a lo suyo. Decidieron dar un paso atrás y dejar hacer a las demás, sin fiscalizar, ayudaron y apoyaron.[331]

Son referentes mujeres de clase obrera cuando siempre estamos pensando en referentes de mujeres académicas y ellas son referente de clase obrera precarizada [...] dieron una lección de feminismo de clase sin sabelo. Empezaron solo por ayudar a sus maridos, pero luego se convirtieron en figuras clave para conquistar esas mejoras de las huelgas. Pero sobre todo es que dieron una lección de valentía extrema.[332]

Una vez, en una manifestación, cerrarnos los grises, por alante y atrás y de repente, veo caer Anita al mi lao al suelo, como si-y hubiera dao algo ¡yera el miedo que tenía de vese cerrá por la policía y la fueran a coger otra vez! Pero fue un minuto, de repente se levantó y como un miura a por ellos [...] Desde ese momento, si antes la respetaba y la admiraba, la respeté y la admiré más. Porque siendo consciente del miedo que ella tenía por lo que había pasao en la comisaría, todavía seguía en la lucha. Una mujer con ese pánico a que la cojan, levantase y dir a por ellos, sabiendo que la podíen volver a coger... con ese miedo que tenía ella y estar haciendo lo que estaba haciendo... Aquello era admirable [...] Tenían una víscera... eran muy echadas p´alante. Y era puro instinto porque teóricamente no sabíen nada ¡Era instinto de clase puro y duro! Con un miedo que se moríen, pero cuando veíen a la policía delante iban a por ellos. Es que yo creo que si las dejan que los muerden. Es que lo que era el cabo Pérez... era algo brutal el odio que le tenían. Eren brutales, echar unos cagamentos... ir a por ellos a insultalos con una cosa que tú quedabes acojonada mirando pa elles [...] y vamos, cuando te llamaba el cabu Pérez era pa temblar.[333]

Cuando te contaba les hosties que-y daben, lo hacía con un desparpajo. Y luego deciate: `pero bueno, de otra manera no me tocaron´. O sea, te estaba contando que la habíen dejao sorda de una oído, que y habíen hecho mil perreríes, pero luego te decía que de otra manera no la habían tocado [...] No creo que sean conscientes de la grandeza de sus actos. Saben que lo que tenemos salió a base de sacrificios y palos, muchos palos, pero no se valoran. Es un poco como: `bueno, taba allí y tocome hacer eso´ y ya [...] No

---

[328] Entrevista realizada a Asunción Naves Peláez con ocasión de esta biografía.
[329] Entrevista realizada a Ángeles Fonseca Rodríguez con ocasión de esta biografía.
[330] Entrevista realizada a Aitana Castaño Díaz con ocasión de esta biografía.
[331] Entrevista realizada a Ursula Szalata con ocasión de esta biografía.
[332] Entrevista realizada a Arantxa Carcedo Saavedra con ocasión de esta biografía.
[333] Entrevista realizada a Magaly Suárez con ocasión de esta biografía.

fue consciente de lo que hizo. O sea, si yo estoy hoy aquí ye por muyeres como Anita y no creo que fuera consciente de ello [...] personas como Anita acostumbraron al resto a que teníamos que ocupar y estar en los diferentes espacios.[334]

Anita tenía una cosa en común con Aníbal y es que no te edulcoraba nada [...] Sacó una foto de su Fonso y, entonces, ella contábate así: `cuando salió por primera vez de la cárcel tuvimos mucho tiempo sin poder tener relaciones porque cada vez que iba al servicio sangraba por ahí´. Sin ningún tipo de anestesia, pero lo piensas y por qué iba a tener que poner ella ningún tipo de anestesia si había sido así.[335]

Su vida fue dedicada al Partido y era feliz ayudando al partido. Iben a les fiestes del Carbayu a trabayar, a les espiches, y el pinchu que comían, pagábenlu. Ni un pinchu comía gratis. Y mi padre y los demás compañeros igual.[336]

Estaba muy implicada en la solidaridad vecinal. Aparte de lo político, era una mujer que todo el mundo sabía que se podía contar con ella. Y allí estaba [...] Una mujer luchadora, echada p´alante y con las ideas muy claras.[337]

Era una gran líder, aunque no fuera una dirigente, era una gran líder. Tenía un gran carisma [...] Es una mujer políticamente centradísima, muy humana, muy carismática y un cielo de persona. Con un instinto de clase bárbaro. Siempre estaba predicando ¡y ay de la tienda que no fiara a los mineros estando en huelga! Enterábase el barrio entero. Y con aquello valía. Decíalo Anita y ya valía.[338]

Yo creo que en Langreo y en Lada, más que una figura de autoridad era una figura de respeto, de respeto total hacia ella y hacia lo que dijera [...] era una mujer de principios.[339]

Un día, trabajando en el hospital, una paciente se me acerca y me dice: `a tu güela tengo-y yo mucho que agradece-y. Una vez tenía abierto yo un negocio, no taba así muy regular, vino un policía municipal diciéndome que me lo iban a cerrar y enseguida salió ella y fue pal municipal a deci-y que hicera el favor, que tenía una fía que alimentar´ y que no le puso la multa la final. Cosas así eran muy habituales en ella, ayudando a la gente allí donde lo necesitaba, inclusive dinero. Que no lo prestaba, lo daba.[340]

Es una mujer que luchó y peleó por su clase social y, sobre todo, una comunista íntegra. Nunca fue una persona que quisiese figurar en ningún lado. Si estaba en los sitios es porque la llamaban. Claro, luego con el carácter que tenía ella pues arrollaba, pero nunca quiso figurar. Y fue una persona que vivió como pensó. Una persona íntegra, honesta y solidaria. Nadie que lo necesitó quedó sin su ayuda.[341]

Es un poco como la excepción, una mujer tan representativa y con un reconocimiento a su lucha. No hay muchas, a pesar de que no era la única. Les muyeres con conciencia

[334] Entrevista realizada a Úrsula Szalata con ocasión de esta biografía.
[335] Entrevista realizada a Aitana Castaño Díaz con ocasión de esta biografía.
[336] Entrevista realizada a Etelvina Braña Sirgo con ocasión de esta biografía.
[337] Entrevista realizada a Ángeles Fonseca Rodríguez con ocasión de esta biografía.
[338] Entrevista realizada a Magaly Suárez Pérez con ocasión de esta biografía.
[339] Entrevista realizada a Isabel Jardón Carbajal con ocasión de esta biografía.
[340] Entrevista realizada a Noemí Leal Férrez con ocasión de esta biografía.
[341] Entrevista realizada a Herminia González Muñiz con ocasión de esta biografía.

de clase estamos faltas de referentes femeninos y Anita sobresale sobre las demás porque yera muy carismática.[342]

Nunca te hacía sentir pequeña, siempre ponía en valor el trabayu que hacíamos les demás […] y siempre te decía: `y vosotras, nunca dejéis que os escuendan´.[343]

Gracias a ella, a esa fuerza que tenía y a esa capacidá de espresase, que llegaba mucho a la gente, conocimos una lucha invisible, la de esas mujeres que nunca pudieron protagonizar nada […] Tenía la facultad de contate coses terribles que te hacíen reír, como cuando contaba que el día de la su boda había habido más guardia civil que en la de los príncipes.[344]

Hasta 2013 no hablé con ella, que nos sentamos y hablamos y me llevé una idea totalmente distinta […] cuando te hablen de una persona con una historia así, imaginaste a alguien como más malencarau, más fríu… entos, claro, conocela, sentase a hablar con ella y que pareciera que taba hablando con mi güela… fue un choque de emociones. Fue con la primera persona que sentí que ser luchador y ser peleón no está reñido con el cariño y con mostrar el afecto a les persones. Era muy firme, muy contundente, con mucha bravura, pero a la vez muy cariñosa […] Te contagiaba, con esa chispa que lo contaba, te contagiaba que sentías: `yo quiero ser Anita´ […] Era llamativo la gana con la que contaba les coses. Yo conocía casos allegados en los que lo normal era no contar o contar poco u ocultar y ella, con esa fuerza y esa alegría que tenía contaba, sin ocultar nada, pero sin hacer un drama y eso ye la mejor manera de incitar a la lucha. Siénteste como más obligau a estar allí y hacer cosas. Te contagiaba la gana de pelear.[345]

Es que te empujaba ella. Íbamos a Madrid de manifestación y salíamos de aquí a les 3 de la mañana, y ahí iba Anita, con tacones además.[346]

Era una persona muy extrovertida y muy cariñosa, enseguida podías entablar una conversación con ella, aunque no tuvieras mucho trato o la conocieras poco.[347]

Reíeste mucho con ella. Era muy seria en las reuniones, pero era muy divertida y alegre cuando salíamos a comer o tomar algo. Le gustaba mucho divertirse. Era muy divertida, muy amena y muy alegre pa convivir. Ella, cuando estaba entre camaradas, siempre taba a gusto.[348]

Ye un referente, ya no siempre en el ámbitu políticu sino en el familiar. Nunca me transmitió ningún mensaje de odio. De hecho, hasta que no tenía 16 años no me enteré de lo que le pasó y fue para que me formase yo mi propia idea de lo que era la sociedad y la dictadura. De guaje no sabía nada más allá de ir a la fiesta del PCE. Luego, cuando me fui dando cuenta por mí mismo, aluciné.[349]

---

[342] Entrevista realizada a Arantxa Carcedo Saavedra con ocasión de esta biografía.
[343] Entrevista realizada a Úrsula Szalata con ocasión de esta biografía.
[344] Entrevista realizada a Esther Barbón Barbón con ocasión de esta biografía.
[345] Entrevista realizada a Silvia Salamanca Ordiz con ocasión de esta biografía.
[346] Entrevista realizada a Ángeles Fonseca Rodríguez con ocasión de esta biografía.
[347] Entrevista realizada a Arantxa Carcedo Saavedra con ocasión de esta biografía.
[348] Entrevista realizada a Esther Barbón Barbón con ocasión de esta biografía.
[349] Entrevista realizada a David Andrés Braña con ocasión de esta biografía.

Tuve un trabajo para Valores Éticos, en el instituto, en el que teníamos que poner un referente a quien nos quisiéramos parecer y yo puse a Nita.[350]

Todo el mundo habla del personaje que era política y sindicalmente, pero hay que hablar de la persona, porque la familia la queríamos por lo que era: la madre, la güela, la bisabuela… […] Era muy, muy familiar y muy cariñosa. Ya lo era con la gente de fuera… imagínate con la familia. Para ella la familia era too […] Era el eje central sobre lo que rotaba el resto, era como la matriarca. Dominaba la familia y hacía todo por juntar a la familia, a toda […] too lo daba. Llegaba Reyes y la cartilla a cero, lo que tuviera lo repartía entre todos […] Le gustaba disfrutar de la vida, salir a comer a tomar el vermú. No sé quejaba de nada. No-y dolía nunca nada. Disfrutabes con ella, disfrutabes de la vida.[351]

Nació pa dar. No tenía más. Ibas al homenaje de El Mazucu y no-y valía con les tortilles que facía yo, tenía que facer ella también pa poder day a tol mundo. Llamaron de la Universidad de León pa face-y una entrevista y ganaron un premio.[352] Entós llamáronla los chavales que tocaron-y 200€ y ella que no, que pa ellos, pa que tomaran algo, que ella no quería nada.[353]

Toy orgullosa de mi padre y de mi madre, cómo no voy a talo. Lo más… y como ellos tantísima gente, muyeres —y homes— que tuvieron peleando por la democracia.[354]

[350] Entrevista realizada a Xurde Carreño Leal con ocasión de esta biografía.
[351] Entrevista realizada a Noemí Leal Férrez con ocasión de esta biografía.
[352] Se refiere al premio Diversa e igual, otorgado por la Universidad de León en 2021.
[353] Entrevista realizada a Etelvina Braña Sirgo con ocasión de esta biografía.
[354] Entrevista realizada a Sara Braña Sirgo con ocasión de esta biografía.

8

Tal como era

Lo que quería eran manifestaciones. No quería más que dir de manifestación. Costábanos un trabajo metela en coche…: 'pero bueno, muyer ¿a qué quies ir si no puedes andar?'. Decíame: 'a mí dame igual, véolo desde el coche o sentáisme en un bancu. Ye que a mí eso dame la vida'.[355]

La madrugada del 15 de enero de 2024, cuando apenas le quedaban cinco días para cumplir los 94 años, fallecía Ana Sirgo Suárez, rodeada de los suyos en el Hospital Comarcal de Valle del Nalón. La edad y una insuficiencia cardiaca arrastrada desde hacía años ponen fin a su vida, pero dan carta de naturaleza a la consagración de Anita como símbolo y representante de toda una generación de mujeres que lucharon contra la dictadura y por las libertades democráticas y cuyos ecos resonaron mucho más allá de las cuencas mineras y de Asturias.

La luctuosa noticia correrá como la pólvora por toda España y aun por el extranjero. Antes siquiera de poder avisar a parte de la familia, sus hijas ya reciben pésames desde Europa mientras que el deceso da, literalmente, la vuelta al mundo: «a una amiga mía llamáronla de Australia antes que lo ficiera yo. Y el mi primu de Bélgica igual».[356]

Toda la prensa, radio y televisión regional, con independencia de colores políticos, se hace eco de la noticia con celeridad y dedica amplios espacios en días sucesivos para cubrir el entierro y ofrecer diferentes obituarios.[357] Fuera de Asturias tampoco pasa desapercibida, periódicos de tirada nacional, entre los que cabe destacar *El País*, dan cabida al fallecimiento de Anita y recogen artículos en los días siguientes que glosan su figura.[358] Las emisiones de radio son más difíciles de rastrear, pero

---

[355] Entrevista realizada a Etelvina Braña Sirgo con ocasión de esta biografía.
[356] Entrevista realizada a Etelvina Braña Sirgo con ocasión de esta biografía.
[357] Diego Díaz: «Anita Sirgo: escenas de la lucha de clases en el valle del Nalón», *Nortes.me*, 15/1/2024; Luisma Díaz: «Fallece Anita Sirgo, histórica militante comunista, protagonista de la huelga minera del 62 que puso en jaque a la dictadura», *La Nueva España*, 15/1/2024; Daniel Fernández: «Fallece Anita Sirgo, histórica dirigente comunista y referente en la lucha obrera y antifascista», *El Comercio*, 15/1/2024; «Muere a los 93 años Anita Sirgo, emblema de la lucha antifascista», *Lavozdeasturias.es*, 16/1/2024; «Muere Anita Sirgo», *RTPA.es*, 16/1/2024; y Rubén Vega y Héctor González: «Anita Sirgo: un lugar en el mundo», *La Nueva España*, 20/1/2024.
[358] Aitana Castaño: «¿Quién nos quita la pena hoy?», *Eldiario.es*, 15/1/2024; Diego Díaz: «Anita Sirgo y

valga mencionar que el programa «A vivir que son dos días», de la Cadena Ser, le dedicó a Anita un espacio de casi veinte minutos retransmitidos para toda España. Todos los artículos coincidirán en señalar unánimemente las mismas características: una mujer íntegra, honesta y luchadora, principios que la habían acompañado a lo largo de toda su vida. También, y por encima de todo, una referente del colectivo minero, y más concretamente de las mujeres mineras, que se había enfrentado al franquismo para conquistar las libertades democráticas y que había pagado un alto precio, la tortura, por no delatar a sus compañeros. Maíz y un rapado de pelo. Instantes que resumen toda una vida.

Al igual que las noticias, los pésames enviados a la familia no se hacen esperar y son multitud. Entre ellos destacan, lógicamente, los enviados por las organizaciones políticas y sindicales de toda España. CC. OO., UGT, PCE, IU, FSA-PSOE o el Gobierno del Principado de Asturias son solo una muestra del amplio número de condolencias recibido por la familia. Incluso la red de Archivos Estatales del Ministerio de Cultura publica en su cuenta de la red social X un tweet al respecto.[359] Y es que, como señalaron los fundadores de la Lega di Cultura di Piadena, allá por 1967 en Cremona —Italia—, al funcionario que recogió su acta de constitución firmada con una X porque su presidente no sabía escribir, la cultura son muchas cosas y las más interesantes y trascendentes suelen ocurrir muy lejos de los escenarios que consideramos cultos. Y en las cuencas mineras, en su antifranquismo y en Anita había mucha cultura.[360]

El día 16, a las 16:30 de la tarde, da comienzo el acto de despedida, siguiendo las precisas instrucciones que había manifestado en reiteradas ocasiones durante los últimos tiempos: «La última vez que la vi, díjome, a voces: "que todo el mundo se entere: el día que yo me muera, quiero una manifestación y la bandera del Partido

---

el sentido de la vida miltante», *Elsaltodiario.com*, 20/1/2024; «Fallece Anita Sirgo, referente del PCE asturiano y defensora de la libertad», *Público.es*, 15/1/2024;, Sergio Fanjul: «Muere a los 93 años Anita Sirgo, emblema de la lucha antifranquista en las cuencas mineras asturianas», *El País*, 15/1/2024; Bárbara Peri: «Muere Anita Sirgo, histórica militante comunista asturiana», *Eldiario.es*, 15/1/2024; «Muere a los 93 años la heroica militante comunista Anita Sirgo», *Mundo Obrero*, 15/1/2024; y Patricia Simón: «Muere Anita Sirgo, referente de la resistencia antifranquista», *Lamarea.com*, 15/1/2024.

[359] Archivos Estatales Castaño, Aitana [@ArchivosEst], «Desde #ArchivosEstatales de @culturagob lamentamos el fallecimiento de #AnitaSirgo, histórica militante antifranquista»,<https://x.com/ArchivosEst/status/1747263435526868996?t=99E1WC81hLSqkbUbqvNuLw&s=08 16/I/2024> (consulta 23 de abril de 2024).

[360] La anécdota completa es la siguiente:
—¿Están creando ustedes una asociación cultural y su presidente no sabe escribir?, preguntó el funcionario. —Es otro tipo de cultura, le respondieron. Las razones que habían motivado su elección no guardaban relación con su nivel de instrucción sino con su prestigio y autoridad. Transcurridos 57 años desde su creación, la Lega di Cultura sigue activa y acumula un más que notable bagaje, como se puede comprobar en su web: <http://www.legadicultura.it/>.
Debemos este relato del momento fundacional al historiador, musicólogo y lingüista Alessandro Portelli, una autoridad mundial en Historia Oral, maestro de varias generaciones de historiadores, actual presidente del Circolo Gianni Bosio y colaborador habitual de la Lega di Cultura de Piadena. Alessandro Portelli: «Memoria y resistencia. Una historia (y celebración) del Círculo Gianni Bosio», en Alessandro Portelli: The batle os de Valle Giulia, Oral History and the art of dialogue, Wisconsin: University of Wincinsin Press, 1997.

Comunista encima la caja"».[361] Y es que, consciente, sobre todo a raíz de la pandemia, de que su salud se deteriora y de que pierde independencia y capacidad para asistir a manifestaciones y actos reivindicativos o memorialísticos, Anita comienza a manifestar con insistencia que no quiere que su despedida sea un entierro al uso sino que, consciente del volumen de gente que podría acudir al acto, se utilice la ocasión para realizar una manifestación. De esta voluntad reivindicativa dan buena cuenta los autores de este libro quienes, en el verano de 2023, acudieron a visitarla a la residencia de Lada en la que se encontraba ingresada desde meses atrás. Aquella tarde, aparte de reivindicaciones políticas, Anita pedía perdón con insistencia por no haber podido acudir a la última manifestación del 1.º de Mayo, algo que «sentía en el alma» y clamaba porque, llegado el momento, su entierro se convirtiera en una manifestación en la que se reivindicara algún tema actualidad o urgencia política. Como había sucedido con Fonso, salir de casa a hombros de camaradas y convertir el cortejo fúnebre en una manifestación abierta por una pancarta reivindicativa y con ella detrás empujando. Así lo había expresado, con pertinaz insistencia, tanto a la familia como a los dirigentes de IU y CC. OO. y a cuantos la quisieran escuchar. Tenía una idea muy clara de cómo quería irse y, de algún modo, su entierro debía escenificar lo que había sido su vida y el mensaje que pretendía dejar como legado: seguir en la lucha.

No fue exactamente como ella imaginaba, pero sí se aproximó en la medida de lo posible y dentro de un patente respeto al espíritu de sus voluntades: la tarde del 16 de enero fue todo un acto de reafirmación de identidad de clase y feminista. El salón de actos de la Casa Sindical de La Felguera acogerá, ya desde el día 15, la capilla ardiente. La Unión Comarcal de CC. OO. del Nalón así lo había ofrecido a la familia, a fin de garantizar un lugar en el que poder asumir el volumen de gente que se esperaba en su despedida: «Ella quería estar en su casa y esta ye su casa».[362] Y las previsiones se quedarán cortas.

Las 250 butacas del salón de actos se muestran insuficientes y decenas de personas ocupan laterales, puertas y escaleras para poder asistir a la primera parte del acto de despedida. Sobre el escenario, todo un despliegue de iconografía y simbolismo que, a estas alturas, no necesita de más explicación: el féretro, cubierto con una bandera de CC. OO. y otra de la República; sobre éstas un tacón y un puñado de granos de maíz. A su derecha, una foto de Anita y varias coronas y ramos de flores que alternan el rojo comunista con la tricolor republicana. Detrás, al fondo, iconografía minera. Fuera se agolpan más de un millar de personas que no pudieron acceder al recinto.

A las 16:30 da comienzo un acto en el que se glosa y loa la figura de Anita como representante del antifranquismo, las cuencas y, en definitiva, la clase obrera. Arantxa Carcedo, en representación del PCA; Esther Barbón, secretaria general de la

---

[361] Entrevista realizada a Magaly Suárez Pérez con ocasión de esta biografía.
[362] Entrevista realizada a Esther Barbón Barbón con ocasión de esta biografía.

Unión Comarcal de CC. OO. del Nalón; Ovidio Zapico, coordinador de IU de Asturias; José Manuel Zapico, secretario general de CC. OO. de Asturias; y Adrián Barbón, presidente del Gobierno del Principado de Asturias y secretario general de la FSA, tomarán la palabra.

Pasadas las 17:00 horas, una manifestación de 2.000 personas recorrerá el escaso kilómetro y medio que separa la Casa Sindical de La Felguera del Pozu Fondón, cumpliendo así la última voluntad de Anita, quien, desde su féretro, preside una marcha encabezada por una pancarta que reza: «Gracies Anita, por tu ejemplo de lucha y dignidad». Ya en el Fondón, se vivirán los momentos más emotivos de la tarde. En la actual sede de la Brigada Central de Salvamento Minero y del Archivo Histórico de HUNOSA se hace sonar el turullu para anunciar la llegada de la comitiva. Posteriormente, la familia procede a expresar, de boca de su bisnieta Deva, unas palabras de recuerdo y agradecimiento. Acto seguido, decenas de compañeras hacen resonar la explanada del pozo golpeando contra el suelo otros tantos tacones, indisociables de la figura de Anita para, inmediatamente después, cantar La Internacional puño en alto a modo de último adiós a uno de los principales símbolos del comunismo y el antifranquismo asturiano y español.[363]

El acto supone mucho más que dar cumplimiento a una última voluntad, es la representación de la esencia de Anita: «siempre la veíes en todos los sitios. Su funeral es, simplemente, lo que representaba Anita. Aquella manifestación que convocase el Partido o CC. OO., allí estaba siempre. Siempre en todo».[364] El volumen de participantes es ciertamente importante, pero no resultará sorprendente para la gran mayoría de asistentes, que presagiaban algo así. Sin embargo, para su familia supuso una auténtica revelación:

En el entierru dímonos cuenta de quién era. No éramos conscientes porque nosotros no vemos el personaje. Somos conscientes, pero vemos a la persona, la madre, la güela… no pensábamos que fuera a tener tanta envergadura […] tantos medios, la gente.[365]

Fue de les poques coses que unió a la izquierda en estos tiempos. No quedó grupo de izquierdas que no acudiera, que no mandara un pésame. De aquí y de fuera.[366]

Yo sabía lo que había. Ibes al 1.º de Mayo y teníes que dejala porque eren besos y gente y saludos… todo el tiempo, pero no te imagines que sea tanto, que tanto la conocían. […] De verdad, no sabíamos que era tanto. Y luego la manifestación del 8M, es que eso fue exagerao, con pancartes y todo.[367]

[363] Miguel Ángel Gutiérrez: «Multitudinario adiós en Langreo a Anita Sirgo, emblema de la lucha obrera y ´patrimonio de los demócratas´», *La Nueva España*, 16/1/2024 y «Multitudinaria manifestación para despedir a Anita Sirgo», *RTPA.es*, 16/1/2024.
[364] Entrevista realizada a María Herminia González Muñiz con ocasión de esta biografía.
[365] Entrevista realizada a Noemí Leal Férrez con ocasión de esta biografía.
[366] Entrevista realizada a Arturo Carreño Braña con ocasión de esta biografía.
[367] Entrevista realizada a Etelvina Braña Sirgo con ocasión de esta biografía.

Pero si hay algo a destacar el 16 de enero de 2024 es el simbolismo de lo que allí se representa, la enorme carga de emotividad, sentimiento y cohesión que el entierro sacaba a la luz en términos colectivos y que conecta el presente con luchas y vivencias que forjaron una identidad de clase todavía hoy vigente —y palpable— en las cuencas mineras. Sobremanera, y este es un dato en absoluto anecdótico, teniendo en cuenta quién era Anita Sirgo y las circunstancias de su fallecimiento. Una militante de base, que jamás ha ocupado cargos públicos o puestos de dirección, a la que la muerte le sobreviene a una edad muy avanzada, tras unos últimos años delicados. Su despedida será cubierta por toda la prensa regional y a ella acudirá toda la izquierda asturiana. En el acto previo a la manifestación intervienen representantes de las organizaciones a las que Anita perteneció, lo que puede resultar normal, pero debe resaltarse que su influencia en la vida política asturiana no es precisamente anecdótica y, lo que es mucho menos común, tomará la palabra el presidente del Gobierno del Principado de Asturias.

Los dos millares de personas que acuden a rendir un último adiós se solapan con unas imágenes de su féretro salpicado con el maíz que alumbró los caminos de las huelgas de los años cincuenta y sesenta. La despedida del Pozu Fondón, donde Anita y sus compañeras se hicieron visibles en la primavera de 1962 «tornando esquiroles» y en donde había trabajado su esposo hasta su encarcelamiento en 1960, ponen de manifiesto la excepcionalidad de una anciana militante de base y la enorme facultad de las organizaciones obreras de las cuencas mineras asturianas para generar lugares de memoria:

> El Fondón, todo lo que representaba… todo lo que sucedió con el maíz. El marido que trabajaba allí. El turullu sonando… fue mucho.[368]

> Acordábame de mi padre. Enfrente de donde pusieron la caja de mi madre taba la oficina de mi padre, que íbamos a veces a velu y a que nos diera una peseta… Vila a ella, donde echó el maíz y la ventana de mi padre allí…[369]

> Siempre la admiré por la vinculación ideológica y sindical y porque me siento reflejada en muchas cosas con ella […] el ser muyeres de la cuenca minera y tener familia minera… […] Que acabase en El Fondón a mí fue algo que emocionó y no tiene tanto que ver con Anita. Me emocionó mucho porque en esi pozu matose mi güelu también, en el 54, con 31 años. Cuando mi güelu se mató hacía tres días que se le había muerto un hijo y además estaba doblando. En eses condiciones… imagínate. Eso fue algo que marcó mucho a mi familia. Quedaron cinco fíos huérfanos, algunos fueron pal orfanato, otros quedaron en Aller… y supuso un trauma siempre en mi familia. Entonces, taba muy emocioná porque había muchísima gente, porque, a pesar del duelo, había un ambiente un pocu festivo, reivindicativo, había consignas, se cantaba, que era lo que quería ella, y fue muy emocionante, pero por todo lo que significaba.[370]

---

[368] Entrevista realizada a Noemí Leal Férrez con ocasión de esta biografía.
[369] Entrevista realizada a Etelvina Braña Sirgo con ocasión de esta biografía.
[370] Entrevista realizada a Arantxa Carcedo Saavedra con ocasión de esta biografía.

Anita la morada: el Día de la Mujer de 2024

¡Compañera Anita, gracias por dar tira![371]

El ser humano necesita recordar y necesita hacerlo colectivamente y de múltiples formas: relatos, música, monumentos, artes plásticas y demás expresiones artísticas, sobre todo de carácter popular, erigen lugares de memoria, tanto en sus dimensiones tangibles como intangibles, a los que las personas acudimos, literal o figuradamente, para rememorar. Se trata de cohesionarse a través de momentos o narrativas que den orden a las percepciones individuales y las transformen en colectivas, que las doten de origen, sentimiento y, en definitiva, sentido para lograr, a través de ello, cohesión, identidad y sentimiento de pertenencia a un grupo concreto, más o menos amplio, que pueda distinguirse de otros.

El nacionalismo o la religión son los ejemplos más claros y desarrollados. Explican unos orígenes remotos de una idea y una comunidad, le otorgan un sentido histórico —y mesiánico, trascendente, identitario…—, unos hitos y referentes y dotan de sentido y destino a sus integrantes. Además, ofrecen explicaciones del mundo, tanto el pasado como el presente y el futuro, y expresan, a través de los lugares de memoria que anclan los discursos a cuestiones concretas, episodios, relatos, símbolos, valores… el orgullo que supone formar parte de ese proyecto común. Pero esto, como es fácil adivinar, es un tipo de proceso que tiende a lo universal y pueden identificarse procesos similares en multitud de grupos sociales y organizaciones.[372]

Anita se convertirá, ya en vida, en un símbolo de dignidad, un referente de la lucha obrera y del antifranquismo que, junto a ella, protagonizaron miles de mujeres a lo largo de toda España contra cuatro décadas de dictadura y a su vez, aunque sin ser consciente, o sin darle importancia, también de la lucha por la igualdad entre hombres y mujeres. Su longevidad, que en términos militantes fue sencillamente extraordinaria, puesto que arranca de los años cuarenta y alcanza el umbral de los veinte del siguiente siglo, la eleva de la categoría de referente a la de lugar de memoria del movimiento obrero. Todo el mundo sabe de qué se habla cuando se menciona a Anita y viceversa, cualquiera piensa en Anita cuando se habla de la resistencia obrera contra el franquismo, traspasando claramente los límites de propiedad del comunismo. No es casualidad, aunque su fallecimiento estuviera muy reciente, que en medio de una polémica acerca de la magnitud —en términos comparativos— de la persecución mediática, política y judicial desplegada contra Podemos, el periodista Antonio Maestre respondiera a Pablo Iglesias, artífice del encontronazo,

---

[371] Consigna coreada en el entierro de Anita y en la manifestación del 8M de Langreo de 2024.

[372] El PCE se ha destacado en la construcción y difusión de la memoria de su organización por diferentes vías. Manuel Bueno y Sergio Gálvez (ed): *Nosotros los comunistas. Memoria, identidad e historia social*, Madrid: FIM y Atrapasueños, 2009. CC. OO. está impulsando esta misma línea, en los últimos tiempos, a través del formato relato, en los dos volúmenes de VV. AA.: *Conciencia de Clase. Historias de las Comisiones Obreras*, Madrid: Catarata, 2020.

nombrando a Anita Sirgo —entre tantos nombres posibles— como exponente de la violencia política sufrida por el PCE y el movimiento obrero durante el régimen franquista.[373] El paso del tiempo la ha ido incluyendo en el ramillete de militantes obreros que sirven de fuente inspiración para las nuevas generaciones y aunque el grupo es amplio, no vienen espontáneamente tantos nombres a la cabeza y, en general, apenas se encuentran militantes que no hayan ejercido funciones de dirigencia.

Pero si este fenómeno ya era constatable en vida, su fallecimiento lo ha potenciado hasta convertirla en un auténtico icono, en especial para el feminismo, a menudo falto de referentes genuinamente obreros, sobre todo en una tierra tan marcada y atravesada por la clase:

> Es que necesitamos referentes propios cercanos. Referentes en el feminismo. No todo puede ser Marie Curie y Anita es un icono feminista, pero es un icono antifascista [...] Fue un referente para muchas mujeres que lo tuvieron difícil porque nacieron, crecieron, se criaron y tuvieron fios en dictadura. No tenían referentes femeninos públicos en los que fijarse, pero tenían a Anita.[374]

> Hay que hablar de Anita, pero a su lado había otros mujeres que poco conocidas, que murieron silenciaes, que nadie se acordó de elles [...] yo acuérdome mucho de elles, de aquelles mujeres que tenían los maridos presos por los penales y que no tenían nada, vivíen de lo que buenamente algún vecino podía day pa mantener a los fios. Me viene a la memoria Virtudes la de Arenas; Encarna, la de Saturnino; Rosario, la del Cordobés, Frasia... un montón de mujeres que murieron y que no se habla de ellas en ninguna parte y a mí me gusta recordarlas.[375]

> En la exposición Muyeres de Rosalía Vázquez Montes, estábamos expuestas una al lado de la otra. Para mí era un honor inmerecido compartir espacio con ella y, a la vez, todo un símbolo, dos generaciones juntas. Mi compromiso con la memoria histórica y el feminismo se debe al ejemplo de mujeres como ella, mujeres que permitieron que avancemos hacia la igualdad, hacia la conquista de la justicia social a golpe de tacón.[376]

El feminismo asturiano ha experimentado en los últimos años un giro hacia referencias o legados obreristas que es tanto más notable cuanto acontece en tiempos de notoria debilidad del movimiento obrero y a contrapié de las tendencias dominantes en el movimiento feminista, que hace ya tiempo partió aguas con las perspectivas de clase para poner el énfasis en aquello que convierte a las mujeres en un sujeto unificado —o unificable— y no en lo que las pueda situar en campos antagónicos, como serían las contradicciones clasistas. Articular las desigualdades de género y clase en pos de una sociedad igualitaria formaba parte de las preocupaciones de pre-

---

[373] Antonio Maestre: «Faltar el respeto a la historia del PCE», *Lasexta.com*, 19/1/2024.
[374] Entrevista realizada a Aitana Castaño Díaz con ocasión de esta biografía.
[375] Intervención realizada por María Luisa Díaz Marrón durante la conferencia: «Transgresoras: Anita Sirgo y las mujeres del carbón. Con Aida Fuentes y Luisa Marrón». Semana Negra 2024.
[376] Entrevista realizada a Pilar Sánchez Vicente con ocasión de esta biografía.

cursoras tan lejanas como Jeanne Deroin o Flora Tristan, pero nunca ha resultado fácil conciliar ambas luchas sin descompensar las prioridades y postergar una en aras de la otra. El siglo XX ha visto emerger un feminismo renovado y enormemente vigoroso, capaz de situar su agenda en primer plano del debate social y político y de protagonizar masivas movilizaciones. Las desigualdades son el eje central —y consustancial— de un movimiento como el feminista, pero las de clase no suelen estar particularmente presentes y las relaciones con el movimiento obrero y con las organizaciones sindicales tienden a estar presididas por el distanciamiento y el recelo.

En el caso asturiano, el feminismo parte, desde su gestación en las postrimerías de la dictadura franquista y su pública emergencia en la Transición, de ambientes universitarios y encuentra poca base en los medios obreros, tan fuertes por entonces en los planos organizativo y movilizador. Ambos movimientos han discurrido en buena medida por caminos paralelos. Acorde con el marco general, el feminista se ha reconfigurado en Asturias desde el arranque del nuevo siglo desde una considerable fragmentación organizativa, notoria pluralidad y patente capacidad de movilización. Aunque las voces que apelan al bagaje de las luchas obreras o a los factores de clase nunca han estado ausentes, distaban de formar parte de una corriente *mainstream* que discurría por otros derroteros. Y sin embargo, en los últimos años, de forma insospechada y en buena medida a contrapelo de las tendencias dominantes más allá de Pajares, los 8 de Marzo han adquirido en Asturias un sabor de reminiscencias obreristas y de entronque con las luchas del pasado en el cual Anita encaja como si fuera la horma de su zapato de tacón.

A lo largo de más de cuarenta años, las manifestaciones del 8 de Marzo fueron alternando como escenario Oviedo y Gijón, sobre la base implícita de que ambas ciudades eran tanto los epicentros del feminismo organizado como los lugares con mayor afluencia de manifestantes. Las enormes manifestaciones de 2018 y 2019 acreditaron ampliamente la pujanza del movimiento y su poder de convocatoria. Las de 2023 y 2024 ofrecieron, a su vez, novedades apreciables, entre las cuales la más evidente es el traslado de la manifestación hacia escenarios inéditos: sucesivamente Mieres y Langreo acogen multitudinarias manifestaciones de una celebración que por vez primera desplazaba su centro de gravedad a las cuencas mineras.

El activismo de las feministas de las cuencas marcaría su impronta no sólo atrayendo a su territorio la manifestación sino también imprimiendo un sello propio a los lemas y las imágenes. Si la de 2023 adopta como lema una resignificación en femenino de un término minero devenido en expresión de solidaridad: «*¡Dame tira, compañera!*» y congrega en Mieres una gran manifestación. La de 2024 será preparada en la inmediatez del fallecimiento de Anita y su presencia impregnará todo el proceso. Langreo acogerá otra multitudinaria manifestación del 8M cuya convocatoria apela a la memoria de las mujeres de la huelgona del 62, una invocación al colectivo, pero en la que los únicos nombres concretos que se mencionaba eran, aparte de la propia Anita, Tina Pérez y Maruja Ramos, ambas directamente asociables al nombre de Anita por razones distintas: Tina por compartir el episodio de torturas y rapado en 1963 y Maruja por haber fallecido en el mismo día, hecho que por una parte eclipsó su despedida al coincidir con la de Anita, pero por otra la convirtió en el tercer nombre a citar. El lema de 2024 sería: «A golpe de tacón. Dando tira». Resultaba patente la reminiscencia de Anita golpeando con su tacón la pared del calabozo de la calle Dorado y del zapato arrojado a un policía tratando de zafarse de las cargas de la Casa Sindical de Sama, condensadas en el cortometraje dirigido por Amanda Castro. Y, al mismo tiempo, la voluntad de entroncar con el papel de las mujeres de las cuencas en la resistencia antifranquista y las luchas obreras, así como con la cultura militante que entrañaban.

En definitiva, las dos convocatorias —2023 y 2024— denotan un sesgo obrerista, tanto por la memoria a la que apelan y los lemas adoptados como por los escenarios elegidos. Y ello sucede, además, en momentos en que el feminismo se ha convertido en un sujeto colectivo de masas, en contraposición con otros movimientos sociales que parecen haber seguido el camino inverso. Este salto, como plantea la periodista Aitana Castaño, se combina y se entrelaza con la dinámica de las luchas laborales de los últimos años:

> Es que en la lucha de clases, hoy día, estamos llevando el peso les muyeres. Eso es así. Y ahora mismo, si hay algo que pueda asemejarse en trascendencia al viejo movimiento obrero, es el feminismo» […] Conflictos de muyeres que saben que tienen la razón de su mano, que creen firmemente en lo que piden, que saben que ye tan justo… y eso no siempre está tan presente en la lucha obrera y veo que entre les muyeres tienen les coses muy clares toes […] consiguen pa fuera una sensación de unidad que a otros movimientos obreros-y faltan.[377]

Pero en esta evolución faltaban iconos y referentes genuinos y cercanos que permitieran una conexión directa con las grandes luchas obreras del pasado, y en especial, con la siempre olvidada historia de las mujeres que trabajaron y desarrollaron su militancia en entornos fuertemente masculinizados, como el minero, y que, hasta hace no muchos años, permanecieron si no invisibles, en un segundo plano:

> Los que daban la cara y llevaben hosties yeran ellos, pero nunca se reconoció que la que quedaba aquí con tol marrón yera la paisana, que quedaba con los fíos, con la casa, sin un duro y tenía que tirar p´alante. Y encima señalá por ser la mujer de un rojo. Y eso no se reconocía, era su obligación.[378]

> Había que haber hecho algo por ellas cuando llegó la democracia. La historia no hizo justicia con aquelles muyeres ¿Qué esperamos, que se murieran toes o casi toes? No se hizo nada con ellas. Cuando los maridos taben en la cárcel ¿cómo sufríen elles? ¿Cómo quedaben? ¿Cómo quedaben los guajes en les escueles? Taben mal vistos. Y no se hizo nada por reconoceles.[379]

---

[377] Entrevista realizada a Aitana Castaño Díaz con ocasión de esta biografía.
[378] Entrevista realizada a Ángeles Fonseca Rodríguez con ocasión de esta biografía.
[379] Entrevista realizada a Nori Álvarez Marrón con ocasión de esta biografía.

Expuesto lo anterior, no era difícil prever —al menos a toro pasado— que la plataforma 8M fuera a rendir un homenaje a Anita, algo que ya se evidencia en su funeral, en el que se hicieron muy visibles pancartas e integrantes de la plataforma: «Me llamó la atención, en el funeral, la cantidad de mujeres jóvenes del movimiento feminista que fueron allí a reivindicar la figura de Anita y en el 8M igual. Llegó pa quedarse al feminismo y ye que lo merez, ella y todes las que ella representa».[380]

Un mes después de su fallecimiento se hacía público que el 8 de Marzo de 2024, en el otrora Día de la Mujer Trabajadora, la plataforma 8M homenajearía a Anita y, a través de su figura, a todo el colectivo de mujeres antifranquistas asturianas, en especial a las de las cuencas mineras. El lema escogido no sería solo «¡Compañera, dame tira!» sino mucho más evidente, directo y que no necesita, a estas alturas, de más señas: «A golpe de tacón. Dando tira».[381] Sin embargo, fuera de Asturias sí serían necesarias las explicaciones al resto del movimiento dado que no es precisamente el tacón un elemento de reivindicativo de la tradición feminista:

> Hubo que explicar en diversas reuniones en Madrid qué yera lo que significaba el `a golpe de tacón´, porque de mano puede llevar a confusión, aunque lo entendieron muy bien: yera como se comunicaben elles en comisaría, pero también yera lo que sonaba en las barriadas obreras toles mañanas. Nosotres ese sonido siempre lo tuvimos muy presente.[382]

La manifestación de Langreo congregará a más de 20.000 personas. Las cuencas mineras y el feminismo asturiano rendirán un homenaje de sobresalientes proporciones en el que se corearán multitud de lemas, como el que encabeza el presente epígrafe, y en el que se harán públicas diferentes pancartas en su recuerdo.[383] Una de ellas fue realizada por el alumnado del IES de Enseñanza Secundaria Santa Bárbara, de Langreo. Para más señas: el instituto en el que cursa estudios su bisnieto Xurde, quién será uno de los portadores de la pancarta durante la manifestación. Su lema, reforzando un dibujo de Anita con reminiscencias de cartelería soviética, que destaca sobre un fondo que condensa el skyline industrial de Langreo, sirve de resumen del fondo de la manifestación: «8M. A golpe de tacón. Yo soi una mu-yer llibre porque fai ya munchu tiempu otres dieron la so vida pa que yo pudiera selo».[384] Otras pancartas portadas por manifestantes rezan leyendas alusivas a Anita: «Gracies Anita, por tu ejemplo de lucha y dignidad» o a la lucha de las mujeres de la cuenca: «Cuenca minera, feminista y dinamitera», parafraseando un dicho popular que apela a la rebeldía, en tanto que otra contra el machismo es firmada por Fuerza

---

[380] Entrevista realizada a Arantxa Carcedo Saavedra con ocasión de esta biografía.

[381] «"A golpe de tacón, dando tira": el lema de la marcha del 8M en Langreo», *Lavozdeasturias.es*, 28/2/2024 y Ana Moriyón: «Miles de asturianas saldrán a la calle a golpe de tacón», *El Comercio*, 8/3/2024.

[382] Entrevista realizada a Úrsula Szalata con ocasión de esta biografía.

[383] Eva Hernández y Soraya Pérez: «Así han sido las manifestaciones por el Día de la Mujer en Asturias», en *El Comercio*, 8/3/2024.

[384] Andrés Velasco: «Anita Sirgo, el taconazo para el 8M en Langreo: el IES Santa Bárbara dedica una pancarta para el 8M», *La Nueva España*, 7/3/2024.

de Muyer-Langreo. Por otro lado, en distintos puntos se colocan zapatos de tacón pintados de morado que jalonan el recorrido.

Para cerrar estas páginas, cabría dedicar unas líneas para reflexionar acerca de Anita «la feminista», porque, ciertamente, nunca lo fue y su definición como militante era simplemente comunista. Pero como se ha podido apreciar de manera muy explícita en capítulos anteriores, los perfiles ideológicos y la proyección de las personas suelen ser cuestiones bastante más complejas y profundas: «Nunca olvidó de dónde provenía, nunca traicionó sus ideas, siempre que se la llamó pa luchar donde fuera allí taba y nunca habló de feminismo, pero tenía muy dentro la lucha de les muyeres».[385]

> Cuando el homenaje de les güelgues del 62 en Mieres, a ella entrego-y el premio Unai Sordo. Después de que-y lo entregó llamome y preguntome: `por qué no me lo entregaste tú´. Yo dije-y: `mujer, que te lo entregó Unai, más que Unai…´. `Pues yo estaba esperando que salieras tú a dámelo a mí´. Hubiera gustao-y el símbolo de la mujer en aquel momento […] Gracias a ella y otras como ella, hoy tamos aquí. Ella yo creo que era consciente de que su lucha ayudó a que gente como nosotras tengamos la libertad que podemos tener hoy […] Era comunista, del Partido y el sindicato, pero no se olvidaba de la lucha de las mujeres. Siempre insistió en que había que llevala adelante, que sacáramos una pancarta de las mujeres en todas la manifestaciones, que no lo olvidáramos. Y estaba muy orgullosa de que hubiera una mujer al frente de la su comarcal. No por mí sino por lo que representaba que hubiera una mujer.[386]

En medio de una ola reaccionaria como la que sopla en todo Occidente en los últimos tiempos, el feminismo está demostrando ser el principal eje de confrontación y contención frente a la ultraderecha. Un feminismo que en Asturias busca en la clase trabajadora referentes de resistencia y dignidad para afrontar sus luchas:

> Ahora que el fascismo vuelve a coger auge, vemos en todos los países cómo lo primero que ataca son los derechos de la mujer. En la lucha contra el fascismo el feminismo ha de situarse en primera fila, pues las mujeres somos las que más tenemos que perder. Probablemente Anita no fuera consciente de lo que su persona significaría para el movimiento feminista; en el contexto de la dictadura franquista, plantarle cara al régimen era lo prioritario. Ahora son otras las circunstancias y eso nos permite valorar sus acciones y actuaciones en un marco más global, dándole ese nuevo significado a su lucha. Por poner etiquetas, porque nadie lo definió mejor que ella: Ningún derechu de los homes trabayaores se hubiera logrado nunca, si la muyer no hubiera estado en la calle luchando, en la casa cuidando a los fíos o en les cárceles dando-yos ánimos.[387]

---

[385] Entrevista realizada a Asunción Naves Peláez con ocasión de esta biografía.
[386] Entrevista realizada a Esther Barbón Barbón con ocasión de esta biografía.
[387] Entrevista realizada a Pilar Sánchez Vicente con ocasión de esta biografía.

9

Epílogo: ¿Para qué sirve la historia?

La historia está siendo revisada o inventada hoy más que nunca por personas que no desean conocer el verdadero pasado, sino solo aquel que se acomoda a sus objetivos. La actual es la gran era de la mitología histórica [...] la historia tiene ahora más importancia que nunca a la hora de entender el mundo.[388]

Esto ye una historia. Y aquí, en España, principalmente en Asturias, hay mucha historia. Porque cada una de nosotres y cada uno de nosotros, tanto hombres como mujeres, tenemos una historia. Y yo siempre digo que la historia hay que contala. Pa que no se vuelva a repetir otra vez. La historia hay que explicala. Y yo soy de les que digo que no quisiera por nada del mundo que volviera, pero tampoco quiero que se olvide. La historia tien que estar ahí presente (...) Dicen que pa qué revolver. Esto non ye revolver, ye contar lo que fue.[389]

La Historia, al igual que la Biología, la Física o las Matemáticas es una ciencia absolutamente inútil y prescindible. Uno puede pasar por la vida siendo un perfecto ignorante en las materias mentadas y no tener mayores problemas en el día a día. Más aún: a diferencia de otros ámbitos, que invitan a reconocer la propia ignorancia, cualquiera, por grande que sea su desconocimiento, se siente en posición de opinar o pontificar sobre asuntos del pasado acerca de los que apenas sabe nada. Y, sin embargo, la Historia es un elemento central de la vida en sociedad. Aporta base científica y fundamento racional a la construcción de relatos y procesos de memoria que son tan indispensables como universales y que sin la Historia se convierten puramente en mitos y leyendas. Se trata de una relación compleja pero inexcusable.

El ser humano, como ya hemos señalado, necesita recordar para constituirse como grupo, para dotarse de identidad, dar sentido a lo vivido y proyectarse hacia el futuro. La Historia, entendida como desbroce y maduración de la memoria, se convierte así en un pilar que sustenta las bases de la propia sociedad. Las recurrentes reflexiones de personajes centrales en las decisiones acerca de qué tipo de Historia ha estudiarse ponen de manifiesto esta trascendencia. En medio de una meditada guerra sin cuartel contra el movimiento obrero inglés que provocó la quiebra —material y simbó-

---

[388] Eric Hobsbawm: *Años interesantes. Una vida en el siglo xx*, Barcelona: Crítica, 2003, p. 273.
[389] Anita Sirgo, entrevista realizada dentro el marco del documental sobre tortura *Golpe a golpe. Queda la palabra*.

lica— de comunidades obreras enteras,[390] la Primera Ministra británica, Margaret Thatcher, se preguntaba en el Parlamento por qué el Reino Unido no volvía: «a los buenos viejos tiempos de antaño en que se aprendían de memoria los nombres de los reyes y las reinas de Inglaterra, batallas, hechos y todos los gloriosos acontecimientos de nuestro pasado?».[391] Estas pretensiones eran su respuesta a unas décadas en la que buena parte de la historiografía británica había propuesto la Historia desde abajo, poniendo en el centro a las clases trabajadoras y sus entramados sociales y culturales. Más cerca en el tiempo y en el espacio, José Ignacio Wert, ministro de Educación y Cultura en el primer gobierno de Mariano Rajoy, declaró en prensa, en los inicios del *procés* y en medio de una reforma educativa de calado —la LOMCE—, que: «nuestro interés es españolizar a los niños catalanes».[392] En ambos casos, y son solo dos ejemplos de los muchos posibles, se plantea abiertamente el uso de la Historia como herramienta de legitimación de la nación y el Estado desde una interpretación ideológica, política —y de clase— muy acentuada.

Y es que la Historia es una herramienta que, desde el presente, nos permite comprendernos a nosotros mismos, descubrir y analizar las causas de los fenómenos pasados y actuales, analizar las sociedades, legitimar o impugnar las relaciones sociales y de poder, orientar el pensamiento de grandes grupos y, en definitiva, dar que pensar y reflexionar sobre el mundo que vivimos y el que queremos.[393]

En una época caracterizada por un asalto total a la Historia protagonizado por advenedizos buhoneros y vendedores de crecepelo, los historiadores tenemos la obligación de poner los puntos sobre las íes y ofrecer relatos serios, comprometidos con la realidad y que hagan frente a panfletos ideologizados redactados con intereses espurios. No es que la falta de rigor, honestidad y decencia sean nuevos en este campo, pero la difusión otorgada por las redes sociales —y la caverna mediática— ha convertido en auténticos bestsellers textos otrora condenados al ostracismo no ya por sus carencias conceptuales o reflexivas sino por su indignidad intelectual. Autores que beben, cada uno desde su caño, de una misma fuente: aquella que dice que las cosas no fueron como fueron y no pasaron como pasaron sino que discurrieron como a ellos se les antoja.

Frente a esta deriva, afrontar el análisis histórico con seriedad y honestidad supone un compromiso no ya con una disciplina, sino con un proyecto social que traza un camino desde el pasado hasta el presente y que pone sobre el tapete cuestiones que pueden y deben ser reflexionadas. ¿Y, descendiendo de las cuestiones generales al caso concreto, cuáles son las que ponen de manifiesto las biografías de personas

---

[390] Seumas Milne: *El enemigo interior. La guerra secreta contra los mineros*, Madrid: Alianza Editorial, 2018.

[391] Josep Fontana: «Los historiadores son gente peligrosa. La interferencia de los políticos en la enseñanza y divulgación de la Historia», en VV. AA.: *La divulgación de la Historia y otros estudios sobre Extremadura*, Llerena: Sociedad Extremeña de Historia, 2010, p. 43. Citado por P. Maestro: «El modelo de las historias generales y la enseñanza de la historia», en J. J. Carreras y C. Forcadell (eds.): *Usos públicos de la Historia*, Madrid: Marcial Pons, 2003, p. 219.

[392] Luis Ángel Sanz: «Wert: nuestro interés es españolizar a los niños catalanes», *El Mundo*, 10/10/2012.

[393] Francisco Erice: *En defensa de la razón. Contribución a la crítica del posmodernismo*, Madrid: Siglo XXI, 2020, pp. 515-526.

como Anita? ¿Para qué sirven este tipo de libros dentro de este contexto? Pues para poner sobre la mesa varias cuestiones de calado.

En primer lugar, que la dictadura existió y no que fue en modo alguno una «dictablanda» en la que la oposición estaba ilegalizada, pero en la que era posible la coexistencia y que la democracia no es el resultado final lógico y previsible de una voluntad democratizadora nacida del seno del propio franquismo. La dictadura fundamenta su legitimidad en las armas durante sus cuatro décadas de extensión, tanto en 1936 como en 1975. Quienes discrepan de su modelo político, económico, ideológico y social están sujetos a detenciones, torturas, encarcelamientos, despidos, hostigamientos, señalamientos e incluso la muerte. Las detenciones y torturas por hechos tan sencillos como declararse en huelga o arrojar maíz en las inmediaciones de un pozo minero son ciertas y revelan la naturaleza represiva de un régimen siempre carente de políticas de reconciliación no por incapacidad sino por falta de voluntad. La conquista de las libertades democráticas es un proceso muy largo, fraguado en huelgas, detenciones, torturas, encarcelamientos y en la firme voluntad manifestada por miles de personas dispuestas a enfrentarse a la voluntad y esencia dictatorial del régimen. Esto sigue vigente en la tercera década del siglo XXI y así debe ser enunciado. Pretender maquillarlo, edulcorarlo o ignorarlo constituye un auténtico atentado contra la razón de ser de la Historia.

En segundo lugar, evidencia las notables rupturas que existen con un pasado no tan lejano. Rupturas que no estaban escritas ni eran predestinadas sino que fueron fruto de unos cambios muy acelerados, llevados a cabo, la mayoría de las veces, sin que sus propios protagonistas se dieran cuenta de la evolución que se producía, de la contribución de sus acciones, hacia dónde avanzaban y en qué lugar podían desembocar. Pero también ponen sobre la mesa las continuidades, tanto las políticas como las sociales, y, sobre todo, las relacionadas con los ideales. La solidaridad, el apoyo mutuo o el compromiso son valores que salpican toda esta biografía, la conquista de la democracia y que a día de hoy permanecen, afortunadamente, vigentes y alimentando luchas e iniciativas que pretenden alentar nuevas rupturas y horizontes.

Por otro lado, se pone de manifiesto que hace no tanto la política, la vida cotidiana, las expectativas y las esperanzas eran muy diferentes. Los cambios y las libertades no sobrevienen ni caen del cielo y los consensos y derechos obtenidos tras décadas de dura lucha, pueden tambalearse con extraordinaria rapidez si no son defendidos con firmeza. La nueva ola reaccionaria que recorre medio mundo, las pérdidas de derechos en los EE. UU., el integrismo evangélico en Brasil, el ultraliberalismo descarnado en Argentina, la xenofobia imperante en los gobiernos de Hungría o Italia, las legislaciones homófobas en la misma Hungría o en Rusia, el cuestionamiento de la violencia de género, la memoria democrática o los derechos civiles y políticos de amplias capas de la población, precisamente, desde discursos que se erigen como abanderados de la libertad, así lo demuestran.

Biografías como la de Anita ponen en valor la trascendencia de pequeños gestos y acciones que, en no pocas ocasiones, abren el camino de las grandes alamedas, aunque sea a posteriori y con mucho sufrimiento. Es común la tendencia de enfocar la Historia hacia los grandes momentos y la acción política hacia el gran conflicto, lo fotografiable, lo épico. Sin embargo, saber hablar o, más aún, saber callar y pequeñas acciones, como tirar maíz, soportar una tortura o no resignarse a la vergüenza de un rapado de pelo pueden generar torrentes de movilizaciones, solidaridad y conciencia política. Del mismo modo, el voluntarismo y el vanguardismo, la otra cara de la moneda de las acciones cotidianas, encierran un valor social, político y estratégico muy superior de lo que habitualmente suele conceder el supuesto análisis concreto de la realidad concreta.

Otra de las luces que arrojan estas biografías es que se puede pensar y actuar desde lo colectivo, interpretando el mundo como un lugar en el que cooperar y no como una jungla en la que competir. Actuar con los demás y pensando en el común da más satisfacciones y frutos para la sociedad, pero también para los individuos. Esta reflexión, que en tiempos hubiera podido parecer de Perogrullo, se vuelve central en un mundo como el actual, caracterizado por el culto al éxito y la total implementación de los valores que exaltan el individualismo y el capitalismo más salvaje en toda la sociedad, especialmente en la juventud. La alegría de vivir que siempre desprendió Anita y su empeño en ejercer la solidaridad la hicieron inmensamente rica en aquellas cosas que ella bien sabía eran las más valiosas: las que no se podían comprar con dinero. La forma en que abanderó la memoria, su empeño en contar los episodios más duros, estuvo muy lejos de convertirla en víctima. Muy al contrario, estaba imbuida de orgullo y dignidad, muy por encima de los victimarios que intentaron amedrentarla o callarla.

Nos ayuda a proyectar también otra idea: la trascendencia de que personas corrientes y anónimas puedan —y deban— protagonizar actos extraordinarios de gran relevancia política y alcance histórico, aún sin haberlo pensado o pretendido nunca. Que militantes de base se erijan como referentes de acciones y proyectos colectivos es una garantía no ya de la salud sino de la fuerza de esas iniciativas.

Por último, nos explica el presente desde el pasado y nos alumbra el pasado desde el presente. Nos ayuda a ver muchas cosas en perspectiva. Por ejemplo, ni Anita ni sus compañeras entendieron nunca su lucha como feminista, pero es que la inmensa mayoría de nosotros, hace siquiera veinte años, tampoco lo hubiera visto. Hoy, con todas las matizaciones que quieran introducirse, no cabe lugar a la duda. Su empoderamiento —un término que entonces ni siquiera existía—, su transgresión de los roles, su afirmación en la esfera pública y la voz alta, clara y firme que levantaron como mujeres las hizo feministas de facto y legítimas antecesoras de otras que tomaron el relevo y crearon sus propias agendas, estas ya sí explícita y conscientemente feministas.

En definitiva, recoger memoria y hacer historia merece la pena si se hace desde la honestidad y el compromiso con un proyecto social igualitario. Puntos que deben ser defendidos desde todas las trincheras. Así que «¡lee-y!», por si acaso «vien gorda», o por si acaso pretenden «liárosla gorda».

Post scriptum

Rubén Vega

El biográfico es un género de honda tradición dentro de la historiografía. Narrar la vida de un personaje histórico ha sido una fórmula habitual desde la más remota Antigüedad. Como modo de transmitir y aprehender la Historia encierra potencial, pero también riesgos. No es el menor de ellos la vinculación subjetiva, personal, que el/la autor/a acaba estableciendo con la persona biografiada. Aunque parezca extraño, tal vínculo es posible tanto con protagonistas vivos y con quienes se mantiene relación directa como con aquellos que pueden llevar siglos muertos y no por ello son más ajenos o sus vidas resultan menos presentes. En sus manifestaciones extremas, esa relación entre autores y biografiados puede derivar en el ajuste de cuentas contra alguien a quien se pretende deconstruir y denostar o, muy al contrario, en la idealización hagiográfica. Lo que no es posible en ningún caso es una objetividad que escape a las connotaciones y las emociones. Elegimos a nuestros biografiados por algún motivo y encontramos en ellos motivos para la admiración, el rechazo o la crítica, pero difícilmente pueden resultarnos indiferentes. No lo son desde el mismo momento en que nos atraen lo bastante como para pensar que merecen una biografía y mucho menos lo son cuando han ocupado nuestro pensamiento y nuestros desvelos durante un largo tiempo de investigación y redacción. Frente a esto, lo único que le cabe al historiador es, en primer lugar, ser consciente de ello y, en segundo, emplear con especial celo las herramientas de crítica y distancia que requiere el oficio e imponen los cánones académicos. Y, quizás, elevando la apuesta, realizar un ejercicio de sinceridad que desnude las emociones que laten en un trabajo que pretende el rigor pero está mediatizado por lo personal, lo afectivo y lo político.

Entré en contacto con Anita Sirgo desde mi condición de historiador. Ni por edad ni por entornos sociales o geográficos hubiéramos llegado seguramente a coincidir nunca de no ser Anita una figura de referencia obligada en los temas sobre los que yo investigaba. Pero con Anita la relación no podía ser aséptica. Los años fueron asentando encuentros de cadencia estacional: las primaveras para intervenir ante mis alumnos universitarios, los actos o las charlas a las que éramos invitados —o que yo mismo organizaba—, las entrevistas ocasionales. Asistir, aunque fuera en la distancia, al deterioro de su salud en los últimos años me provocaba tanta angustia como energía me había transmitido hasta entonces. Que una figura de su talla era merecedora de una biografía resultaba evidente. Pero era precisamente esa relación personal la que me hacía pensar que no era tarea mía. Hasta que un día de junio de 2020, en una incipiente post pandemia, el personal sanitario que la había curado durante el confinamiento organizó una comida con Anita y tuvieron la deferencia de invitarme a sumarme a la sobremesa. En aquella larga tarde de risas y sidra, con subida incluida hasta el Campurru para conocer el escenario de su infancia, comenté el asunto de la necesaria biografía de Anita y Xose Ambás me dijo: «tienes que ser tú, Rubén». Cuando, tres años después, Anita dio nombre al centro social de Lada y pronunció su último discurso, fui el último en acercarme a ella al final de un largo desfile de asistentes que la abrazaron y saludaron. Asió mi mano y durante minutos hablamos sin soltarnos de la mano. Un tiempo después, Héctor González, coautor de este libro, me preguntó: dime en pocas palabras por qué quieres hacer una biografía de Anita. Y le respondí: porque no quiero soltarme de la mano de Anita. En lo personal, esta biografía es un modo de prolongar mi relación con ella. De contribuir a su memoria y de devolver una pequeña parte de lo mucho que ella daba.

Es posible —es seguro— que esa relación me condiciona al escribir sobre Anita. No importa. Es bueno saberlo e incluso confesarlo. Me cupo el privilegio de tratarla y me cabe el honor de biografiarla. Este es, sin duda, un oficio que ofrece satisfacciones. No sería mejor historiador si biografiara a personajes que no me tocaran la fibra sensible y lo hiciera por dinero, por currículum o por vanidad, con displicente distancia o pretendida objetividad. Tampoco se deja de ser historiador por abordar desde la emoción asuntos que no eximen de la crítica de fuentes, de las indispensables cautelas de contextualización y contención, de no perder la perspectiva, de ceñirse a los hechos y las fuentes, de no ocultar aquello que incomoda ni imaginar lo que no haya podido ser documentado o inventar lo que resultaría conveniente. Basta con ser capaz de transmitir lo que fue y lo que seguirá siendo Anita Sirgo.

Anexos

Manifiestos de intelectuales

1. Carta de 102 intelectuales al Ministro de Información y Turismo protestando por la represión policial en Asturias (Madrid, septiembre de 1963)

Excmo. Sr. Don Manuel Fraga Iribarne
Ministro de Información y Turismo
Excmo. Señor:

En correspondencia al diálogo entablado con V.E. sobre determinados hechos, que nos producen una viva inquietud como españoles, nuevamente tratamos de interesar la atención de V.E., ya que, según el testimonio de espontáneos corresponsales que quizá se dirigen a nosotros en nuestra calidad, pública y visible, de intelectuales que han manifestado en más de una ocasión su postura humanista, se están produciendo en Asturias y relacionados con las actuales huelgas, hechos como los siguientes:

1. La muerte del minero Rafael González, de treinta y seis años, a consecuencia de los malos tratos infligidos el día 3 del mes de septiembre en la Inspección de Policía en Sama de Langreo. La responsabilidad de éste y de otros hechos de los reseñados a continuación, se atribuye al capitán de la Guardia Civil don Fernando Caro, de veintiocho años, natural de Melilla, destinado a aquella Inspección hace aproximadamente un mes, y al cabo Pérez, hoy ascendido a sargento, y desde hace mucho tiempo en la citada localidad de Sama de Langreo. Se dice que el citado capitán Caro viste un traje de deportes durante los interrogatorios.

2. En el mismo día y lugar a las cuatro de la tarde, se produjo la castración del minero Silvino Zapico, que tuvo que ser hospitalizado. A su esposa se le cortó el pelo al cero.

3. Al minero Vicente Baragaña —de la barriada de Lada (Sama de Langreo)— le han sido quemados los testículos.

4. Un minero llamado Alfonso, vigilante de la primera del Fondón, retirado por

silicosis y actualmente cobrador de la «Previsora Bilbaína de Seguros», fue maltratado por el hoy sargento Pérez, el cual lo había amarrado previamente. Como quiera que esto se hacía en presencia de la esposa de Alfonso, ésta se arrojó sobre el sargento con objeto de impedir que continuara, el cual la golpeó y cortó el pelo al cero, operaciones que se realizaron a la vista de su marido, cuyo cuerpo fue después abandonado en el exterior y recogido por un compañero suyo, de nombre Senén, que lo transportó a su casa de Lada. Avisado un médico, «cuyo nombre se oculta por razones de seguridad», éste manifestó que «no sabía por dónde empezar», tantas eran las lesiones que presentaba el cuerpo de Alfonso.

5. El minero Alfonso Zapico, de Lada, fue maltratado hasta producírsele una fractura de pómulo, boca reventada, etc. Fue hospitalizado. (Puede tratarse del caso anterior).

6. Los mineros Jerónimo Fernández Terente (casado, un hijo) y Jesús Ramo Tavera, como otros diez que con ellos están actualmente en la cárcel de Carabanchel (Madrid), fueron objeto de malos tratos.

7. Everardo Castra, casado, con tres hijos, sufre desequilibrio mental como consecuencia de las torturas y está internado en el Manicomio Provincial de «La Cadellada». Fue detenido cuando escribía un letrero —«el pueblo se vengará»— en una tubería de la Duro Felguera.

8. Constantina Pérez Martínez («Tina»), de la Jocara, y Anita Braña, de Lada, fueron maltratadas y se les cortó el pelo al cero. El marido de Tina está en la cárcel desde las huelgas anteriores.

9. Juan Alberdi, de Lada, y otro minero cuyo sobrenombre familiar es «Chocolatina», fueron obligados a golpearse entre sí en la Inspección de Sama de Langreo. Como realizaran un simulacro de pelea, fueron golpeados brutalmente. Después de lo cual les visitó el capitán don Fernando Caro, que comentó: «¡Qué burros sois!, ¡cómo os habéis puesto!».

10. Una mujer, cuyo nombre se desconoce, fue golpeada en el vientre; cuando ella trató de hacer valer su estado de embarazada para evitar sus malos tratos, el capitán replicó al golpearla: «¡Un comunista menos!». El hecho se dice que sucedió en la mencionada Inspección de Sama de Langreo.

Son hechos, excelencia, que de ser comprobados cubrirían de ignominia a sus autores, ignominia que también nos cubriría a nosotros en la medida en que no interviniéramos para impedir que tales vergonzosos actos se produzcan.

Es por lo que, respetuosamente, rogamos a V.E. interese a las autoridades competentes una investigación sobre las presuntas actividades de dicho capitán don Fernando Caro y sobre todos estos presuntos hechos en general, asimismo que solicitamos de V.E. la pertinente información sobre todo ello, ruego que elevamos a V.E. sin otros títulos que los que nos confiere nuestra condición de intelectuales, atentos a la vida y a los sufrimientos de nuestro pueblo.

Atentamente saludan a V. E.

José Bergamín, escritor; Vicente Aleixandre, poeta, académico de la Lengua; Pedro Laín Entralgo, académico de la Lengua y ex rector de la Universidad de Madrid; Valentín Andrés Álvarez, catedrático y ex decano de la Facultad de Ciencias Políticas y Económicas de la Universidad de Madrid; José Luis López Aranguren, catedrático de Ética de la Universidad de Madrid; Paulino Garagorri, filósofo, profesor de la Universidad de Madrid; Gabriel Celaya, poeta; Antonio Buero Vallejo, dramaturgo; Alfonso Sastre, dramaturgo; Fernando Baeza, editor; Antonio Saura, pintor; José María Castellet, crítico literario; Francisco Fernández Santos, ensayista; Carlos Barral, editor y poeta; Angel María de Lera, novelista; Juan Goytisolo, novelista; Francisco Mateos, pintor; José María Moreno Galván, crítico de arte; Ángela Figuera Aymerich, poetisa; Manuel Arce, novelista; Francisco Rabal, actor; Fernando Fernán Gómez, actor; Juan García Hortelano, novelista; Ángel González, poeta; Luis Goytisolo, novelista; Gabino Alejandro Carriedo, poeta; Antonio Ferres, novelista; Carlos Muñiz, dramaturgo; José María de Quinto, director teatral y novelista; Rodríguez Buded, dramaturgo; Juan Marsé, novelista; Ángel Crespo, poeta; Armando López Salinas, novelista; Pablo Serrano, escultor; Juana Francés, pintora; Jesús López Pacheco, poeta y novelista; José Esteban, poeta; Manuel Millares, pintor; Lucio Muñoz, pintor; José Manuel Caballero Bonald, poeta y novelista; Manuel Ortíz Valiente, pintor; Benigno Quevedo, novelista; José Antonio Parra, escritor; César Santos Fontela, crítico de cine; Consuelo Bergés, escritora; Daniel Sueiro, novelista; Patiño, director de cine; José Ares, profesor de la Universidad de Madrid; Pedro Dicenta, maestro; Juan Eduardo Zúñiga, escritor; Lauro Olmo, dramaturgo; Ricardo Zamorano, pintor; Alfonso Grosso, novelista; Manuel Calvo, pintor; Ricardo Doménech, crítico teatral; Francisco Pérez Navarro, ensayista; Ramón Nieto, novelista; Julián Marcos, ayudante de cine y poeta; José Duarte, pintor; Fermín de la Solana, escritor; Jorge Campos, ensayista; Ángel Fernández Santos, sociólogo; Francisco Moreno Galván, pintor; Marcial Suárez, dramaturgo; José Ayllón, crítico de arte; Jaime Gil de Biedma, poeta; Daniel Gil, pintor; Luciano G. Egido, crítico cinematográfico; Angelina Gatell, poetisa; E. Sánchez, poeta; José G. Manrique de Lara, poeta y novelista; Eloy Terrón, filósofo, profesor de la Universidad de Madrid; Pablo Martí Zaro, dramaturgo; Fernando Chueca, arquitecto, director del Museo de Arte Contemporáneo; Faustino Cordón, científico; Leopoldo de Luis, poeta; M. Díaz Caneja, pintor; Ramón de Garciasol, poeta; Ignacio Aldecoa, novelista; Francisco Cortijo, pintor; Arturo Martínez, pintor; F. Álvarez, pintor; José Agustín Goytisolo, poeta; Joan Petit, traductor; Joan Oliver, ensayista; Joaquín Horta, editor; Jordi Carbonell, poeta y ensayista; Oriol Bohigas, arquitecto y crítico de arte; Joaquín Molas, escritor; María Aurelia Capmany, directora de teatro; Ricard Salvat, director de teatro; Joan Triadú, ensayista; Francesc Vallverdú, poeta; Salvador Espriu, poeta; Manuel Sacristán Luzón, filósofo y catedrático de la Universidad de Barcelona; Alfonso Carlos Comín, escritor; Josep Fontana, historiador, profesor de la Universidad de Barcelona; Joaquín Jordá, ayudante de cinematografía; Román Gubern, ayudante de cinematografía, José Luis Sureda, catedrático de Economía de la Universidad de Barcelona; Angel Latorre, catedrático de Derecho Romano de la Universidad de Barcelona, Adán Ferrer, pintor

2. Respuesta de Manuel Fraga Iribarne dirigida a José Bergamín (octubre de 1963)

Muy señor mío:

Mi profundo respeto a la función intelectual me obliga a contestar cumplidamente al escrito que me dirige, firmado, en primer lugar, por usted, encabezando un grupo de personas (algunas de las cuales ya han hecho saber que en realidad no conocían la verdadera intención del documento), en torno a unos hechos que dicen conocer, según «el testimonio de espontáneos corresponsales» que se dirigen a ustedes «en su calidad pública y visible de intelectuales». Pero antes de entrar en el análisis de los hechos de referencia, no quiero dejar de advertirles que en mi concepto de la responsabilidad del intelectual está el actuar siempre con unas bases muy sólidas de convencimiento. La valoración de la importancia de los gestos de los intelectuales debe guardar proporción con una fundamentación rigurosa de los motivos que los originen. Cuando ello no sucede y el gesto de los intelectuales es, en sí mismo, más importante o espectacular que los hechos mismos, por ser éstos falsos o inexactos, es evidente que dichos intelectuales son utilizados al servicio de una campaña política, voluntaria o involuntariamente, con desprecio del prestigio de su condición y como meros peones en el tablero de un juego cuyos tácticos permanecen al margen o están infiltrados entre los mismos.

Esto ha sucedido muy frecuentemente en la historia política, y usted lo sabe tan bien como yo. Como también sabe que el comunismo tiene, en su estilo de actuación, una predilección por tales métodos. Las orquestaciones propagandísticas, basadas en razones humanitarias, coreadas por prensa y radio de partido, con conciencia de su inexactitud, pero sabiendo que arrojan un cierto saldo positivo en cuanto siembren inquietud o dudas, las estamos viendo realizar en todos los países donde el comunismo busca unos objetivos de agitación. Los mártires del pueblo, el desprestigio de las fuerzas de orden público, el lanzamiento de especies que puedan crear divisiones dentro de las mismas, la utilización de truculencias que produzcan reacciones de tipo sentimental o escalofríos con su sola mención, manejando resortes instintivos más que racionales para la conmoción de las gentes sencillas, es algo que su formación cultural le permite analizar en todo lo que tiene de maquiavélico y de contrario a una concepción serena y objetiva de las cosas, tal y como debe ser la que posea la mente limpia y amante de la verdad de un intelectual.

Usted debe saber que los hechos que se citan en el escrito de referencia están siendo utilizados así precisamente a través de la Radio España Independiente (emisiones de los días 13, 14, 18, 20, 23, 24, 26 y 27 de septiembre y 2 de octubre) y de órganos de prensa de tan claro matiz político como «Pravda Ukraini» (3-9-1963); «Rude Pravo» (3 y 15-9-1963); «Zaria Vostoka» (4-9-1963); «L'Unitá» (15-9-1963); «Avanti» (22-9-1963); «L'Humanité» (14 y 25-9-1963)…, en un tono a la medida de un tratamiento de la opinión fríamente calculado, buscando la creación de una leyenda negra que justifique el fracaso en el intento de convertir los problemas sociales de Asturias en una palanca de subversión política en áreas más extensas. Ello debe hacerle desconfiar, en principio, de esos «espontáneos corresponsales», que probablemente no serán ni tan espontáneos ni mucho menos independientes, sino cumplidores de un plan y servidores de una disciplina, para cuyo plan y para cuya disciplina ustedes son un objetivo más a cubrir y a mover fríamente dentro de su juego.

Tanto más cuanto que diversas emisoras comunistas (Radio España Independiente, Belgrado, Etc.) se han apresurado a difundir y comentar el mismo día 2 el conocido y esperado envío de su escrito. Ante ello, he de señalarle que siendo mi propósito aceptar, en principio, como honesta su inquietud (desde luego no la de todos los «abajo firmantes», entre los que figuran no pocos auténticos profesionales de este tipo de documentos) me duele ver que, como sucedió en alguna otra ocasión, la noticia de haberme sido dirigido un escrito haya sido difundida por agencias internacionales y periódicos extranjeros antes de que tan siquiera el texto de dicho escrito hubiese llegado a mi poder. Ello recalca la existencia de intenciones de utilizarlo como arma propagandística y piedra de escándalo antes de que una respuesta adecuada haya deshecho equívocos y puesto las cosas en su punto, dando la impresión de ser mayor el deseo de publicidad que el deseo de usted de ser exacta y personalmente informado.

No quiero atribuir estos móviles de conducta a todos los firmantes, a muchos de los cuales estimo personalmente, pero sí me produce desconfianza sobre algunos de ellos. Máxime cuando entre los nombres veo el de personas como usted mismo, que fue capaz de defender, en su día, no ya los crímenes cometidos contra españoles de filiación nacional, sino inclusive (favoreciendo las tendencias estalinistas imperantes entonces en el comunismo español) las represiones verificadas contra el sector trotskysta de dicha ideología. Le remito, para ello, al prólogo firmado por usted al libro *Espionaje en España*, de Max Rieger (Ediciones «Unidad», Madrid-Barcelona, 1938) donde, tras decir que «los sucesos de mayo en Barcelona, en 1937, revelaron al POUM y a sus directivos como un partido que traicionaba», se llegaba a advertir: «Tomar la defensa de unos hombres acusados de delito de tal naturaleza es algo que no puede hacer un partido ni un hombre libre». «No hace mucho tiempo algunos intelectuales franceses pedían por telégrafo con ansiosa urgencia al Gobierno Popular español medidas que garantizasen la defensa de tales procesados». «Pedían formalidades jurídicas. A un Gobierno que prácticamente las lleva con exceso y que en este caso concreto lo viene demostrando, diríamos, exageradamente». Piense usted bien en la mentalidad que manifiesta en este escrito en el que entonces usted despreciaba las peticiones de un grupo de intelectuales, que bien sabrían por qué utilizaban el telégrafo con «ansiosa urgencia» y llegaba usted a afirmar que le parecían «exageradas» las formalidades jurídicas de aquel trágico Gobierno del Frente Popular que reprimía con sangre las heterodoxias ideológicas.

Pero deseo olvidarme de éste y otros actos suyos, que me impedirían contestarle serenamente, y pasar a exponerle las circunstancias de cada uno de los puntos del escrito, de cuya lectura espero que, su propia reflexión, saque las consecuencias lógicas en una persona con capacidad de criterio propio.

1. Con respecto al supuesto minero Rafael González, del que se dice que ha muerto, no ha existido nunca dicha persona, ni existe minero alguno que haya muerto a causa de malos tratos. En cuanto a esa fecha del 3 de septiembre, en que se señala este fantástico suceso, hubo dos detenciones, de Sinesio Díaz Palacios y de José Antonio Presa Cueto. El primero fue procesado por actividad comunista, y el segundo puesto en libertad, se encuentra trabajando desde el momento de haber obtenido la misma.

2. Con respecto al también supuesto minero Silvino Zapico, ni es conocido en aquella cuenca, ni consta su detención en ninguna parte, ni aparecen notas de su ingreso en ningún hospital y, por tanto, tampoco existe la menor referencia de que pueda ser real la persona de su esposa.

3. Con respecto a Vicente Baragaña, se trata de una persona detenida el 10 de agosto y puesta a disposición de la jurisdicción competente el día 12 del mismo mes, por estar implicado en actividades comunistas. No fue sometido a ningún interrogatorio, y basta decirles que se encuentra en la Prisión Provincial de Carabanchel, en donde puede ser examinado por quién le quede alguna duda sobre su integridad física.

4. En lo referente a otro supuesto minero, del que sólo dicen llamarse Alfonso, me dicen que pudieron ustedes citar a un Alfonso Braña Castaño, comunista, que fue condenado por sus actividades ilegales en 1960 y que actualmente trabajaba como agente de la Compañía de Seguros «La Previsora Bilbaína», con cuyo motivo viajaba en motocicleta habitualmente por la cuenca minera, aprovechando estos viajes para hacer proselitismo marxista y favorecer la extensión de los conflictos en aquella zona. Ello provocó que la Guardia Civil lo interrogase, así como a su esposa Anita Sirgo Suárez, hija de un bandolero muerto por la fuerza pública, que tanto en estos como en anteriores conflictos trata de impresionar a las mujeres de los mineros y convertirlas en elementos contendientes que coaccionen a los que pretendan volver al trabajo y realicen manifestaciones. Este Alfonso fue puesto en libertad, y como quiera que el delegado de «La Previsora Bilbaína» en Langreo, Senén Méndez González, se interesó por él mientras fue detenido para ser interrogado, fue la propia Guardia Civil la que informó a esta persona de que al no comprobársele res-

ponsabilidad podía esperarle si quería acompañarle, y Senén Méndez alquiló un taxi para ello, dada la distancia entre la Inspección Municipal y el pueblo de Lada. Nada se sabe de que necesitase asistencia médica ni presenta síntoma alguno de malos tratos y sí se sabe que pretende marcharse al extranjero, para lo que tiene pendiente la tramitación de pasaporte.

5. El otro Alfonso de que escriben como Alfonso Zapico debe tratarse de Antonio Zapico, persona también de antecedentes comunistas, liberado recientemente de la prisión de Burgos, que acompañaba en sus viajes al anteriormente citado Alfonso Braña, porque al tener éste planes de marcharse al extranjero, quiere adiestrarle en la función aseguradora en que trabaja. Fue detenido también y puesto en libertad sin consecuencia alguna. Informan, sin embargo, que es persona de salud precaria, según ya fue observado durante su antigua estancia en la cárcel.

6. Los mineros Jerónimo Fernández Terente y Jesús Ramo Teba fueron detenidos como responsables de la organización comunista en «Carbones Asturianos» y difusores de hojas clandestinas. El segundo fue delatado por el primero, por lo que se les sometió a un careo, confesando sin presión alguna su participación en la acción clandestina.

7. Muy significativo de la mentalidad de las informaciones que les han hecho llegar sus «corresponsales espontáneos» es el caso de Everardo Castra Pérez, del que se afirma que sufre trastornos mentales a causa de malos tratos. Este Everardo Castra fue detenido en 1962 por actividades comunistas y como acusaba síntomas de enajenación mental, fue enviado al Hospital Psiquiátrico. Ya en libertad, el pasado 10 de mayo fue nuevamente detenido al sorprendérsele pintando con pintura roja en el horno alto de «Duro Felguera», en grandes caracteres, unos letreros que decían: «Franco asesino» y «El pueblo se vengará». Fue ingresado en prisión y de ésta volvió a pasar al Hospital Psiquiátrico Provincial, donde el especialista que lo atiende facilitó, con fecha 7 de septiembre, un informe que dice: «Padece una típica y precisa esquizofrenia paranoide. Sus antecedentes patológicos familiares están muy cargados. Sus sistema delirante esquizoide tiene un contenido político que él actualiza con cualquier pretexto. Antes tenía la obsesión delirante de que las muchachas del pueblo orinaban en los vasos de vino que él servía con el fin de enamorarlo (esto muy anterior a su primera detención). Se trata de un enfermo mental sujeto de por vida a la servidumbre del tratamiento médico y de los cuidados familiares».

8. Todos los demás infundios que circulan sobre Constantina Pérez Martínez, Anita Braña, Juan Alberdi y otros son fruto de una mendaz utilización del hecho de haber sido detenidos e interrogados y puestos después en libertad sin ninguna de las brutalidades de que informan los «corresponsales espontáneos», y podrán seguir aumentando, atribuyéndoselas a otros detenidos, ya que existen más personas que fueron interrogadas en parecidas circunstancias.

Parece, por otra parte, posible que se cometiese la arbitrariedad de cortar el pelo a Constantina y Anita Braña, acto que de ser cierto sería realmente discutible, aunque las sistemáticas provocaciones de estas damas a la fuerza pública la hacían más que explicable, pero cuya ingenuidad no dejo de señalarle, pues es claro que la atención que dicha circunstancia provocó en torno a sus personas en manera alguna puede justificar una campaña de truculencias como la que se orquestó. Vea, por tanto, cómo dos cortes de pelo pueden ser la única apoyatura real para el montaje de toda una «leyenda negra» o «tomadura de pelo», según como se mire. Espero que todo lo dicho le demostrará mi afán de responder detalladamente a sus inquietudes y también le servirá para reflexionar sobre la calidad de los «corresponsales espontáneos».

Finalmente, he de decirle que estoy seguro de que mi disposición siempre abierta al diálogo ha de ser utilizada por parte de usted con temas más fecundos.

Entretanto, aprovecho la ocasión para saludarle con la atención que merece.

Manuel Fraga Iribarne

3. Réplica de 188 intelectuales a la carta del Ministro de Información y Turismo (31 de octubre de 1963)

Excmo. Sr.:

Durante las pasadas semanas algunos de los firmantes de la carta que se dirigió a V.E. con motivo de los presuntos malos tratos y sevicias infligidos por miembros de la fuerza pública a mineros y mujeres de la cuenca asturiana, en ocasión de las recientes huelgas, han tenido comunicación oficial de su respuesta a don José Bergamín.

Ante todo, hemos de manifestarle nuestra extrañeza por haber V.E. personalizado en don José Bergamín el escrito de referencia. Consideramos que las circunstancias biográficas del señor Bergamín son de completo ajenas al asunto planteado y que corresponde a dicho escritor contestar, como así lo ha hecho, en la forma que considere oportuna, a las imputaciones de que V.E. le hace objeto en su carta.

1. En su respuesta, V.E. reconoce como «posible que se cometiese la arbitrariedad de cortar el pelo a Constantina Pérez y Anita Braña», agregando que, de resultar cierto semejante acto, «sería realmente discutible, aunque las sistemáticas provocaciones de estas damas a la fuerza pública la hacían más que explicables», pero cuya «ingenuidad» no deja V.E. de señalar. Es evidente que el hecho de cortar el pelo a dos mujeres difícilmente puede conciliarse con el calificativo de «ingenuidad» que V.E. añade a guisa de comentario. Un acto de tal naturaleza nos parece a todas luces infamante y motivo suficiente para que en cualquier país civilizado y libre se exijan responsabilidades criminales

a sus autores. Por otra parte, parece muy poco probable que este acto de violencia física y moral no fuera precedido y acompañado de otros malos tratos y coacciones.

2. El reconocimiento del hecho anterior legitima la sospecha de que se haya empleado, asimismo, la violencia física con detenidos del sexo masculino. Pensar lo contrario constituye una falta de lógica: ¿por qué los autores de los presuntos delitos habrían de emplear violencias sólo con las mujeres, que no han participado ni participan directamente en las huelgas?.

3. La utilidad de nuestra anterior solicitud a V.E. queda evidenciada en su respuesta al señor Bergamín, pues gracias a la misma, quienes no escuchamos habitualmente las emisiones de «Radio España Independiente» u otras emisoras del exterior, hemos podido tener noticia fidedigna de diversas detenciones de carácter político.

4. Al final de su escrito, V.E. hace referencia a la «mendaz utilización» de las informaciones transmitidas por «corresponsales espontáneos». No escapará a la rápida comprensión de V.E. que esa «mendaz utilización», caso de que existiera, tendría únicamente su origen en la falta de información pública que padece el país, hasta el punto de que un hecho tan importante para la vida económica, social y política española como el de las huelgas del Norte no hemos tenido ni tenemos noticia regular y suficiente por la prensa y la radio nacionales y hemos de enterarnos de las circunstancias de esos conflictos de trabajo, bien a través de la prensa y la radio extranjeras, bien mediante «corresponsales espontáneos» y ocasionales.

5. Como prueba de esa falta de información, nos permitimos significar a V.E. que, gracias a diversos corresponsales espontáneos y servicios informativos del extranjero, hemos tenido noticia de la reciente detención y procesamiento por motivos políticos de varios intelectuales entre ellos los señores Pradera Cortázar, Sánchez Mazas Ferlosio, Sánchez Dragó, Ferrer Sama, Matesanz, Sánchez Gijón y De Luca…

6. Observamos que en la carta de V.E. dirigida al señor Bergamín, se omite toda mención al capitán de la Guardia Civil don Fernando Caro, como también al sargento Pérez, a quienes en nuestra carta anterior se señalaba como presuntos autores de las violencias en ella enumeradas. No obstante, de fuentes no oficiales, aunque solventes, se nos informa que los susodichos capitán y sargento se encuentran en situación de arresto, por motivos y en condiciones no precisados. En vista de ello, nos permitimos acogernos al buen talento y disposición para el diálogo mostrados por V.E. rogándole nos informe sobre las circunstancias que concurren en este arresto y sobre su relación con las violencias consignadas en nuestra carta, dos de las cuales, cuando menos, parece reconocer V.E.

7. Cuanto antecede justifica nuestra actitud como intelectuales y como ciudadanos en este caso y constituye una sólida base para nuestra gestión informativa,

resultando por tanto absolutamente innecesaria y fuera de lugar, para movernos a tal gestión, toda supuesta maniobra de carácter partidista o publicitario.

Por todo lo expuesto, volvemos a dirigirnos a V.E. para solicitar que interese de los poderes públicos la formación de una comisión de juristas, integrada por abogados del Ilustre Colegio de Madrid, designados por su Decano, comisión que se trasladaría a los lugares de los presuntos hechos a fin de llevar a cabo una investigación detenida sobre los mismos.

Le saludan muy atentamente.

N. B. Las nuevas firmas que suscriben esta carta se hacen solidarias del escrito anterior dirigido a V. E.

Madrid, 31 de octubre de 1963

José Luis López Aranguren, catedrático de la Universidad de Madrid; Santiago Montero Díaz, catedrático de la Universidad de Madrid; Enrique Tierno Galván, catedrático; Valentín Andrés Álvarez, catedrático y ex decano de la Facultad de Ciencias Políticas y Económicas; Joan Oliver, escritor; Gabriel Celaya, poeta; Antonio Buero Vallejo, dramaturgo; José María Castellet, crítico; Ignacio Aldecoa, novelista; Ana María Matute, novelista; Juan Antonio Bardem, director de cine; Alfonso Sastre, dramaturgo; Carlos Barral, editor; Antoni Tàpies, pintor; Francisco Fernández Santos, escritor; Eugenio de Nora, poeta y crítico; Joan Triadú, escritor; José María Moreno Galván, crítico; Rafael Santos Torroella, escritor; Jesús López Pacheco, poeta; Fernando Baeza, editor; Vicente Ventura, escritor; Pablo Martí Zaro, escritor; Joan Fuster, escritor; Sainz de Buruaga, economista; Manuel Millares, pintor; Francisco Pérez Navarro, escritor; Angel Fernández Santos, escritor; Francisco Vallverdú, poeta; Armando López Salinas, novelista; Juan García Hortelano, novelista; Xavier Rubert de Ventós, filósofo; Jordi Carbonell, poeta; Julián Marcos, poeta y ayudante de cinematografía; Manuel Rabanal Taylor, crítico de cine; Lauro Olmo, dramaturgo; Consuelo Bergés, escritora; José María de Quinto, novelista y director de teatro; Gonzalo Torrente Malvido, novelista; José Luís Abellán, escritor; Fermín de la Solana, escritor; Juan Eduardo Zúñiga, escritor; J. Maestro, economista; José Luis Cano, escritor; Ramón Nieto, novelista; Antonio Ferres, novelista; Carlos Muñiz, dramaturgo; Francisco Moreno Galván, pintor; Jaime Maestro, crítico de cine; Coral Pellicer, actriz; Pío Caro Baroja, escritor; José Esteban, poeta; Angelino Fons, novelista; Alfredo Mañas, dramaturgo; José Luis Egea, guionista; José Manuel Hernan, ayudante de dirección; Angela Figueras Aymerich, poetisa; Juan Julio Baena, operador de cine; Juan Goytisolo, novelista; Víctor Erice, crítico de cine; San Miguel, crítico de cine; Ricardo Zamorano, pintor; Ricardo Domenech, escritor; Fernando Ontañón, escritor; José

Manuel Caballero Bonald, poeta y escritor; Felipe M. Lorda, escritor; Juan Marsé, novelista; Daniel Gil, pintor; Pinilla de las Heras, profesor y escritor; Gabino Alejandro Carriedo, poeta; Luciano G. Egido, crítico de cine; Manuel Calvo, pintor; José Duarte, pintor; Andrés Alfaro, escultor; Vicente Aguilera Cerni, crítico de arte; Eusebio Sempere, pintor; Angel Crespo, poeta; Valeriano Bozal, crítico de arte; Ortiz Alfau; Pablo Serrano, escultor; Francisco Cortijo, pintor; José Ramón Marra López, escritor; Luis Goytisolo, novelista; César Santos Fontela, crítico de cine; Abel Martín, José Ayllón, crítico de arte; Daniel Sueiro, novelista; Faustino Cordón, biólogo; Jesús García de Dueñas, crítico; Angel María de Lera, novelista; M. Díaz Caneja, pintor; Ramón de Garciasol, poeta; Ángel González, poeta; Francisco Álvarez, pintor; P. Jordi de Barcelona, monje capuchino; José Sanabre, presbítero; Ferrán Soldevilla, historiador; Antonio María Badía Margarit, catedrático de la Universidad de Barcelona; Salvador Espriu, poeta; José María Espinás, novelista; Josep María Garriga, presbítero; Marqués de San Román de Ayala; Angel Latorre, catedrático de la Universidad de Barcelona; M. Coll i Alentorn, historiador; Claudí Ametlla, publicista; Mariá Manent, escritor; Joan Rebull, escritor; J. Oriol Anguera, médico; Alexandre Cirici Pellicer, crítico de arte; Maurici Serrahima, escritor y abogado; Rafael Tasis, escritor; Oriol Bohigas, arquitecto; Josep Dalmau, presbítero; Manuel de Pedrolo, escritor; Josep Bonet Morell, abogado; Josep M. Martorell, arquitecto; Ricardo Fernández de la Reguera, novelista; A. Ràfols Casamada, pintor; Heribert Barrera, ingeniero; Joaquín Molas, escritor; Joaquín Horta, editor; Albert Manent, escritor; José Agustín Goytisolo, escritor y poeta; Josep Fontana i Lázaro, historiador y profesor de la Universidad de Barcelona; Hortensia Corominas, profesora; María Tubau, actriz; Román Gubern, ayudante de cinematografía; Alfonso Carlos Comín, ingeniero; Joan Petit, traductor; Manuel Sacristán Luzón, filósofo y profesor de la Universidad de Barcelona; Santiago Pey, publicista; Rosa Leveroni, escritora; Emili Giralt, historiador y profesor de la Universidad de Barcelona; Antoni Sala Cornadó, escritor; Claudi Martínez Girona, escritor; Josep María Piñol, publicista; Francisco Vila-Abadal, médico; Piera Fló, médico; Ramón Fuster Rabés, abogado; Anna Ramón de Izquierdo, profesora; Joaquín Garriga, guionista; Susana March, escritora; Angel Carmona, director de teatro; Ricard Salvat, director teatral; Joan Raventós, abogado; Josep Montañés, actor; Francisco Nello Germán, escritor; Carmen Serrallonga, profesora; María Girona, pintora; Francisco Candel, escritor; Juliana Joaquinot, profesora; José Corredor Mateos, escritor; Ricardo Albert Llauró, profesor; Fabiá Puigserver, escenógrafo; Ernest Lluch, economista; Josep Oriol Esteve, psiquiatra; Carmen Miranda, abogado; José María Rodríguez Méndez, dramaturgo; Feliu Fermosa, director teatral; Arnau Puig, escritor; F. Espinet B., actor; Fernando Cobos, director teatral; Joan Argenté, escritor; Joaquín Jordá, director de cine; P. Puig de Fábregas, arquitecto; Joan Sales, escritor; Francisco Rodón, escritor; Jaime Salinas, editor; Josep María Poblet, escritor; Ferrán Cuitó, ingeniero industrial; Jordi Ventura, escritor; Manuel Borrás, editor; Carlos Muñoz Espinalt, psicólogo; Joan Corominas i Puig, médico; Joan Cornudella, publicista; Pere Babot, médico; Taverna, médico; J. Figueras Amat, médico; Jaime Gil de Biedma, poeta; Josep Calsamiglia, editor; María Aurelia Capmany, directora de teatro; Eloy Terrón, filósofo; J. Laborda y S. Encino, ayudante de dirección de cine.

4. Respuesta al segundo escrito de intelectuales del Ministro
    de Información y Turismo Manuel Fraga Iribarne dirigida a José Luis
    López Aranguren (12 de noviembre de 1963)

Muy señor mío:

Dirijo a Vd. esta carta en respuesta a la que he recibido firmada por un grupo de ciudadanos españoles y lo hago así, según el procedimiento habitual de dirigirse al primer firmante de un documento que ha sido suscrito por diferentes personas.

Alegan ustedes en su escrito mi invitación al diálogo hecha en la respuesta que hube de dar a otro escrito del que eran firmantes también algunos de Vds. Quisiera precisar por ello que yo entiendo el diálogo como un intercambio de opiniones expuestas con honestidad y sin afán de publicidad, ya que si faltan la primera o la segunda de esas circunstancias no puede hablarse propiamente de un diálogo, sino simplemente de dos diálogos.

Aducían Vds. en su primer escrito una serie de hechos de extremada gravedad, a los que creo haber dado cumplida respuesta sin que Vds. sean hoy capaces de aducir ninguna prueba o testimonio en contrario, no obstante lo cual insisten genéricamente sobre ellos sin tener la generosidad de reconocer el propio error o la defectuosa información.

Ante esas circunstancias, espero comprendan que me es imposible continuar dialogando sobre este asunto, ya que mi argumentación no es ni rebatida ni aceptada, situación que debo considerar como anómala en un grupo de personas que pretenden mantener el diálogo en nombre de la intelectualidad.

Como después de acusar de muertes, castraciones y violencias de todo género a las instituciones, mantienen exclusivamente dos posibles abusos de autoridad, que, aunque lamentables, revestirían no obstante una muy inferior gravedad, creo tener base para considerar que por parte de Vds. no existía ni existe un auténtico deseo de información sino simplemente el de producir un escándalo.

Ahora bien, afortunadamente, en España vivimos dentro de un Estado de derecho. El que a título personal considere el diálogo como roto por Vds. no es obstáculo, ni lo ha sido nunca, para el ejercicio de las posibilidades legales abiertas a todos los españoles, que, por si alguno las desconociese, a continuación tengo la satisfacción de señalarles:

Primero. El derecho de petición reconocido en el artículo 21 del Fuero de los Españoles, viene regulado por la ley de 22 de diciembre del 1960, que establece detenidamente la forma de su ejercicio. A mayor abundamiento, el artículo 1.º de esa ley señala que «corresponde a los españoles la facultad para dirigirse a los poderes públicos en solicitud de actos o decisiones sobre materia de su competencia», infiriéndose de dicho artículo que sólo los organismos que tienen competencia para conocer de los actos o decisiones que interesan a los peticionarios deberán ser aquellos a los que de un modo exclusivo se dirija la correspondiente petición.

Segundo. Por si ello fuera poco, según el artículo 101 de la vigente Ley de Enjuiciamiento Criminal todo español está legitimado para ejercitar la acción penal ante los tribunales, incluso en casos de delitos que no le afecten directamente ni indirectamente, y según el artículo 264 de la misma Ley el que por cualquier medio tuviese conocimiento de la perpetración de algún delito deberá comunicarlo al Ministerio Fiscal, al tribunal competente o al juez de instrucción municipal, sin que se entienda obligado por esto a probar los hechos denunciados ni a formalizar querella, no contrayendo en ningún caso otra responsabilidad que la correspondiente a los delitos que hubiese cometido por medio de la denuncia o con su ocasión.

Existiendo estos cauces, que no tengo noticia de que hayan sido utilizados por Vds. comprenderán que carece de toda base jurídica su demanda de formación de una comisión especial por un Colegio de Abogados que, ni por función profesional, ni por su definido ámbito territorial, tiene competencia en este caso.

Si sincera y honestamente se hubiesen sentido Vds. preocupados por determinados hechos que dicen conocer, el camino más directo, eficaz y adecuado habría sido el de ejercitar cualquiera de aquellos derechos. Por el contrario, al dirigirse a mí dando antes a la publicidad su primer escrito y evidentemente después el segundo, debo interpretar que lo que se pretendía no era lograr un esclarecimiento, sino buscar la máxima difusión a un escrito colectivo, con el exclusivo fin de desacreditar a unas instituciones, sin tener en cuenta el grave daño que ello pudiera causar al prestigio del buen nombre de España y de sus funcionarios. Atentamente le saluda.

Manuel Fraga Iribarne

5. Carta dirigida al Ministro de Información y Turismo por un grupo de intelectuales presos en la cárcel de Burgos (28 de octubre de 1963)

Exmo. Sr. Ministro de Información
Excmo. Sr.:

Hasta nosotros, atravesando los muros ha llegado el eco y los términos de la polémica llevada a cabo entre Vd. y ciento dos intelectuales. Desgraciadamente una de las características del secuestro en que de hecho consiste nuestra condena es no poder recibir ninguna clase de prensa diaria; esto hace que nuestro conocimiento de los detalles de las cartas cruzadas no sea lo total que desearíamos. Pese a ello,

creemos conocer lo fundamental de ambos documentos, las afirmaciones mantenidas en ellos, y, desde luego, la trascendencia de lo debatido.

Vd. excelentísimo señor, se manifiesta dispuesto al diálogo. Acudimos a esta invitación para, como intelectuales, presos políticos, aportar una serie de elementos que
juzgamos necesario sean tenidos en cuenta a la hora de reflexionar sobre las serias
questions de fondo que se discuten.

Vaya por delante nuestra simpatía hacia esos 102 intelectuales que, estamos seguros,
en el nombre de millares de intelectuales españoles de las más variadas profesiones,
han tenido la iniciativa de no callar por más que se avise silencio y se amenace miedo.

Las torturas practicadas en Asturias, último medio utilizado por el Gobierno
para intentar frenar —con poco éxito por cierto— dos meses y medio de huelga en
que los mineros pedían el derecho a la huelga, sindicatos obreros, la vuelta de los
detenidos y deportados y un nivel de vida digno, hace que sea necesario reflexionar
y debatir ya de una vez todo el cúmulo de arbitrariedades y atropellos que tienen
lugar en España como procedimiento de represión política y que tanto nos aleja de
lo que debe ser un Estado de derecho.

I. EL PROGRAMA DE LAS TORTURAS

El escribir nosotros, Sr. Ministro, que hemos pasado por los interrogatorios de
la Brigada Político Social, y desde Burgos, una de las cárceles en que se acumula
mayor número de presos políticos de todas las tendencias, garantiza la seguridad y la
concreción, tanto de los informantes como de lo informado. La casi totalidad de los
hombres que se encuentran en esta cárcel, al igual que nosotros mismos, ha recorrido
toda la escala de la arbitrariedad y la tortura. Solo hay que preguntarnos uno a uno.

Queremos consignar que nos limitamos a casos producidos en los años últimos
pues no es nuestro deseo tener la vista fija en el pasado sino en el presente y en la
forja de un futuro de convivencia y legalidad.

La mayor parte de los firmantes hemos sido golpeados. Merece la pena resaltar
los siguientes casos:

JOSÉ RUIZ DE GALARRETA. En Madrid, en 1961, fue golpeado en varios
interrogatorios. Le azotaron con un vergajo los pies hasta quedar inconsciente,
pisoteándoselos ya tumefactos. Su mujer, también detenida, sufrió un ataque de enajenación mental. Le rompieron varias costillas, durante días escupió sangre. Tardó
meses en curar y la ha quedado una talalgia crónica.

GREGORIO ORTIZ RICOL. En Madrid, en 1969, fue sometido a golpes en
todo el cuerpo durante varios días. Le hundieron dos costillas, por lo que tuvo que
ser asistido por el médico de la Dirección General de Seguridad, que le vendó el
tórax. A los dos meses persistían las lesiones, según demostró el examen radioscó-
pico de la Prisión de Carabanchel.

AGUSTÍN IBARROLA. En Bilbao, en 1962, perdió la razón durante varios
días a consecuencia de los golpes y las torturas psicológicas. Ibarrola denunció es-

tas torturas en el Consejo de Guerra que le juzgó, pidiendo se llevase a cabo una investigación. Ni que decir tiene que no fue escuchado.

EDUARDO RINCÓN GARCÍA. En Oviedo, en 1961, la Brigadilla de la Guardia Civil y en especial el famoso Cabo Pérez, le retorció los testículos y le tuvieron de rodillas sobre garbanzos durante horas.

JOAQUÍN FERNÁNDEZ PALAZUELOS. Santander, 1960. Atado y desnudo de medio cuerpo, fue golpeado con toallas húmedas por el Jefe de la Brigada Político Social, Sr. Solar. Cuando caía al suelo le pateaban entre varios policías.

JOSÉ RAMÓN HERRERO MEREDIZ. En Gijón, 1960. Fue golpeado en las rodillas con un bastón recibiendo varias palizas. Le reventaron los oídos. Pero estos casos no son excepcionales. Le citaremos, a modo de ejemplo, algunos casos de distintas ciudades.

—Madrid. A Melitón Moreno Alcoroche, en 1961, le golpearon brutalmente en corro durante horas, haciéndole perder varias veces el conocimiento. Lo mantuvieron durante horas arrodillado sobre piedrecitas. Finalmente, lo colgaron de los brazos. Melitón Moreno, hombre de gran fortaleza física, ya no ha vuelto a recobrar la salud. Desde su ingreso en Burgos ha tenido que permanecer en enfermería. Ha sufrido un ataque de locura y otro de parálisis parcial.

—Madrid. Enrique Lerma Monroy, en 1963, enloquecido por las duras y continuas torturas, intentó suicidarse dándose cortes en múltiples partes del cuerpo con el cristal roto de sus gafas.

—Barcelona. A Miguel Núñez, en 1958, le tuvieron colgado de los brazos durante 27 horas.

En 1961, a Vicente Cascarra le golpearon con porras de goma y reglillas las manos, plantas de los pies y otros lugares del cuerpo, durante horas. Sólo le dejaron cuando su vida corría grave peligro.

—En Valencia. En 1959, a Higinio Recuenco, abogado, le aplicaron corrientes eléctricas.

En 1962, a Joaquín Fernández.

Hay que señalar que éste es el medio predilecto de la Brigada Político Social de Valencia.

—Bilbao. En 1962, Francisco José Vilate, ante las dolorosas torturas, intentó suicidarse cortándose la yugular. Hoy tiene proceso por intento de suicidio.

—Sevilla. En 1960, Emilio Rodríguez Martín fue torturado durante once días consecutivos por la Guardia Civil, la Brigada Político-Social de Madrid y de Sevilla. Le aplicaron las siguientes torturas: amarrado a un banco, le golpearon con porras los pies descalzos hasta reventárselos. Con una manopla le golpearon la cara hasta hacerle brotar sangre. Le introdujeron la cabeza en una lata y durante horas redoblaron en ella a modo de tambor. Finalmente le colocaron una careta mediante la cual le reducían la entrada de aire hasta producirle la asfixia momentánea y el desvanecimiento.

La lista, Sr. Ministro, podría ser interminable.

Deseamos hacer constar que todos nosotros distinguimos perfectamente entre los contados grupitos de especialistas en la tortura y los Institutos armado y de orden coo tales colectividades. Frente a la barbaridad de aquellos elementos aislados, hemos sido testigos del trato correcto y, frecuentemente incluso amable, de la mayor parte de los hombres de estos Institutos.

Creemos necesario aclarar también el caso de Antonio Zapico. Este hombre acaba, en efecto, de salir de Burgos —de la Prisión Central—. Con él hemos convivido durante años. Es un hombre que se encuentra enfermo de silicosis, en tercer grado, debido a las condiciones de trabajo en las minas asturianas. Aparte de esto, aquí en Burgos, hacía una vida normal y no tuvo que ir a la enfermería ni un solo día en todo el tiempo de su condena.

A las torturas habría que añadir la ilegal permanencia en manos de la policía en tiempos que exceden las 72 horas. Contados hombres de la Prisión Central de Burgos no han excedido este plazo legal.

En la contestación a la carta de los 102 intelectuales, el Sr. Ministro invita a que se visite a un minero encarcelado en la prisión de Carabanchel. Basándonos en esta invitación, pedimos al Sr. Ministro se comprometa a que puedan visitarnos a los presos políticos de Burgos y de las otras cárceles para que se haga una encuesta pública y garantizada sobre la utilización de las torturas y demás ilegalidades en los interrogatorios policiacos por motivos políticos. Si como el Sr. Fraga Iribarne asegura en España no se tortura, nada hay que impida la realización de la citada encuesta.

II. ANTIJURICIDAD DE LAS CONDENAS

Pero el problema, Excelentísimo Sr. Ministro, desborda las torturas. La carencia de garantías en la vida pública ciudadana es una larga experiencia para los españoles. Tras ser torturados, por los procedimientos señalados, los hombres que piensan contrariamente al Gobierno, los hombres que han reclamado mejores salarios, libertades sindicales y políticas, son sometidos a un Consejo de guerra acusados de «rebelión militar». Aquí, sobre expedientes elaborados a palos por la policía sin posibilidades de defensa civil, sin sistema de garantías en la prueba, se es condenado a cantidades de años insólitos en cualquier país civilizado, e incluso se sigue empleando la muerte como condena política.

A los veinticinco años de la guerra civil, el cuarto de siglo, sigue juzgándose mediante Consejos de Guerra en los que —como en el problema de las torturas— la minoría represiva del Ejército más anclada en el pasado, bajo la dirección del coronel Eymar, ejerce el triste encargo de montar estos consejos de Guerra, pese a la opinión de amplios sectores del Ejército que piensan que no es la misión del brazo armado de la nación el ejercicio de la represión política.

Es cierto que el Gobierno ha enviado a las Cortes un proyecto de ley de creación del Tribunal de Orden Público. Pero es preciso puntualizar a este respecto las cosas. Apenas mejorará la situación si en el proyecto de ley no se aclara expresamente que el nuevo Tribunal de Orden Público actúe únicamente cuando se haya declarado el «estado de excepción» al igual que los Consejos de Guerra deberán ser los competentes únicamente en el «estado de guerra», siendo competentes en los períodos de normalidad y para cualquier clase de delito, tan solo los Juzgados de Guardia. Asimismo estimamos, Sr. Ministro, al igual que los más amplios sectores de nuestro país, que el mínimo paso hacia la legalidad, la mínima superación de la arbitrariedad jurídica exige una amnistía total para todos aquellos delitos políticos o sociales cometidos desde el 18 de julio de 1936 hasta la promulgación de la nueva ley —dicho sea de paso— que duerme el sueño de los justos en las Cortes y cuya aprobación, ampliada en el sentido expuesto podrá ser un paso de las garantías de juridicidad y de marcha hacia un Estado de derecho.

III. La ilegalidad en la persecución política, Excelencia, continua después del Consejo de Guerra y de sus monstruosas condenas. En las cárceles los presos políticos somos sometidos a un régimen de oprobio continuo. No es la ocasión para señalar con detalles todo el alcance de esta persecución y el papel que en ella juegan los Patronatos de la Dirección General de Prisiones, Patronatos contra los Presos Políticos.

La represión y el silencio en torno a los presos políticos —todo español sabe cómo el Gobierno ha tenido que pasar de la afirmación de que en España no hay presos políticos a ir admitiendo poco a poco nuestra existencia—, la represión y el silencio en torno a los presos políticos, decíamos, alcanza múltiples formas: desde impedir que familiares que no sean de primer grado y los mismos abogados puedan visitarnos; desde tenernos mezclados con presos comunes; desde estar castigados con penosas sanciones al poner en el remite de nuestras cartas la condición de presos políticos reconocida en todo el mundo; desde ejercerse una creciente represión cultural siendo cada día más difícil conseguir el permiso para la entrada de cualquier clase de libros legales en España y estar prohibidas la casi totalidad de las revistas nacionales, incluidas las oficiales y las católicas, sin contar con la prohibición de recibir la prensa diaria y de oír los «diarios hablados de Radio Nacional».

Desde la ilegal prohibición de que puedan redimir los conmutados de la pena de muerte, prohibición formulada por una orden secreta de marzo del 1953, con lo que estos hombres —cerca de sesenta solamente en Burgos— han de cumplir ininterrumpidamente 20 años consecutivos de cárcel para alcanzar la libertad. Veinte años de cárcel en muchos casos los arroja a la calle a morir, como ocurrió con Francisco Gallo Peñas; en otros, antes de alcanzar este plazo mueren en cualquier cárcel-hospital, corrompida su salud por las condiciones de vida en prisión. Esto ocurrió hace poco con Benito Pérez García, muerto en Yeserías después de 17 años de cárcel ininterrumpidos. Hace días salió de Burgos, también para Yeserías, Narciso Julián, enfermo de la columna vertebral, que lleva encarcelado más de 8 años.

Desde negarnos la legal aplicación de la libertad condicional sobre la condena inicial, aplicándola la Dirección General de Prisiones sobre la condena menos los beneficios de indulto, diferencia que ha supuesto millares de años en total, e individualmente la arbitraria prolongación de la condena por años o meses.

Esta práctica repetida de la arbitrariedad alcanza hoy su más escandalosa muestra en lo que está ocurriendo en la prisión Central de Burgos, en la negación del principio de la libertad de conciencia. Aquí, en contra de las normas de la Iglesia claramente expresadas por el buen papa Juan XXIII, en la encíclica «Paz en la Tierra» que su Excelencia tan justa y noble estima, en artículo publicado recientemente, se nos obliga a toque de corneta, a los católicos y no católicos, a asistir a los actos religiosos, lo que, aparte de estar en contra del principio señalado de la libertad de conciencia, está también en contra de la Declaración Universal de los Derechos del Hombre y de las propias leyes españolas, desde el fuero de los Españoles hasta el Reglamento de Prisiones.

Por este motivo, cinco hombres se encuentran en celdas de castigo.

Queremos facilitarle los datos, señor Ministro, por si los desconoce. Por oponerse a que se siguiese ejerciendo sobre ellos la violación de su derecho a la libre conciencia, habiéndose negado a asistir al acto de la misa, han sido rapados, encerrados en celdas de castigo durante cuarenta días y negada la redención durante un año, lo que supone seis meses más de cárcel, los siguientes hombres: Vidal de Nicolás, vasco, de cuarenta y un años de edad, poeta y escritor. Se da la circunstancia de que no está bautizado, que ha respetado la fe católica de su esposa, habiéndose casado en matrimonio mixto, según prevé la Iglesia, y que en el respeto que le anima a la fe de los demás ha bautizado a sus hijos, según era deseo de su esposa. Hay que señalar, que se encuentra enfermo de presunta tuberculosis renal y pese a ello continúa en celdas. Ha sido amenazado con ser golpeado si no va a misa.

Vicente Llopis, de 36 años de edad, representante de Comercio madrileño, ha sido hasta fecha muy reciente falangista, ocupando diversos puestos en esta Organización. Fue detenido por formar parte de la Oposición Sindical Obrera y luchar por la libertad sindical y el derecho a la huelga.

Ambos llevan en celdas de castigo desde el día 15 de septiembre.

Jorge Conill, de 24 años de edad, catalán, estudiante de la Facultad de Química de la Universidad de Barcelona.

Eliseo Bayo, de 24 años de edad, zaragozano periodista de «El Heraldo de Aragón» y del «Noticiero Universal», colaborador de la «Gaceta Ilustrada», ha permanecido durante 8 años en el Seminario donde se ha desarrollado su educación.

Luis Expósito, de 44 años de edad, obrero. Es un hombre que desde el final de la guerra ha estado encarcelado 22 años. Actualmente lleva ininterrumpidos 18 años de cárcel.

Estos tres últimos llevan en celdas de castigo desde el día 13 de octubre.

Creemos conveniente señalar las motivaciones que —todos ellos las han indicado en instancia al director del penal— les han llevado a tomar la actitud señalada.

a) Que consideran que su actitud, lejos de tener un carácter antirreligioso, supone el más elevado respeto a la Religión Católica, estimando que hora es ya de suprimir las prácticas de intransigencia religiosa o irreligiosa que frecuentemente han asolado nuestra Patria.

b) Que consideran su actitud de acuerdo con los principios de la Iglesia católica, especialmente expresados por S. S. Juan XXIII y por el Cardenal Bea.

c) Que piden sean consultados el obispo de Burgos y el Cardenal Primado de España, seguros de que aprobarán su actitud.

d) Que consideran su actitud conforme al espíritu del Reglamento de Prisiones.

Vd. Excelentísimo Sr. Ministro, declara está dispuesto al diálogo. Ello nos autoriza a mandarle este escrito, así como a esperar su contestación pública a los hechos y peticiones que aquí consignamos.

Si la vida social se desarrolla en España según las leyes, si no existe la tortura ni ninguna de las prácticas arbitrarias que señalamos y sólo se trata de otra «leyenda negra», ningún peligro hay para el prestigio del Gobierno en que sea abierta una encuesta pública y garantizada, sobre todo cuanto denunciamos: que, en efecto, puedan venir a vernos a los presos políticos comisiones de abogados, de intelectuales y de sacerdotes. Pero nos tememos, señor Fraga, que el Gobierno ni abra la encuesta ni autorice esas visitas y que el silencio en torno a los presos políticos siga siendo la táctica empleada en el futuro.

No sabemos si la contestación a esta carta querrá ser la represión entre estos muros de Burgos. Esto sería grave. Equivaldría a lanzar una invitación al diálogo para perseguir al que conteste. Aún cuando así fuese, consideramos que hoy es un deber para todo español la exigencia pública de un Estado de derecho y de una convivencia ciudadana que garantice el libre ejercicio de los derechos fundamentales, base única sobre la que podría forjarse el progreso político, económico, social y cultural de España.

Existen entre las firmas las ausencias de Vidal de Nicolás, Eliseo Bayo y Jorge Conill, intelectuales, estamos seguros, que coinciden con esta carta.

Firmamos asimismo como intelectuales, señor Ministro. A este respecto recordamos lo que decía un gran literato profundizando en su profesión.

Thomas Mann decía: «El humanismo es la literatura unida a la política». Es claro que Thomas Mann, por sentir, y sobre todo por decir estas cosas, tuvo que salir huyendo de la Alemania hitleriana.

Aplaudimos el esfuerzo de los intelectuales humanistas españoles no resignándose a abandonar su patria.

Atentamente le saludan:

Firmantes:

Gregorio Ortiz Ricoll, abogado, condenado a 20 años y un día.
José Ramón Herrero Merediz, licenciado en derecho, 14 años.
Joaquín Fernández Palazuelos, escultor, 11 años.
Eduardo Rincón García, músico, 11 años.
Fernando Sagaseta, abogado, 8 años.

Antonio Gutiérrez Díaz, médico, 8 años.

Francisco Acebes, médico, 15 años.

Antonio G. Pericás, periodista, 10 años.

Agustín Ibarrola, pintor, 9 años.

Aladino Cuervo, ingeniero, 20 años.

José Satué, sindicalista, conmutado de pena de muerte.

Jaime Ballesteros Pulido, escritor, 6 años.

Antonio Serna, proyectista general, conmutado de pena de muerte.

José Ruiz de Galarreta, traductor, 15 años.

Vicente Cazcarra Cremallé, 17 años.

Ambrosio Ortega, pintor, conmutado de pena de muerte.

6. Carta de los intelectuales rusos al ministro de Información de Turismo

EN NOMBRE DE LA VERDAD Y DE LA JUSTICIA EN LA TIERRA

Pravda, Moscú, 28/11/1963

Todos los honrados corazones humanos han sido conmovidos de nuevo con las negras noticias procedentes de la sufrida tierra española. Y de nuevo no podemos permanecer callados, de nuevo levantamos nuestra voz de protesta con la fé de que no pueden hoy día, en el siglo de los grandes descubrimientos científicos, valientes hazañas cósmicas y de las inauditas victorias de la brillante razón humana, no puede en ninguna parte, incluyendo la tierra española, reinar las negras leyes del obscurantismo, crueles métodos de la Edad Media.

Sin embargo, precisamente con ayuda de estos vergonzosos «métodos» intentó el Gobierno , del que es también Vd. miembro Sr. Ministerio, estrangular la huelga de los mineros de Asturias, pacífica y profundamente justa por sus exigencias. Sin juicio ni investigación encarcelaron a los mineros, y los sometieron a humillantes interrogatorios policiacos. ¡Tampoco ésto pareció suficiente a las autoridades! No encontrándose con fuerzas suficientes para suprimir la huelga y enfadados por su debilidad, temiendo que ella se extendiera a otras regiones de España, acudieron a tales crueldades que solamente se podían buscar en el arsenal de la Gestapo: apaleaban a los mineros hasta la muerte, torturaban hasta la pérdida de la conciencia... La sangre se congela en las venas, cuando se leen todas estas profanaciones de la dignidad humana, ante las cuales no se pararon las autoridades españolas.

Vd. rechaza arbitrariamente algunos hechos, otros en cambio los intenta justificar.

Sin embargo, es imposible justificar los horribles actos cometidos por órdenes o con el consentimiento de las autoridades españolas. Todo ésto es una violación de la Declaración de los derechos del hombre, debajo de la cual está también la firma del Gobierno Español.

Los representantes de la intelectualidad soviética, expresando los sentimientos de todo el pueblo, elevan a Vd. su decidida protesta. Nosotros sabemos que los más destacados científicos, escritores y hombres de cultura española han enviado a Vd. cartas en las cuales condenaban los delitos y exigían una objetiva investigación de los hechos. Nosotros, representantes de todas las ramas de la ciencia y la cultura soviéticas, expresamos nuestra completa solidaridad con ellos. No obstante Vd. no solamente no quiso esclarecer la auténtica situación de las cosas, sino [que] se ha negado a realizar una discusión pública con los intelectuales españoles. Es más, Vd. ha designado un fiscal que no se interesa por el descubrimiento de los culpables del libertinaje, sino realiza interrogaciones de aquellos que los descubren.

Sabemos que olas de represalias han caído sobre los más destacados miembros de la intelectualidad española solamente por el hecho de que ellos salieron en defensa de la justicia. Nosotros sabemos que el escritor católico José Bergamín de 68 años de edad se vio obligado a esconderse en una embajada extranjera, ya que su vida estaba en peligro.

Nosotros, los abajo firmantes, protestamos decididamente contra la arbitrariedad y la violación de los derechos del hombre.

Nosotros, representantes de la intelectualidad soviética, saludamos calurosamente a los científicos y hombres de cultura de España por el hecho de haber tomado sobre sí la noble misión de desenmascarar los delitos allí donde se cometen y exigir la justicia allí, donde ésta es violada.

Para castigar a los delincuentes e implantar la justicia, los representantes de la intelectualidad española firmantes de la carta a su nombre, exigían la creación de una comisión especial de juristas para la investigación de los desenmascarados delitos en Asturias.

En nombre de los derechos del hombre, en nombre de la implacable lucha contra todo aquello que resucita la salvajes costumbres y «métodos» de los fascismo, en nombre de la verdad y de la justicia en la tierra, unimos también nuestras firmas a las exigencias de los mejores representantes, los más nobles luchadores del pueblo español.

Deldych, M.V., Presidente de la Academia de Ciencias de la URSS; Blagonranov, A.A., Académico; Gogoleva, E.N., Actriz de la URSS; Gogoleva, L.V., Héroe del trabajo socialista, maestro de la República Federal Rusa; Mijalkov, S.V, Escritor; Nechkina, N.V, Académico; Oparin, A.I., Académico; Maiski, I.N, Académico; Petrovski, B.V, miembro de la Academia de Medicina de la URSS; Chukovski, K.I, escritor; Shostakovich, D.D., Artista de la URSS; Erenburg, I.G., escritor; Tomski, N.K., pintor de la URSS; Semenov, N.N., Académico; Ulanova, G.S., Actriz de la URSS; Chujarai, G.N., Director Cinematográfico.

Ciudad de Moscú, 25 de noviembre de 1963.

[AGA, Cultura, cajas 663 y 659. Copia de varios de estos mismos documentos facilitada por Armando López Salinas, APRV]

Información policial sobre detención y corte de pelo
de Ana Sirgo y Constantina Pérez

Extracto-resumen de una información verbal

Manifestación del capitán don FERNANDO CARO LEIVA. El día 31 de agosto tuvo conocimiento de que ANA SIRGO SUÁREZ y CONSTANTINA PÉREZ MARTÍNEZ, ambas clasificadas como muy peligrosas políticas, esposas respectivamente de los también muy peligrosos políticos Alfonso Braña Castaño y Víctor Bayón García, este último cumpliendo actualmente cinco años de prisión, que éstas pretendían reunir a un grupo de mujeres para capitanearlas y salir a la calle como en la huelga anterior, con objeto de dirigirse a saquear los economatos mineros e impedir la entrada al trabajo lanzando piedras e insultos a los pocos productores mineros que aún trabajaban en el Pozo de El Fondón. Ordenó por ello su detención e ingreso en los calabozos de la Policía Municipal en la tarde del indicado día, en cuyo lugar se dedicaron a gritar e insultar con ánimo sin duda de atraer la atención del público de la calle.

Al sacarlas del calabozo para ser interrogadas, la llamada Constantina continuó gritando como si la maltrataran, formando un gran escándalo y negándose a declarar, por lo que fue advertida con ánimo de intimidarla, que de continuar escandalizando se le cortaría el cabello y en vista de que continuó en dicha actitud, se le dieron con unas tijeras algunos recortes en la parte superior que apenas se notaban, cesando en ese momento su violenta actitud y sin que de ninguna forma se llegase a emplear malos tratos con dichas detenidas, siendo puestas seguidamente a disposición del Delegado Gubernativo en Sama quien ordenó su ingreso en las prisiones provinciales de Oviedo y cárcel del Coto de Gijón.

DON JOSÉ BLÁZQUEZ GARCÍA, Delegado de Orden Público en Sama, reconoce que pasaron por su dependencia dos individuas que si bien presentaban el pelo cortado, no observó lo fuera al rape sino corto y que desde luego se trata de dos elementos que se preveía que ejercieran presión sobre los obreros para que no entraran a trabajar al siguiente lunes que se habían de abrir las minas y pozos y que la detención de las mismas evitó el que fueran detenidas otras 12 o 14 que ellas hubieran movilizado para armar alboroto como ya lo hicieron en la huelga del año anterior.

DON ALFONSO ARGÜELLES EGUÍBAR, Alcalde presidente del concejo de Langreo (Sama), manifiesta haber llegado a su noticia que se había cortado el pelo a dos mujeres, pero que nada ha comprobado sobre el particular.

DON ANTONIO MARTÍN RAMOS, Secretario Comarcal de Sindicatos en funciones de Delegado del Partido Judicial de Laviana, dice: Que existe el comentario de que el aludido Capitán ha cortado el pelo a dos mujeres, cosa que no ha podido comprobar. Es de su parecer que todas estas manifestaciones en contra del Oficial, son bulos que la gente se inventó para hacerse eco de la campaña de difamación que se viene llevando a cabo a través de la Radio España Independiente para desprestigiar a las fuerzas de Orden Público.

DON GODOFREDO MARTÍNEZ GARCÍA-RIAÑO, Alacalde Presidente de San Martín del Rey Aurelio, dice: Que no tiene conocimiento ni de oídas se la haya cortado el pelo a ninguna mujer.

DON MANUEL FERNÁNDEZ GONZÁLEZ, Capitán de la Policía Armada Jefe de la Compañía destinada en Sama, dice: Es cierto se les cortó el pelo a dos mujeres, aunque no fue al rape o cero, según noticias que tenía, ya que no las había visto y tampoco puede aseverar fuera por orden del Capitán de la Guardia Civil. En su opinión considera estos rumores producto de la propaganda de las Emisoras clandestinas.

[Archivo Histórico de Asturias, sección Gobierno Civil. Reproducido en Francisco Erice (coord.): *Los comunistas en Asturias 1920-1982*, Gijón: Trea, 1996, p. 555]

Informe sobre Anita Sirgo Suárez. Septiembre de 1963

ANITA SIRGO SUÁREZ

Nació en El Camporro-Lada-Langreo (Oviedo) el día 15 de diciembre de 1930, es hija de Avelino y Anita, de estado casada, profesión sus labores, vecina de Lada-Langreo, viviendas protegidas C7C, num. 6-1.º izquierda.

ANTECEDENTES

Es persona de buena conducta moral y privada, mala en la pública y religiosa. Políticamente si bien debido a su corta edad antes y durante el G. M. N. carecía de antecedentes, siempre se la consideró de ideas izquierdistas, mostrándose en sus conversaciones contraía al régimen actual, haciendo intensa propaganda públicamente en favor del partido comunista. Durante los primeros días de la segunda quincena del mes de marzo de 1961, en unión de un hermano llamado Avelino, recogió varios pliegos de firmas en papel de barba, y al ser interrogada sobre tal fin, manifestó que por mandato de su esposo Alfonso Braña Castaño, que cumplía dos años de condena en el Penal Central de Burgos por actividades clandestinas del partido comunista, había recogido varias firmas por las localidades de La Felguera, Lada y Sama, hasta completar en unión de su hermano cinco pliegos, los cuales y por correo en sobre cerrado —según propia manifestación— mandó dirigido al Sr. Ministro de Justicia; dijo también que a los firmantes les hacía saber que las firmas recogidas eran pidiendo la libertad de presos políticos y en favor de la amnistía. Se tuvo conocimiento que la informada al encontrar algunas personas que le manifestaron no querer firmar, les amenazaba diciéndoles que algún día les pesaría.

En los conflictos huelguísticos ocurridos en la cuenca del Nalón en los meses de abril y mayo, y agosto y septiembre de 1962, desde los primeros instantes de iniciarse los mismos, salió en un coche por las barriadas de la Joécara de sama, Ciaño, El Entrego y El Serrallo de Sotrondio, avisando a las mujeres para que salieran a la calle impidiendo la entrada al trabajo a los productores que querían realizarlo. También se sabe que encabezó una manifestación de mujeres en la barriada de Lada, en unión de Constantina Pérez Martínez, dirigiéndose ambas a la cabeza de un grupo, al pozo de El Fondón para impedir que fueran a trabajar, lanzando piedras a los mineros e insultándoles, llamándoles esquiroles. Con fecha 14 de Mayo de 1963, en unión de varias mujeres más, se presentó en el Regimiento de Infantería Milán de guarnición en Oviedo, donde asistieron al Consejo de Guerra celebrado contra el peligroso político EDUARDO RINCÓN GARCÍA, Jefe que fue del partido comunista para Asturias con residencia en Francia, y durante éste y en plena Sala, se dedicaron desde los asientos que ocupaban a lanzar besos al procesado como muestra de simpatía y aliento; cuyo procesado se había internado clandestinamente y con documentación falsificada en España. Una vez finalizado el Consejo, se reunieron en un bar de dicha Capital, donde hicieron comentario de crítica hacia el Gobierno y Tribunales Militares. Con fecha 31 de agosto de 1963, fue detenida en unión de Constantina Pérez Martínez, porque ambas pretendían reunir a otras mujeres con objeto de impedir a los productores mineros, se dirigieran a sus trabajos, siendo puesta a disposición del Excmo. Sr. Gobernador Civil de la Provincia.

Sus padres pertenecían al partido comunista. El padre durante la dominación roja en Asturias, desempeñó el cargo de Capitán del Ejército marxista, cometiendo toda clase de desmanes con las personas de orden y de derechas; al ser liberada esta provincia huyó al monte actuando de bandolero en las zonas de Langreo y Mieres en encuentro con fuerzas de Orden Público. La madre es de avanzadas ideas comunistas y en sus manifestaciones hace alarde de las mismas, y en contra del régimen.

La epigrafiada está considerada como «PELIGROSA POLÍTICA».

Oviedo, septiembre de 1963

[Archivo Histórico de Asturias. Sección Gobierno Civil. Reproducido en Francisco Erice (coord.): *Los comunistas en Asturias 1920-1982*, Gijón: Trea, 1996, p. 556]

Intervención de Anita Sirgo en el VII Congreso del PCE

Camarada Mercedes Zapico: Camaradas, me siento muy emocionada por haber sido elegida por el Partido para representar a las mujeres asturianas en este congreso.

Empezaré diciendo que la mujer asturiana viene jugando hoy un papel de gran importancia en las luchas, siendo en muchas ocasiones un factor importante para la continuidad de las mismas elevando la moral de los huelguistas. En muchas ocasiones tenemos que enfrentarnos a los vacilantes que la policía logra amedrentar y con algunos esquiroles que como es natural siempre surgen obligándoles a dar vuelta para casa tanto a unos como a otros.

No puedo dejar de señalar algunas acciones como ejemplo de nuestra lucha. Donde con mayor fuerza juega un papel la mujer es a partir de las huelgas del 62. Es bien conocida la manifestación de Sotrondio con el paro de la circulación de los autobuses y enfrentamiento a la fuerza pública que trataba de obligar a los obreros a regresar al trabajo. Desde luego que eso fue una cosa emocionante.

En Sama y en La Felguera las mujeres salieron a la calles para tornar a los esquiroles ¿Cómo se organizaron las mujeres para esta acción? Un grupo de mujeres se pusieron a la tarea de ir puerta por puerta avisando para salir a la calle al día siguiente.

La verdad es que las mujeres asturianas cuando surge una huelga los hombres no comen porque las mujeres no paran en casa. No para en casa, no hacen ni una cama por salir a la calle y ver qué es lo que hablan los mineros.

Un día ese grupo de mujeres sintieron hablar a los hombres, estaban que los llevaba el demonio porque al día siguiente iban a ir a trabajar cuatro esquiroles —se puede decir cuatro desgraciados— y esos eran los que iban a romper la huelga. Entonces ese grupo de mujeres se organizaron para ir puerta por puerta buscando mujeres para el día siguiente ir a tornar los esquiroles. Efectivamente, costaba mucho trabajo. No porque las mujeres lo veían mal, por el miedo de los palos de la policía.

Íbamos a la puerta y la mujer nos preguntaba que cuántas éramos. La verdad es que era la primera, pero para poderla conseguir teníamos que decir que éramos treinta. Después íbamos a la segunda y la misma pregunta, y le decíamos que teníamos sesenta. Y así pudimos organizar un número muy grande de mujeres. Quedamos de acuerdo en que a las seis y media había que estar en tal sitio en medio de la carretera. Aquellas mujeres quedaron de acuerdo y, efectivamente, a las seis y media de la mañana estaban como un clavo esperando en la carretera todas armadas. No creer que con ametralladoras. Era un tocho, un tocho es un palo. Un tocho, los bolsos llenos de piedras, de maíz. Efectivamente allí se pusieron en medio de la carretera.

Ese grupo de mujeres tenía desconfianza de las demás mujeres y se levantaron a las cinco de la mañana para tocar los timbres y no dieron la disculpa que se habían dormido, para que no fallase esa manifestación de mujeres. Así se hizo.

Allí se estuvieron esperando cuando se ven venir un grupo de esquiroles. Ellos al ver aquellas mujeres con aquel tocho en la mano iban muertos de vergüenza y no supieron contestar cuando les preguntaron las mujeres que a dónde iban, agacharon la cabeza y no dijeron nada. Las mujeres les dijeron: a casa, no sabéis dónde están vuestros compañeros.

Ellos dieron la vuelta como corderinos y ellos mismos, según iban dando la vuelta, a los otros esquiroles que encontraban les decían: no vos acercar, dar la vuelta que hay un grupo de mujeres allí que os rompen el alma. Entonces, efectivamente, enseguida llegó una pareja de la guardia civil y al momento dio una señal de alto. No sé por dónde, cómo llegaron allí camiones de la policía secreta, llegaban como mosquitos, nos cogieron y nos llevaron detrás de una cuadra, una cuadra detrás de la mina y no se atrevieron a pasarnos por medio Sama. Allí nos tuvieron desde las siete de la mañana hasta las nueve de la mañana, pero nosotros con eso y todo, vimos que pasaba uno que parecía que iba a trabajar y empezamos todas a gritar: esquirol, da la vuelta. Aquellos trataron de empujarnos pero nosotros nada. Entonces llega allí el famoso Pérez, Sevilla y Franco y le pegaron a una, y dicen: todas para casa menos dos. Las mujeres gritamos diciendo: o todas o ninguna. Como veían que estábamos rebeldes no se atrevieron a detener a esas dos mujeres, nos mandaron a todas para casa.

Así se organizaron comisiones para pedir la libertad de los detenidos y protestas para los torturados al Obispo, al Gobernador, al Colegio de Abogados, al Colegio de Médicos.

No es menor por su importancia y responsabilidad el trabajo de repartir el dinero que el Partido manda para la ayuda de los huelguistas. La vigilancia de la policía, el cambiar el dinero, el meterlo por las puertas. Pero había que hacerlo porque daba gran moral a los mineros.

En todos los momentos de lucha de los obreros, estábamos presentes las mujeres para prestar nuestro apoyo como lo demuestra la reciente manifestación de Mieres. Centenares de mujeres gritaban con los manifestantes: democracia, libertad sindical, derecho de huelga. Ellas ayudaron a rescatar a los detenidos hasta lanzando el zapato. Eso es verdad que aquello fue una cosa emocionante a pesar de los palos que se estaban dando.

Las mujeres que ven que detienen a dos se lanzaron a la puerta de la comisaría diciendo: camaradas, nos detuvieron a dos, adelante a la comisaría. Lanzaron un zapato a un chulo de policía y empezaron a romper cristales y era gloria ver volar los gorros de los policías, era interesante ver como se tapaban con la chaqueta por huir de los manifestantes, aquello era una cosa emocionante de verdad, muy interesante aunque sangraban, pero ellos también llevaban la cara como botes.

No es menos importante y responsable librar el trabajo —estoy muy emocionada—.

En Sama y en La Felguera las mujeres estábamos en primera fila y nos adueñamos de la sindical.

Tengo que destacar la valiente actitud de Tina y su hija.

La verdad es que aquello era un número muy grande de manifestantes. Estaban delante de la sindical pero no se decidían a subir las escaleras. Entonces, estas dos valientes mujeres levantaron la voz y decían: qué hacéis ahí, adelante que esta es nuestra casa.

Empezaron a desfilar manifestantes por aquellas escaleras arriba, claro que no cogían y la mitad quedaron fuera. Había una mujer que estaba fregando las escaleras y le pedimos que nos abriese la puerta de la oficina de la sindical. Aquella mujer temblando decía que no podía abrir la puerta. La cogimos y le dijimos: o abres la puerta o la tiramos. Ella muerta de miedo nos abrió la puerta.

Aquello fue la caraba. Se tiró el teléfono que tenían encima de la mesa, se abrió la ventana y gritábamos: libertad sindical, derecho a huelga, democracia, trabajo para los despedidos. Aquello era una cosa espantosa, temblaba aquella casa.

La policía secreta estaba muerta de miedo abajo, no se decidieron a meterse con lon colocando de escalón en escalón arrimados a la pared y tenían el tolete en esa dirección.

Unos arriba y otros colocados en las escaleras empezaron a dar toletazos a las mujeres según se bajaba. Venga a dar toletazos, pero las mujeres también se batían aunque no traían armas, con zapatos, a puñetazos. Entonces es cuando la policía secreta se atrevió a meterse, primero no se atrevían, tuvieron que esperar la ayuda de los otros que vinieron. Fue cuando cogieron a estas dos valientes mujeres.

Después de lo explicado, vemos que han hecho el montaje más canallesco para procesar por lo militar, en venganza y desarrollando el odio que las tienen. En el acto más criminal arrancaron a Blanquita de los brazos de su madre, cuando ésta en su grave enfermedad más la necesita. Hoy se ve rodeada del cariño y simpatía de todo el pueblo. Las mujeres responden con gran solidaridad, pero creo que esto es poco para llenar el hueco de su valiente hija. Creo que debían hacer algo más para que su hija sea puesta en libertad para atender a su madre.

Las mujeres no solo juegan un gran papel en la huelga. En el proceso de su preparación se recogen firmas reclamando a los deportados. Cuando se ve el ambiente de huelga se almacena comida y se hace agitación en las poblaciones.

Estos ejemplos no reflejan el papel que las mujeres podíamos jugar. Requerir una mayor ayuda del Partido, mucha responsabilidad, pero aún hay desconfianza para encuadrarnos en una célula y asumir puestos responsables con igual derecho que los hombres. Y creo que nuestro valor podría ser positivo tanto en lo que se refiere a la organización de las mujeres, como en la lucha para derrocar la odiada dictadura del general Franco.

Después de oír el informe del camarada Carrillo, el cual nos brinda muchas posibilidades para la acción de la política del Partido, para tareas muy concretas. Estoy segura de que las mujeres pueden y deben jugar un gran papel en la lucha por la democracia en nuestro país.

La carestía brinda grandes posibilidades, ya que la situación se hace asfixiante para las amas de casa. No creo que sería difícil organizar una manifestación de protesta en un mercado, para ello valdría la decisión de tres o cuatro mujeres que tiraran un cesto de tomates.

Otra acción muy importante sería el pedir escuelas, garantías para el estudio de nuestros hijos, casas, cunas y una mejora en la seguridad social.

Yo para terminar pido a las organizaciones del Partido una fiel interpretación del informe, lo que permitiría presentarnos una mayor ayuda en todas las provincias, seguros de que así aportaríamos un mayor apoyo a la justa lucha por las libertades democráticas de nuestro pueblo.

¡Viva el VII Congreso del Partido Comunista de España!

[AHPCE, Actas VII Congreso, noviembre 1965, pp. 311-315]

Versos para Anita[394]

¡Anita! Qué grande eres, no lo digo por tu estatura, sino por tu corazón.

Para mí, tú serás siempre, la Pasionaria del Nalón.

¡Anita! Estuviste presa, «qué injusto fue el dictador»

Pues tu único delito fue ayudar al trabajador.

Tu lucha no fue en vano, tus sacrificios tampoco pues gracias a gente como tú, hoy gozamos de libertad y de unos derechos, que lágrimas y sudor costaron.

Gracias, Anita, gracias en nombre de todas y todos los demócratas.

Gracias por ser tan valientes, juventud del 62.

¡Anita! «Al final el pelo creció». Pero la dignidad del cobarde, no.

---

[394] Este texto, cuyo original está mecanografiado en mayúsculas, figura, sin más elementos identificativos, entre los papeles que guardaba Anita en su casa. Tanto la autoría como el origen nos son desconocidos, pero, con casi toda seguridad, están relacionados con alguno de los homenajes recibidos a principios del siglo XXI.

Liderazgos femeninos en comunidades mineras

La minería ha aparecido, siempre y en todas partes, como una actividad marcadamente masculina. Por la composición de la fuerza laboral, la actividad minera ha generado sociedades que han tendido a basarse en los roles de hombres ganadores de pan y mujeres amas de casa. Por el vigor de las organizaciones sindicales y de las luchas obreras, ha producido a menudo dirigentes masculinos de amplia resonancia. En este contexto, las mujeres han tendido a ser invisibilizadas.

En torno a la minería se han generado poderosos arquetipos de clase y de género. En innumerables ocasiones, la imagen de los mineros se ha ligado a la lucha obrera y ha estado también asociada a una idea de masculinidad. Esta doble dimensión, no exenta de conexiones tanto subliminales como explícitas, ha ocultado a menudo el papel esencial que las mujeres han desempeñado en la construcción de la solidaridad, el sostenimiento de las luchas, la transmisión de la memoria y la defensa de valores; campos de batalla donde el prejuicio ha hecho que, de forma equivocada, fueran vistas como subsidiarias respecto a sus padres, maridos o hijos.

La clase ha solido emerger como el factor primordial de identidad y ha eclipsado cualquier otra dimensión, tanto en la percepción que tenían de sí mismos como en las miradas que se les han dirigido desde fuera. No es, obviamente, una característica peculiar de las comunidades mineras pero cabe afirmar que en ellas se han producido a menudo articulaciones peculiares entre la clase y el género. Bajo la aplastante masculinidad aparente subyacían el vigor y la valentía de mujeres que tomaban su energía de aquellos elementos que parecían subordinarlas: su condición de esposas, madres, amas de casa. Apoyadas en la cultura de clase, han conseguido muchas veces afirmarse en los roles tradicionales para transgredirlos ampliamente. Se trata de un inestable equilibrio entre la paradoja de aceptar el modelo patriarcal y desafiarlo al mismo tiempo a través de su irrupción en el espacio público, la acción colectiva y la reivindicación.

Las figuras de mujeres de cuencas mineras que ejercen como auténticos pilares de la cohesión comunitaria, la resistencia y las reivindicaciones son frecuentes en espacios geográficamente distantes y en contextos históricos también alejados. Si en el día a día, las mujeres resultan fundamentales en el sostenimiento de la vida familiar y las redes sociales, en los momentos de adversidad se convierten en piezas decisivas de la lucha. Y es justamente en estas situaciones cuando los roles tradicionales de género, en apariencia tan firmemente asentados, son puestos en cuestión por la energía y determinación de mujeres que hablan con voz propia y que, apoyándose en una cultura militante y solidaria que comparten con los hombres, adquieren autonomía y se erigen en sujetos sociopolíticos de fuerte personalidad. Esa es la historia magníficamente relatada en el cine por la película La Sal de la Tierra (H. Biberman, 1954). Tal como describe el film en la ficción y se constata en la realidad, a menudo el proceso parte desde la acción y acaba por transformar la conciencia. El feminismo no está en el origen ni es necesariamente el resultado, pero el empoderamiento de las mujeres a través de la lucha surte efectos profundos sobre las situaciones de partida, ya sea en el ámbito público o en el doméstico.

El protagonismo de las mujeres en conflictos mineros queda acreditado en una larga secuencia de episodios que recorren el tiempo y atraviesan continentes sin perder denominadores comunes. Pero los liderazgos femeninos se constatan también en otros planos referidos a la preservación de la cultura, las mejoras sociales, la reivindicación de sus derechos laborales como mujeres o la creación literaria y artística. En ocasiones, los liderazgos de estas mujeres han trascendido los límites de las cuencas mineras para alcanzar dimensiones nacionales o incluso internacionales, sin que haya desaparecido en ellas el ADN de su procedencia minera.

Para constatar estos procesos de liderazgo femenino en comunidades mineras hemos buscado ejemplos muy alejados geográfica y temporalmente, recogiendo sus voces para escuchar su testimonio de primera mano. Mujeres de distintos países, que se han desenvuelto en marcos sociales y políticos y en contextos históricos muy dispares, pero entre las cuales pueden ser hallados denominadores comunes en su papel de liderazgo comunitario y su enraizamiento en la minería.

Semblanza biográfica de Ana Sirgo Suárez en la exposición: Liderazgos Femeninos en Comunidades Mineras

ANITA
ASTURIAS
Anita Sirgo Suárez
(Langreo, Asturias, España, 1930)

Anita Sirgo se hizo, junto a Constantina Pérez, mundialmente famosa en 1963, cuando su nombre circuló en un manifiesto de intelectuales que denunciaba las torturas perpetradas en el transcurso de la huelga minera de ese año. Aquel sería, no obstante, tan sólo uno de los episodios, entre muchos, que jalonan su vida militante. Niña de la guerra evacuada a Barcelona en 1937 y acogida tras el final de la contienda por unos parientes, mientras su padre permanece en el monte y su madre en un campo de concentración, la dura supervivencia la privó de escuela y la hizo desempeñar múltiples trabajos. Involucrada desde muy joven en el apoyo a los guerrilleros, comparte luego militancia comunista con su marido, Alfonso Braña.

Muy activa en el apoyo a huelgas, la recogida de solidaridad con represaliados y todo tipo de movilizaciones, durante la dictadura formó parte de piquetes de mujeres; recogió víveres y ayudas para presos políticos, deportados y despedidos; se entrevistó con autoridades civiles y eclesiásticas; recogió firmas por la amnistía; se encerró en la catedral de Oviedo y en el Palacio Arzobispal; repartió propaganda; acogió dirigentes clandestinos en su casa. Fue torturada y rapada durante la huelga de 1963. Sufrió prisión y pasó algún tiempo exiliada, siempre para reincorporarse de inmediato a la lucha. También fue activa en las asociaciones de vecinos y amas de casa.

A día de hoy se mantiene fiel a sus ideas comunistas y a su compromiso solidario con cuantas causas requieren su apoyo. Su trayectoria vital y su extraordinaria energía la han convertido en un referente obligado de un tipo de mujer comprometida y luchadora que, sin desafiar los roles tradicionales de esposa y madre de clase obrera, los ha transgredido y trascendido ampliamente.

Anita Sirgo: un lugar en el mundo

Hay personas que atesoran tal trayectoria que basta pronunciar su nombre para reconocerlas. En la cuenca del Nalón sólo hace falta decir *Anita* para saber de quién se habla. No son precisas más señas. Todo el mundo conoce a Anita, todos saben quién es y a qué dedicó su vida. Para mucha gente forma parte de un paisaje vital. Anita siempre estuvo ahí, al pie del cañón, como una referencia fija, infatigable, inquebrantable.

La vida de Ana Sirgo Suárez, que hoy, 20 de enero de 2024, hubiera cumplido 94 años, fue singular hasta extremos que ni ella misma llegó a sospechar y que quienes la conocimos, por trato, por cercanía y por saber de otras muchas personas como ella en esa fábrica de hombres y mujeres de excepcionales características que fueron las cuencas mineras, quizá nunca alcanzamos a valorar en toda su extensión. De Anita conocemos su imperturbabilidad ante la represión, su entereza frente a la tortura, su militancia antifranquista y su constancia en apoyar todas aquellas luchas, grandes o pequeñas, en las que fuera necesario echar un cable para avanzar en la causa de la clase trabajadora, para tratar de hacer del mundo un lugar mejor.

Sin embargo, pasamos por alto un aspecto fundamental: la dimensión de Anita rebasa con mucho la cuenca minera o el ámbito asturiano y se proyecta mucho más allá. Hasta hace muy poco, ser parte del proletariado era sinónimo de nacer, crecer, reproducirse, envejecer y fallecer en un territorio muy concreto y muy pequeño. No había leyes que lo sancionaran, pero la clase estaba ligada a la tierra. Siempre estaba la opción de emigrar, pero el resultado era (y es) muy parecido: el final del trayecto llevaba a un lugar en el que la vida, principalmente el trabajo, volvía a anclarte a un espacio geográfico más bien pequeño.

Si se formaba parte de una comunidad obrera firmemente constituida y cerrada, como la minera, salir de ella se volvía todavía más difícil. Uno podía cambiar de barriada o de pueblo por amor o trabajo, pero no se iba muy lejos. La vida era tan sencilla como dura. Se basaba en trabajar muchas horas al día, todos los días de la semana, sin apenas tiempo ni alternativas de ocio. Si además eras mujer, la vida carecía de tiempo libre: cuidar hijos (y padres y suegros), limpiar, cocinar, coser, bajar al mercado, trabajar sin descanso… y confiar en la suerte, no tan frecuente, de dar con un marido que no fuera maltratador ni borracho o manirroto.

Añádase a ello el contexto concreto en que Anita creció: represión inmisericorde, miseria, hambre, miedo y, en su caso (que tampoco era tan raro), ni un día de escuela. Desde la más tierna infancia, trabajo, privaciones y todas las cortapisas imaginables. Un padre y un tío fugados —y al cabo muertos— en el monte, una madre presa en un campo de concentración, una casa familiar saqueada y la supervivencia como único horizonte.

Pero hubo, aun cuando era harto improbable que sucediera en una comunidad muy cerrada de una región periférica de un país pequeño, aislado y que importaba más bien poco, personas que conocieron mundo y que, a pesar de no estar precisamente *destinadas* a ello, adquirieron fama y reconocimiento internacional. Obreras y, además, mujeres. Lo que nadie podía esperar. Empezando por ellas mismas. Anita fue una de ellas. Proyectada su figura al primer plano de la política nacional y de la opinión pública internacional a raíz de que su nombre y el de Constantina Pérez aparecieran en un manifiesto firmado por un centenar de intelectuales que sacudió a la dictadura, homenajeada y entrevistada centenares de veces, convertida en símbolo de la lucha de las mujeres en los tiempos más duros… Anita, que vivió casi toda su vida en una barriada obrera a pocos kilómetros de la aldea donde nació, es una figura que trasciende los espacios y los tiempos que le tocó vivir. Difícilmente se puede estar más arraigada en un lugar concreto y ser al mismo tiempo tan universal, tan cargada de sentido y de significados. La militancia la llevó al exilio en París, a un congreso clandestino en Praga; a aparecer en documentales, tesis doctorales, exposiciones e innumerables reportajes de prensa y entrevistas; a contar su vida a cuantos venían en busca de ese relato a la cocina de su casa en Lada, pero también en aulas universitarias e incluso en el Parlamento Europeo.

Tampoco resulta fácil encontrar un personaje que alcance la relevancia que ella tuvo y le otorgue menos importancia. Nunca consideró que ella fuera importante en sí misma sino como parte de una causa, de unos ideales a los que contribuyó con todas sus fuerzas, que no eran pocas. No le interesaban los homenajes más que como tribunas para apelar a mantenerse en la lucha, a defender lo conseguido a tan alto precio y no cejar en la búsqueda de mayor justicia social, para llamar a los jóvenes a tomar el relevo. Su espíritu indómito y sus ganas actuar, de no resignarse y de cambiar las cosas, no nacían de ningún impulso individualista, sino que arraigaban en proyectos colectivos. Nunca pidió nada para sí. Anita nunca fue *yo*, siempre fue *nosotros*. Las películas y las novelas suelen presentarnos a personajes que se rebelan contra un destino impuesto, rompen sus cadenas y toman las riendas de su vida para realizarse individualmente, pero la vida va por otro camino. Para Anita y muchas otras como ella, ese tipo de relato y de proyecto vital de realización personal, individual, carecía por completo de sentido. Fueron lo que fueron e hicieron lo que hicieron porque formaban parte de una clase, de una comunidad y de una lucha que daban significado a su sufrimiento, sus sacrificios y su arrojo; los motores que las hacían desafiar todos los miedos y todos los peligros, nada imaginarios sino perfectamente concretos y tangibles. En realidad, estas vidas de película han sido protagonizadas por personas enraizadas en la clase obrera que perseguían la utopía de un mundo mejor, sin explotadores y explotados, y que conforme a sus ideales y su militancia se veían envueltos en situaciones que les otorgaban notoriedad y reconocimiento no buscados, fama al precio de conocer comisarías, cárceles y exilio.

La militancia, el compromiso y las ideas, aparte de inspirar luchas que transformaron la realidad, dotaban de un significado diferente a las biografías de quienes hacían de la lucha su forma de vida. Las elevaban a otro nivel. Eran reconocidas como luchadoras, personas íntegras de quien uno se podía fiar, que no traicionarían su causa ni la de sus compañeros y que siempre estarían dispuestas a ayudar en lo mucho y en lo poco.

Algunas, pocas, llevaban el compromiso tan dentro que todo el mundo sabía que las podían apalear y vejar, que podían romperles el tímpano a base de golpes o raparles el pelo para humillarlas, que podrían obligarlas a exiliarse, pero que ni en esas flaquearían. Jamás delatarían a un compañero, abandonarían una lucha o renunciarían a sus ideales. De ahí que se agigantaran hasta el punto de que toda su comunidad podía referirse a ellas solo por su nombre de pila, por muy común que éste fuera. Y eso, insistimos, es mucho.

A raíz de la noticia de su muerte, en los vertederos de odio que abundan en las redes no faltan haters preguntando cómo se puede homenajear a una comunista. Ciertamente se puede elegir. Y hay quien prefiere estar del lado del capitán Fernando Caro Leiva, con su camisa «chiscada de sangre» (como Anita lo rememoraría miles de veces al relatar sus torturas en la calle Dorado de Sama en septiembre de 1963) y marcar distancias con la mujer a la que torturó. Frente a eso, ella siempre levantó el orgullo de haber sido torturada y rapada pero no doblegada. Le pudieron arrancar mechones de pelo, pero no le arrancaron ni un solo nombre. Porque «si nosotres hubiéramos hablao, hubiéramos arrastrao a mediu Langreo». Pero ni ella ni Tina les dieron a sus torturadores más que el oprobio de su cobardía y la tenacidad en preservar la memoria de aquellos hechos. Con su dignidad, evidenciaron el triste papel del ministro de Propaganda que se permitió bromear a costa de aquella »tomadura de pelo», justificándola por «las sistemáticas provocaciones de estas damas a la fuerza pública». Como ella siempre recordaba, lejos de cubrirse la cabeza con una «pañoleta» tal como les exigieron, optaron por mostrar sus cabelleras rapadas en fotografías que fueron difundidas por todo el mundo como testimonio fehaciente de la tropelía y por contar las torturas a quien quisiera oírlo, no por afán de notoriedad sino por dejar testimonio de la verdad.

A partir de ese episodio, los nombres de Tina y Anita adquirieron resonancia nacional e internacional. Estuvieron en boca de intelectuales, medios de comunicación, ambientes políticos, sindicales o instancias democráticas en general, fueron representadas por artistas y se convirtieron en denuncia viviente de la dictadura. A Anita le quedaban por delante sesenta años más de tenacidad en preservar la memoria y alentar la lucha. Allá donde hubo colectas para ayudar a presos o despedidos, piquetes para «tornar a los esquiroles» arrojándoles maíz para humillarlos por su falta de hombría, encierros como los sostenidos en la catedral y en el palacio arzobispal, recogidas de firmas por la amnistía o la democracia… encontraremos a Anita. Como la encontramos arrojando su zapato de tacón a la policía, exiliada en París, viajando clandestinamente a Praga para participar en un congreso bajo la dictadura y, ya en democracia, trabajando infatigable en campañas, cocinando para las fiestas del partido, acudiendo a cuantos sitios la llamaran y recibiendo a cuantos quisieran hablar, entrando en las aulas que le estuvieron vedadas en su infancia para dar lecciones de dignidad a alumnos de colegios, institutos y universidad, personándose en la

Querella Argentina para reclamar justicia, manifestándose en incontables ocasiones por infinidad de causas (o quizá siempre por la misma causa bajo distintos lemas). En los últimos años se materializó en marchas por las pensiones, el derecho al aborto, la memoria democrática… en las que Anita se había convertido ya en un icono que insuflaba energía a los asistentes y era motivo de orgullo para los convocantes.

Para su final dejó instrucciones muy precisas sobre la manera en que quería ser despedida: bajo una pancarta y en manifestación, tal como había vivido. Sus organizaciones de toda la vida (PCE, CC. OO., IU) se encargaron de cumplir su voluntad. El cortejo que la acompañó en ese último recorrido hasta el pozu Fondón era seguramente consciente de que despedía a un símbolo que es patrimonio de los más, de los de abajo, de los que no se resignan, de quienes anhelan un mundo más justo, de quienes anteponen las causas a los intereses y lo colectivo a lo individual, de quienes entienden que la verdadera libertad se construye conjuntamente con la de los demás.

El acopio de dignidad, coraje y generosidad que presidió toda su vida la convierte en el tipo de luchadora que Bertolt Brecht calificó de indispensable. Anita Sirgo fue un personaje descomunal y la persona era de la talla del personaje. No deberíamos llorarla sino rendirle tributo. Reconocerla en toda su magnitud y recordarla en su integridad debe hacernos mejores a todos porque cada cual puede elegir sus referentes y Anita es de los que engrandecen. Queda su memoria y no será corta.

[Rubén Vega y Héctor González: «Anita Sirgo: un lugar en el mundo», *La Nueva España*, 20/1/2024, p.4. Obituario publicado con ocasión del que hubiera sido su 94 cumpleaños]

Testimonios orales

Nombre	Datos de interés	Archivo de consulta
Abella Cachero, Primitivo	Integrante y compositor del grupo Dixebra. Militante de las UJC en los años noventa.	Archivos personales de los autores
Álvarez Marrón, Nori	Hija de Celestina Marrón Llaneza. Militante de la Juventud Comunista y del PCE, integrante de Juventud Norteña y de Amigos del Nalón.	Archivos personales de los autores
Andrés Braña, David	Nieto de Anita Sirgo y Alfonso Braña.	Archivos personales de los autores
Antoñana Bonfau, Carmen	Militante del PCE, IU y CC. OO.	AFOHSA
Argüelles Iglesias, Marcolina	Hija de represaliados políticos. Esposa del militante comunista Vicente Gutiérrez Solís.	AFOHSA
Barbón Barbón, Esther	Secretaria de la Unión Comarcal de CC. OO. del Nalón.	Archivos personales de los autores
Braña Sirgo, Etelvina	Hija mayor de Anita Sirgo y Alfonso Braña.	Archivos personales de los autores
Braña Sirgo, Sara	Hija menor de Anita Sirgo y Alfonso Braña.	Archivos personales de los autores
Carcedo Saavedra, Arantxa	Militante del PCA, IU y CC. OO.	Archivos personales de los autores
Castaño Díaz, Aitana	Periodista y escritora. Hija de militantes del PCE.	Archivos personales de los autores
Caunedo Domínguez, Amaya	Historiadora. Militante del PCA.	Archivos personales de los autores
Carreño Braña, Arturo	Nieto de Anita Sirgo y Alfonso Braña y militante de IU.	Archivos personales de los autores
Carreño Leal, Xurde	Bisnieto de Anita Sirgo y Alfonso Braña.	Archivos personales de los autores
Delmiro Coto, Benigno	Filólogo. Integrante de Amigos del Nalón. Militante del PCE e IU.	Archivos personales de los autores
Díaz Marrón, María Luisa	Hija de Carmen Marrón. Militante del PCE e IU y del movimiento vecinal en Lada.	Archivos personales de los autores
Díaz Solís, Gerardo Portu	Militante del PCE, IU y CC. OO.	AFOHSA
Fonseca Rodríguez, Ángeles	Militante de PCE e IU.	Archivos personales de los autores

Nombre	Datos de interés	Archivo de consulta
Fuentes Concheso, Aida	Militante de JOC, USO y PSOE y del movimiento vecinal en Barredos.	AFOHSA
González Muñiz, Herminia	Militante del PCA, IU y CC. OO. Ex Secretaria de la Mujer de CC. OO.	Archivos personales de los autores
Gutiérrez Solís, Vicente	Militante del PCE e IU.	AFOHSA
Gutiérrez Gutiérrez, Erundina	Hija de los militantes comunistas Amor Gutiérrez y Manuel Gutiérrez Villa *Pertegal*. Militante del PCE e IU.	Archivos personales de los autores
Jardón Carbajal, Isabel	Vecina de Lada y amiga personal de Anita Sirgo. Militante del PCE, IU y CC. OO.	Archivos personales de los autores
Leal Férrez, Noemí	Nieta política de Anita Sirgo y Alfonso Braña. Militante de CC. OO.	Archivos personales de los autores
Marrón Llaneza, Celestina	Militante del PCE, CC. OO. e IU.	AFOHSA y APRV
Naves Peláez, Asunción	Ex-presidenta de la Asociación Les Filanderes.	Archivos personales de los autores
Salamanca Ordiz, Silvia	Integrante del colectivo Mujeres del Carbón en Lucha (2012) y Marchas por la Dignidad. Delegada de CC. OO.	Archivos personales de los autores
Sánchez Vicente, Pilar	Historiadora y archivera. Escritora.	Archivos personales de los autores
Sirgo Suárez, Ana	Militante de PCE, IU y CC. OO.	AFOHSA, AF1ºM y APRV.
Suárez Pérez, Magaly	Militante del PCE, IU y CC. OO.	Archivos personales de los autores
Szalata, Úrsula	Secretaria de Igualdad de CC. OO. de Asturias.	Archivos personales de los autores
Vallés Fernández, Daniel	Minero del pozo San Luis, de Carbones La Nueva, y vecino de La Nueva.	AFOHSA

12

Fuentes y bibliografía

Archivos

Archivo de Fuentes Orales para la Historia Social de Asturias (AFOHSA)
Archivo de la Fundación 1.º de Mayo (AF1ºM)
Archivo Fundación Juan Muñiz Zapico (AFJMZ)
Archivo General de la Administración (AGA)
Archivo Histórico de Asturias (AHA)
Archivo Histórico del PCE (AHPCE)
Archivo Personal de Ana Sirgo Suárez (APASS)
Archivo Personal de Rubén Vega García (APRV)
Archivo Personal de Vicente Gutiérrez Solís (APVGS)

Bibliografía

Abad, Eduardo: «Viento del Este. La URSS en la cultura militante de los comunistas españoles (1917-1968)», *Hispania Nova. Revista de Historia Contemporánea*, n.º 19, 2021, pp. 196-228.

Abad Buil, Irene: *En las puertas de la prisión: de la solidaridad a la concienciación política de las mujeres de los presos del franquismo*, Barcelona: Icaria, 2012.

Abad, Eduardo, García, Carmen y Erice, Francisco (coords): *El antifranquismo asturiano en (la) Transición*, Oviedo: Trea, 2021.

Alcántara Pérez, Pablo: *El águila gris: la policía política durante la dictadura franquista en Asturias y Madrid (1956-1976)*, Universidad Autónoma de Madrid: Tesis doctoral, 2020.

—«La Brigada Político Social y la lucha minera en Asturias durante el franquismo: el asalto a la Comisaría de Mieres del 12 de marzo de 1965», en VV. AA.: *Las huellas del franquismo: pasado y presente*, Granada: Comares, 2019, pp. 551-573.

Álvarez Llorente, María Luisa: *Tenía que contarlo*, Oviedo: Fundación Juan Muñiz Zapico, 2000.

Amorós, Mario: *¡No pasarán! Biografía de Dolores Ibárruri, Pasionaria*, Madrid: Akal, 2021.

ANDRADE, Juan: *El PCE y el PSOE en (la) transición. La evolución ideológica de la izquierda durante el proceso de cambio político*, Madrid: Siglo XXI, 2015.

ANDRÉS GÓMEZ, Valentín: *Del mito a la historia. Guerrilleros, maquis y huidos en los montes de Cantabria*, Santander: Universidad de Cantabria, 2008.

ANGUITA, Julio y ANDRADE, Juan: *Atraco a la memoria. Un recorrido histórico por la vida política de Julio Anguita*, Madrid: Akal, 2015.

ANTUÑA GANCEDO, Enrique: *Compromiso inquebrantable: Carmen Garrido González, una vida de lucha*, Oviedo: Fundación Juan Muñiz Zapico y AFOHSA, 2018.

ARAYA, Rodrigo: *Del combate a la dictadura a la preservación de la democracia. Movimiento sindical y políticas de concertación social. Los casos de Chile y España (1975-1994)*, Universidad Autónoma de Barcelona: Tesis doctoral, 2012.

ARIAS GONZÁLEZ, Luis y ÁLVAREZ GARCÍA, Manuel Jesús: *Los Palacios obreros: Casas de pueblos socialistas en Asturias (1902-1937)*, Oviedo: Fundación José Barreiro y KRK Ediciones, 2010.

ARIÈS, Philippe y DUBY, Georges: *Historia de la vida privada. Tomo 5. De la Primera Guerra Mundial hasta nuestros días*. Madrid: Taurus, 2001.

ARRIERO RANZ, Francisco: «El Movimiento Democrático de Mujeres: del antifranquismo a la movilización vecinal y feminista», *Historia, Trabajo y Sociedad*, n.º 2, 2011.

—*El Movimiento Democrático de Mujeres, del antifranquismo a la movilización vecinal y feminista. Ideología, identidad y conflictos de género*, tesis doctoral, Madrid: Universidad Autónoma, 2015.

—*El Movimiento Democrático de Mujeres. De la lucha contra Franco al feminismo*, Madrid: Catarata, 2016.

AVILÉS, Juan: *Pasionaria. La mujer y el mito*, Barcelona: Plaza & Janés, 2005.

BABIANO, José (ed.): *Del hogar a la huelga. Trabajo, género y movimiento obrero durante el Franquismo*, Madrid: Catarata, 2007.

—y FERNÁNDEZ ASPERILLA, Ana: *La patria en la maleta. Historia social de la emigración española a Europa*, Madrid: Fundación 1.º de Mayo, 2009.

BALFOUR, Sebastián: *La dictadura, los trabajadores y la ciudad. El movimiento obrero en el Área Metropolitana de Barcelona (1939-1988)*, Valencia: Edicions Alfons el Magnanim, 1994.

BARRERA, Carlos: *Historia del proceso democrático en España (Tardofranquismo, transición y democracia)*, Madrid: Editorial Fragua, 2002.

BATALLA, Pablo: *Si cantara el gallo rojo. Biografía social de Jesús Montes Estrada, Churruca*. Oviedo: Trea, 2017.

BAYÓN GARCÍA, Víctor Manuel: *Crónica de una lucha. Mi actividad en el Partido Comunista de España*, León: PCE de León, 2011.

BERMÚDEZ ESCALADA, Agustín: *Biografía y Reflexiones de un minero jubilado*. Gijón: Ayuntamiento de Gijón, 2009.

BUENO, Manuel, HINOJOSA, José y GARCÍA, Carmen: *Historia del PCE. I Congreso, 1920-1977 (vol I)*, Madrid: FIM, 2007.

—*Historia del PCE. I Congreso, 1920-1977 (vol II)*, Madrid: FIM, 2007.

Bueno, Manuel y Gálvez, Sergio (ed.): *Nosotros los comunistas. Memoria, identidad e historia social*, Madrid, FIM y Atrapasueños, 2009.

Camacho, Marcelino: *Confieso que he luchado. Memorias*. Madrid: Temas de hoy, 1990.

Carrillo, Santiago: *Después de Franco ¿Qué?*, París: Editions Sociales, 1965.

Carrión, Gabriel: *Fichados. Los archivos secretos del franquismo*, Córdoba: Almuzara, 2020.

Castaño, Aitana: *Los niños de humo*, Oviedo: Pez de plata, 2018.

—*Carboneras*, Oviedo: Pez de plata, 2020.

Criado, Romina: *Anita Sirgo, una trayectoria vital referente de la memoria histórica*, Trabajo Fin de Máster, Universidad de Oviedo, 2019.

Davis, Ángela: *Autobiografía*, Madrid: Capitán Swing, 2016.

Delmiro Coto, Benigno: *Horacio Fernández Inguanzo, El Paisano*. Oviedo: Izquierda Xunida d'Asturies, 2008.

—*Fausto Sánchez García. Una vida comprometida con la clase obrera*. Oviedo: Ediciones Trabe, 2019.

—*La rebelión de la cultura en Asturias. Las sociedades culturales frente al franquismo*. Oviedo: KRK Ediciones, 2019.

Díaz Alonso, Diego: *Disputar las banderas. Los comunistas, España y las cuestiones nacionales (1921-1982)*, Oviedo: Trea, 2019.

—*Pasionara. La vida inesperada de Dolores Ibárruri*. Gijón: Hoja de Lata, 2021.

Díaz Martínez, Irene: *Vanguardia obrera e insurrección firmada. La huelga minera de 1963 y las contradicciones de la dictadura franquista*, Gijón: Ateneo Obrero, 2007.

Domènech, Xavier: *Cambio político y movimiento obrero bajo el franquismo. Lucha de clases, dictadura y democracia (1939-1977)*, Barcelona: Icaria 2011.

—*Lucha de clases, franquismo y democracia. Obreros y empresarios (1939-1979)*, Madrid: Akal, 2022.

Enrique y Tarancón, Vicente: *Confesiones*, Madrid: PPC, 1996.

Erice, Francisco (coord.): *Los comunistas en Asturias. 1920-1982*, Gijón: Ediciones Trea, 1996.

—*Guerras de la memoria y fantasmas del pasado. Usos y abusos de la memoria colectiva*, Oviedo: Ekasia, 2009.

—*Recuerdos de una vida militante: las miradas de José M. Nebot*, Oviedo: Fundación Juan Muñíz Zapico, 2012.

—*Militancia clandestina y represión. La dictadura franquista contra la subversión comunista (1956-1963)*, Oviedo: Trea, 2017.

—*En defensa de la razón. Contribución a la crítica del posmodernismo*, Madrid: Siglo XXI, 2020.

—*Un siglo de comunismo en España I y II*, Madrid: Akal, 2022.

Fernández, José Luís: *Mujer de preso político. Entre la espera y la acción*, 2024.

Fernández García, Aladino: *Langreo. Industria, población y desarrollo urbano*, Langreo: Ayuntamiento de Langreo, 1982.

—«El valle del Samuño: argumentos para su consideración como patrimonio histórico de la minería asturiana», *Ería*, n.º 50, 1999, pp. 279-289.

—«El valle del Samuño: un territorio para la regeneración».

Fernández Jerez, José Luis: *La Iglesia en Asturias (1957-1978). El fin del nacional-catolicismo y los orígenes de una Iglesia conciliar*, Oviedo: RIDEA, 2011

Fernández Fernández, Aquilino: «*Quilino el de Polio» o «Quilino Polio*», texto inédito mecanografiado.

Fernández Pérez, Adolfo y Friera Suárez, Florencio (coords.): *Historia de Asturias*. Oviedo: KRK Ediciones, 2005.

Fontana, Josep: *El siglo de la revolución: una historia del mundo desde 1914*, Barcelona: Crítica, 2017.

Fraga, Manuel: *En busca del tiempo servido*, Madrid: Editorial Planeta, 1988.

Gallego, Ferrán: *El mito de la transición: La crisis del franquismo y los orígenes de la democracia (1973-1977)*, Barcelona: Crítica, 2008.

Gálvez, Sergio: *La gran huelga general. El sindicalismo español contra la «modernización socialista»*, Madrid: Siglo XXI, 2017.

García Álvarez, Luis Benito: *El mutualismo minero en la Asturias contemporánea*, Oviedo: Trea, 2020.

García «Otones», Manuel: *Lucha y Libertad*, Oviedo: Fundación Juan Muñiz Zapico y Fundación Horacio Fernández Inguanzo, 2002.

García Piñeiro, Ramón: *Los mineros asturianos bajo el franquismo (1937-1962)*, Madrid: Fundación 1º de Mayo, 1990.

—*Mineros, sindicalismo y huelgas. La Federación Estatal de Mineros de CC. OO. (1977-1992)*, Oviedo: Fundación Juan Muñiz Zapico y KRK Ediciones, 2008.

—*Luchadores del ocaso. Represión, guerrilla y violencia política en la Asturias de posguerra (1937-1953)*, Oviedo: KRK Ediciones, 2017.

Gil Vico, Pablo: *Verdugos de Asturias. La violencia y sus relatos en la revolución de Asturias de 1934*, Oviedo: Trea, 2019.

Guinard i Ferón, David (2013): «"La madre de todos los camaradas". Dolores Ibárruri como símbolo movilizador, de la Guerra Civil a la transición posfranquista», *Ayer. Revista de Historia Contemporánea*, n.º 90, pp. 189-216.

Gómez Fouz, José Ramón: *Clandestinos*, Oviedo: Pentalfa ediciones, 1999.

Herman, Judith: *Trauma y recuperación: cómo superar las consecuencias de la violencia*, Madrid: Espasa, 2004.

Hobsbawm, Eric: *Años interesantes. Una vida en el siglo xx*, Barcelona: Crítica, 2003.

Iglesias, Gerardo: *Por qué estorba la memoria. Represión y guerrilla en Asturias. 1937-1952*, Oviedo: Madera Noruega Ediciones, 2011.

—*La amnesia de los cómplices. 150 historias que claman contra la impunidad del franquismo*, Oviedo: KRK Ediciones, 2015.

Jones, Mother: *Autobiografía de Mother Jones*, Madrid: Fundación Federico Engels, 2018.

Knotter, Ad: «"Little Moscows" in Western Europe: the ecology of small-place communism».

—«"Little Moscows" revisited. What we can learn from French and German cases», en *Twentieth Century Communism*, n.º 5, pp. 175-192.

Köhler, Holm Detlev (coord.): *Asturias, el declive de una región industrial*, Oviedo: Trea, 1996.

López, Manolo: *Mañana a las once en la plaza de la Cebada*, Albacete: Bomarzo, 2009.

Luque, David: *Las huelgas en España. 1905-2010*, Valencia: Germania, 2013.

Magdalena Sevilla, José: *Una vida de combate*, Gijón: Grupo Municipal de Izquierda Unida de Xixón, 2008.

Marín, José María: *Los Sindicatos y la Reconversión Industrial durante la Transición*, Madrid: Consejo Económico y Social, 1997.

Martín Villa, Rodolfo: *Al servicio del Estado*, Barcelona: Editorial planeta, 1984.

Martínez Reverte, Jorge: *Nicolás Redondo. Memoria política*, Madrid: Temas de hoy 2008.

Milne, Seumas: *El enemigo interior. La guerra secreta contra los mineros*, Madrid: Alianza Editorial, 2018.

Molinero, Carme (ed.): *La Transición treinta años después. De la dictadura a la instauración y consolidación de la Democracia*, Barcelona: Península, 2006.

—«La política de reconciliación nacional. Su contenido durante el franquismo, su lectura en la transición», en *Ayer*, n.º 66, 2007, pp. 201-225.

Molinero, Carme e Ysás, Pere: *Productores disciplinados y minorías subversivas. Clase obrera y conflictiva laboral en la España franquista*, Madrid: Siglo XXI, 1998.

—«Las izquierdas en los años 70», *Historia y Política*, n.º 20, pp. 21-42.

—*Anatomía del franquismo. De la supervivencia a la agonía 1945-1977*, Barcelona: Crítica, 2008.

—(eds.): *Las izquierdas en tiempos de transición*, Valencia: Universitat de Valencia, 2016.

—*De la hegemonía a la autodestrucción. El Partido Comunista de España (1956-1982)*, Barcelona: Crítica, 2017.

—*La Transición. Historia y relatos*, Madrid: Siglo XXI, 2018.

Monedero, Juan Carlos: *La Transición contada a nuestros padres. Nocturno de la democracia española*, Madrid: Catarata, 2013.

Montero, Feliciano: «La Iglesia y la transición», *Ayer*, n.º 14, pp. 165-188.

Morales Padrón, Francisco (ed.): *XVIII Coloquio de Historia Canario-americana*, Las Palmas: Casa de Colón, 2008.

Moreno Seco, Mónica (coord.): *Desafiar los límites. Mujeres y compromiso. Entre lo público y lo privado en el Siglo XX*, Granada: Comares editorial, 2023.

Moreno Vera, Juan Ramón: *El retrato en el Fondo de Arte de la Región de Murcia: Tipologías y enseñanzas*, tesis doctoral, Universidad de Alicante, 2011

Martín Ramos, José Luis: *Historia del PCE*, Madrid: Catarata, 2021.

Morán, Gregorio: *El precio de la Transición*, Madrid: Akal, 2015.

—*Miseria, grandeza y agonía del PCE. 1939-1985*, Madrid: Akal, 2017.

Muiña, Ana: *Rosa Luxemburgo en la tormenta*, Madrid: La Linterna Sorda, 2019.

Muñiz Sánchez, Jorge: «Encontrando el norte. Manuel Llaneza y la influencia francesa en el sindicalismo español de principios del s. xx», *Hispania. Revista Española de Historia*, n.º 233, 2009, pp. 793-820.

— «La huelga escamoteada: Arnao, 1912-1913. Un accidente en el desarrollo del sindicalismo minero moderno en Asturias», en *Cuadernos de Historia Contemporánea*, n.º 32, 2010, pp. 197-219.

— *A mí hay que matarme de frente. Manuel García Valle, José el Gallegu, minero comunista*, Oviedo: Fundación Juan Muñiz Zapico, 2011.

Murray, Georgina y Peetz, David:. 'Women Miners and Miners' Women: their activism in the 1952 stay down strike' in Public Sociologies: TransTasman Comparisons, joint conference of The Sociological Association of Australia and Sociological Association of Australia and New Zealand [CD] Auckland 5, December, 2007.

Ortega López, Teresa: «Obreros y vecinos en el tardofranquismo y la transición política (1966-1977). Una lucha conjunta para un mismo fin», en *Espacio, Tiempo y Forma*. Serie V, Historia Contemporánea, n.º 16, 2004, pp. 351-370.

Parks, Rosa y Haskins, Jim: *Rosa Parks. Mi historia*, Barcelona: Plataforma Editorial, 2019.

Piñera, Luis Miguel: *Las calles de Gijón, Historia de sus nombres*, Oviedo: Trea, 1999.

Portelli, Alessandro: «Memoria y resistencia. Una historia (y celebración) del Círculo Gianni Bosio», en Portelli, Alessandro: *The batle os de Valle Giulia, Oral History and the art of dialogue*, Wisconsin, University of Winconsin press, 1997.

— *Dicen en el condado de Harlan. Una historia oral*, Oviedo: Ediuno, 2023.

Pradas Baena, María Amalia: *Teresa Claramunt, la virgen roja barcelonesa. Biografía y escritos*, Virus Editorial: Barcelona, 2006.

Prieto Carril, José Manuel: *Talleres de Moreda. Desfalco al Estado*, Almería: Círculo Rojo, 2020.

Quirosa-Cheyrouze, Rafael: *La sociedad española en la Transición. Los movimientos sociales en el proceso democratizador*, Madrid: Biblioteca Nueva, 2011.

Ramos Díez-Astrain, Xavier María, Reguero Sanz, Itziar, Requejo Fraile, Marta, Rodríguez Serrador, Sofía y Salvador Esteban, Lucía (coords.): *Las huellas del franquismo: pasado y presente*, Granada: Comares, 2019.

Rincón, Eduardo: *Cuando los pasos se alejan*, Santander: Ediciones La Bahía, 2011.

Rodríguez Cavielles, Óscar: *El paisaje minero del Valle de Samuño*, Oviedo: Ediciones Cordillera Cantábrica, 2017.

Rodríguez, Enmanuel: *Por qué fracasó la democracia en España. La transición y el régimen del 78*, Madrid: Traficantes de Sueños, 2015.

Rodríguez Muñoz, Javier: *La guerra civil en Asturias*. Oviedo: La Nueva España, 2006.

— *La Revolución de octubre de 1934 en Asturias. Orígenes, desarrollo y consecuencias*, Oviedo: La Nueva España, 2010.

— *Asturias bajo el franquismo (1937-1975)*, Oviedo: La nueva España, 2011.

Rodríguez Zapico, Antonio: *Narrativas de un asturiano*, Gijón: Grupo Municipal de Izquierda Unida de Xixón, 2008.

Romeu Alfaro, Fernanda: *El silencio roto. Mujeres contra el Franquismo*, 1994, ePub: jasopa1963.

Rueda Laffond, José Carlos: *Memoria roja. Una historia cultural de la memoria comunista en España, 1931-1977*, Valencia: Institució Alfons el Magnànim y Publicacions de la Universitat de València, 2018.

RUIZ AYÚCAR, Ángel (1972): «Octubre 1963. Los intelectuales y Asturias. Historia de una campaña internacional contra España y la Guardia Civil», *Revista de Estudios Históricos de la Guardia Civil*, año VI, n.º 12, pp. 9-42.

SADEI: *Atlas electoral de Asturias*, Oviedo: Servicio de Publicaciones del Principado de Asturias, 1988.

SÁNCHEZ-TERÁN, Salvador: *De Franco a la Generalitat*, Madrid: Editorial Planeta 1988.

SANTULLANO, Gabriel: *La prensa clandestina en Asturias*, Oviedo: KRK Ediciones, 2006.

SARTORIUS, Nicolás: *El resurgir del movimiento obrero*, Barcelona: Laia, 1975.

—y SABIO, Alberto: *El final de la dictadura. La conquista de la democracia en España (Noviembre de 1975-Diciembre de 1978)*, Madrid: Espasa, 2018.

SEÑALDÁ: *De la posguerra al presente. Testimonios orales del movimiento obrero*, Oviedo: Laria, 2014.

SERRANO SANZ, José María: «Crisis económica y transición política», en *Ayer*, n.º 14, pp. 135-164.

SIRGO, Anita: *Homenaje*, Oviedo: Izquierda Unida, 2008.

SUÁREZ, Carmen: *Ciudadanía desigualitaria. El feminismo asturiano en la transición*, Oviedo: Trabe, 2014

TÉBAR, Javier: *El movimiento obrero en la gran ciudad. De la movilización sociopolítica a la crisis económica*, Barcelona: El Viejo Topo, 2011.

THOMPSON, E. P., *Costumbres en común. Estudios sobre la cultura popular*, Madrid: Capitán Swing, 2019.

TODD, Selina: *El pueblo. Auge y declive de la clase obrera (1910-2010)*, Madrid: Akal, 2018.

TOWSON, Nigel: *España en Cambio. El segundo franquismo. 1959-1975*, Madrid: Siglo XXI, 2009.

TREGLIA, Emanuele: «El PCE y la Huelga General (1957-1967)», en *Espacio, Tiempo y Forma, Serie V, Hª Contemporánea*, n.º 20, pp. 249-263.

TUÑÓN, Noel: *De la reforma a la represión. La escuela rural en los concejos asturianos de Cabrales, el Valle Altu de Peñamellera y Peñamellera Baja (1931-1945)*, Oviedo: Trabe, 2023.

TUSELL, Javier: *Dictadura franquista y democracia 1939-2004*, Madrid: Crítica, 2005.

VÁZQUEZ, Alberto: *Los llazos coloraos*, Oviedo: Trabe, 2019.

VEGA, Rubén: *La Corriente Sindical de Izquierda. Un sindicalismo de movilización*, Gijón: Ediciones de la Torre, 1991.

—*CC. OO. de Asturias en la transición y la democracia*, Oviedo: Unión Regional de CC. OO. de Asturias, 1995.

—*Crisis industrial y conflicto social. Gijón 1975-1995*, Oviedo: Ediciones Trea, 1996.

—(coord.): *Hay una luz en Asturias... Las huelgas de 1962 en Asturias*, Oviedo: Ediciones Trea y Fundación Juan Muñiz Zapico, 2002.

—(coord.): *Las huelgas del 62 en España y su repercusión internacional*, Oviedo: Ediciones Trea y Fundación Juan Muñiz Zapico, 2002.

—«Demócratas sobrevenidos y razón de estado», *Historia del Presente*, n.º 12, 2008, pp. 129-154.

—(coord.): *El movimiento obrero en Asturias durante el franquismo. 1937-1977*, Oviedo: Fundación Juan Muñiz Zapico, Archivo de Fuentes orales para la Historia Social de Asturias y KRK Ediciones, 2013.

—y Gordon, Carlos: *Juan Muñiz Zapico «Juanín»*, Oviedo: Fundación Juan Muñiz Zapico-KRK Ediciones, Oviedo 2017.

VV. AA.: *Public Sociologies: TransTasman Comparisons, joint conference of The Sociological Association of Australia and Sociological Association of Australia and New Zealand* [CD] Auckland 5, December, 2007.

—*Homenaje a las mujeres de las huelgas de 1962*, Oviedo: Secretaría de la Mujer de CC. OO. de Asturias, 2008.

—*La divulgación de la historia y otros estudios sobre Extremadura*, Llerena: Sociedad Extremeña de Historia, 2010.

—*Desde la cárcel. Memorias de los presos/as del franquismo en Asturias*, Oviedo: Ayuntamiento de Oviedo, 2018.

—*O Todos o ninguno. Historias de las CC. OO.*, Madrid: Claves de gestión, 2021.

Wilhelmi, Gonzalo: *Romper el consenso. La izquierda radical en la transición (1975-1982)*, Madrid: Siglo XXI, 2016.

—*Sobrevivir a la derrota. Historia del sindicalismo en España, 1975-2004*, Madrid: Akal, 2021.

Ysás, Pere: *Disidencia y subversión: la lucha del régimen franquista por su supervivencia, 1960-1975*, Barcelona: Crítica, 2005.

Materiales audiovisuales

Documentales y reportajes

Bande, Ramón Lluis: *Una vida contada*. Gijón: El comercio TV, 2010.

Barrios, Carmen: *Por mí y todas mis compañeras*, Madrid: UNED, 2019.

Caballero, Alejandro: *Documentos TV: La huelga del silencio*. TVE: 2012. Disponible en <http://www.rtve.es/television/20120430/documentos-tv-huelga-del-silencio/518163.shtml>.

Castro, Amanda: *A golpe de tacón*, Avilés: Por tantas cosas producción audiovisual, 2007. Disponible en <https://www.youtube.com/watch?v=-tHWUkm3Vro>.

Carracedo, Almudena y Bahar, Roberto: *El silencio de otros*, Lucerman films, 2018.

Fernández de Castro, David: *Contracultura, mentiras y Ajoblanco*, Barcelona: Lastor media, 2015, disponible en <https://www.youtube.com/watch?v=4eDgGiSaGuc>.

Kopple, Bárbara: *Harlan County USA*, Cabin Creek Films, 1976. Disponible en <https://www.youtube.com/watch?v=B-2qrFlwYlY&t=4919s>.

Maspaz: *Anita Sirgo, «guerrillera de la memoria». Mirada Violeta en Memoria Histórica*, 2022. Disponible en <https://www.youtube.com/watch?v=sI4aC2CR6EE&t=2204s>.

Montserrat, Octavio: *Una memoria rebelde. El movimiento obrero antifranquista en Asturias*. Oviedo: Universidad de Oviedo y Archivo de Fuentes Orales para la Historia Social de Asturias, 2013, <https://www.rtpa.es/tpa-programa:Una%20Memoria%20 Rebelde_1385928409.html>.

—Vega, Rubén y González Orejas, Francisco: *Hay una luz en Asturias... Testigos de las huelgas de 1962*, Oviedo: Fundación Juan Muñiz Zapico y Productora RTV Asturias, 2003. Disponible en <https://www.youtube.com/watch?v=mQ0SL4tnHBE>.

Vázquez, Alberto: *Poca Ropa*, Mieres: 2008.

Valiente, Rosa y Bazzano, Rodrigo: *Parias de la Tierra. Documental sobre los 100 años de la historia del Partido Comunista de España*, Madrid: PCE, 2022.

VV. AA.: *Mujeres en lucha*, Sveriges Television AB, 1976.

Zapico, Alejandro: *Golpe a golpe. Queda la palabra*, Gijón: Pensar audiovisual, 2011. Disponible en <https://www.youtube.com/watch?v=uE1Hr4BiQpg>.

Música

Dixebra: «A golpe de tacón» en *Tiempos modernos*, Oviedo: Goxe / L'Aguañaz, 2013.

Dixebra: «Esta mañana», en *Ente la niebla*, Oviedo: Goxe, 2022.

Los chikos del maíz: «Pan y Rosas», en *Yes future*, Madrid: BOA, 2022.

Mal Finch: «Women of the Working Class«, 1984.

Spanta la xente: «Fíos d'Esta Tierra», en *Fíos d'Esta Tierra*, La Mula Torda, 2009.